本书获教育部人文社会科学重点研究基地重大项目"生态文明与环境法的功能演变研究"（19JJD820004）、安阳工学院博士科研启动基金项目（BSJ2020006）资助。

环境法损害担责
原则研究

刘志坚◎著

中国社会科学出版社

图书在版编目(CIP)数据

环境法损害担责原则研究 / 刘志坚著 . —北京：中国社会科学出版社，2023.8

ISBN 978-7-5227-2323-5

Ⅰ.①环… Ⅱ.①刘… Ⅲ.①环境保护法-法律责任-研究-中国 Ⅳ.①D922.680.4

中国国家版本馆 CIP 数据核字（2023）第 139839 号

出 版 人	赵剑英
责任编辑	梁剑琴
责任校对	赵雪姣
责任印制	郝美娜

出　　版	中国社会科学出版社
社　　址	北京鼓楼西大街甲 158 号
邮　　编	100720
网　　址	http://www.csspw.cn
发 行 部	010-84083685
门 市 部	010-84029450
经　　销	新华书店及其他书店

印刷装订	北京市十月印刷有限公司
版　　次	2023 年 8 月第 1 版
印　　次	2023 年 8 月第 1 次印刷

开　　本	710×1000　1/16
印　　张	14
插　　页	2
字　　数	233 千字
定　　价	88.00 元

凡购买中国社会科学出版社图书，如有质量问题请与本社营销中心联系调换
电话：010-84083683
版权所有　侵权必究

序

近现代以来，随着生产力的进步和科技的发展，人类迅速地进入一个高度工业化、城镇化的社会格局。这种快速的发展带来了富裕与繁荣，也带来了一系列的自然生态失调与人类生存挑战。如何在社会、经济发展与环境保护之间寻找平衡，成为人类共同面临的重大时代问题。如果说环境法的源流与人类改造自然世界的行为和活动相生相伴，那么，现代环境法的缘起与环境法学的勃兴，则体现了工业革命浩荡洪流之下人类的理性反思与文明自觉——不能仅仅将自然视为满足人类需求的工具，真正的进步不是无止境地掠夺自然，而是与自然建立和谐相处的共生关系。

自党的十八大报告提出"加强生态文明制度建设"始，生态文明建设成为我国社会主义现代化征程中的时代强音。在生态文明国家战略引领下，我国环境法制建设如火如荼、方兴未艾。面向人与自然和谐共生的中国式现代化建设的宏伟目标，环境法承载着推动建设美丽中国，实现高质量发展、绿色低碳发展转型的时代使命与历史责任。"天地与我并生、万物与我为一"，站在推动人与自然和谐共生现代化建设的法治高度，回答中国式现代化的时代命题，是新时代中国环境法的应有之义。

环境法基本原则的法学话语，既蕴含着环境法的价值判断与选择，又承载着环境法的实践理性与张力。作为环境法的基本原则之一，损害担责原则既内生于环境法理论体系的流变，又不断被各国环境政策与法律实践所塑造。早期学者对于损害担责原则的思考与探究，无外乎于对"杀人偿命、欠债还钱"自然法理的朴素演绎。损害担责原则作为环境法基本原则的生成，则滥觞于20世纪六七十年代经合组织的污染者付费原则，并经历了从经济贸易原则到环境政策原则，再从环境政策原则到环境法律原则的嬗变。同样，伴随着我国环境法理论和实践发展，从1979年《环境保护法（试行）》的颁行到2014年《环境保护法》的修订，损害担责原则在中国环境法中经历了从"谁污染、谁治理"原则到"污染者负担"原则，再到"损害担责"原则的演变过程。

面向构建和谐、公正、可持续的人类社会秩序的未来，无论是"污染者负担原则"还是"损害担责原则"，都承载着现代环境法理论与实践的核心要义，即探求和确认保护自然生态环境、推动可持续发展的法理基础与法律秩序，并为合理应对环境问题的路径、方法、工具以及促进社会公平、和谐、可持续发展，提供法律规范和法治指南。

作为环境法基本原则之一，损害担责原则属于环境法的基本理论范畴，其研究既具有很大的理论和实践价值，又具有很强的挑战性。《环境法损害担责原则研究》一书，是该领域研究的首部专著。本书作者刘志坚博士通过本书，对损害担责原则的内涵与外延、价值与功能、历史演进与生成逻辑、规范属性与制度化演进等方面进行了系统且较为深入的研究，展现了作者宽广的学科视野和运用跨学科研究方法的研究能力。同时，针对学界对于损害担责原则先前研究倚重经济学成本—效益分析模式的弊端，作者回归法学规范视野之内，打破公私法界限，通过法学权利（权力）—义务（责任）分析模式，创新性地提出损害担责原则之"责"是法律义务（第一性义务）与法律责任（第二性义务）耦合的观点，并基于义务进路与责任进路的分野，对损害担责原则的规范属性、法律适用与制度化表达进行了条分缕析的研究和探索。难能可贵的是，面对环境法问题导向所产生的对功能主义、实用主义的偏爱，其研究风格能够秉持法治主义之法学精神和求真、严谨之法学思维，如在损害担责原则司法适用探讨中，作者专门分析了该原则司法适用的限定条件，并提出损害担责原则的司法适用不得违反罪刑法定原则与行政处罚法定原则的观点。

纸上得来终觉浅，绝知此事要躬行。正如环境法治不可能一蹴而就，中国环境法学理论体系、学术体系、话语体系的发展和成熟，需要在生态文明国家战略的引领下不断开拓前行。推动中国环境法治的进步，既离不开对策性、应用性的创新研究，也离不开严谨、扎实的基础理论研究。《环境法损害担责原则研究》一书，系刘志坚博士在其博士学位论文基础上修改而成，是作者对于损害担责环境法基本原则理论与实践思考之集成。当然，环境法基础理论研究绝非易事，本书对于环境法基本理论范畴之探索，难免会存在一些不足和疏漏之处，需要读者在阅读过程中予以分析、甄别和思考，这也是学术著作的价值和魅力之所在。

潺潺洹水，精忠岳庙。作为一名来自中原大地的莘莘学子，志坚博士的环境法求学之路远非一帆风顺。作为志坚的导师，我见证了他初衷不改、孜孜以求的学术初心和求学经历，也有感于他 2016 年考入武汉大学攻读环境法学博士学位期间的勤勉努力和笃学无倦。该书能够最终付梓，是一件值得庆贺的事情，是对其辛勤学术耕耘的回报。

是为序。

柯　坚

武汉大学环境法研究所

2023 年 8 月 18 日

目 录

引 言 …………………………………………………………（1）
 一 研究背景 ………………………………………………（1）
 二 研究动机和目的 ………………………………………（2）
 三 国内外研究现状 ………………………………………（3）
 四 研究的内容与方法 ……………………………………（11）

第一章 环境法中的"损害"与"担责" ……………………（17）
 第一节 环境法中的"损害" ……………………………（17）
  一 人身财产权利损害 …………………………………（18）
  二 安全、舒适、审美等环境合法利益的损害 ………（20）
  三 环境容量损失 ………………………………………（21）
  四 对环境与生态本身的损害 …………………………（23）
 第二节 环境法中的"担责" ……………………………（29）
  一 "担责"与环境法上的责任 ………………………（30）
  二 "担责"的问题指向与主体界定 …………………（35）
  三 "担责"中的法律义务与法律责任的耦合 ………（37）
  小 结 ……………………………………………………（44）

第二章 损害担责原则的历史演变、生成逻辑与规范属性 ………（46）
 第一节 损害担责原则的历史演变 ………………………（46）
  一 "谁污染谁治理"的提出 …………………………（47）
  二 "污染者负担"的转变 ……………………………（48）
  三 损害担责原则的形成 ………………………………（50）
 第二节 损害担责原则生成的内在逻辑 …………………（51）

一　负外部性解决（"成本—收益"分析）与
　　　　损害担责原则的兴起 ………………………………… (52)
　　二　"权利（权力）—义务（责任）"的法律构造
　　　　与损害担责原则的再造 ……………………………… (54)
　第三节　损害担责原则的规范属性 ……………………………… (57)
　　一　公法与私法的杂糅 …………………………………… (58)
　　二　损害担责原则的公私法混合与融合 ………………… (62)
　　小　结 ……………………………………………………… (64)
第三章　损害担责原则的基础 ………………………………………… (65)
　第一节　法律的基础观 …………………………………………… (65)
　　一　古希腊与中世纪的法律基础观 ……………………… (65)
　　二　近现代的法律基础观 ………………………………… (67)
　　三　马克思主义的法律基础观 …………………………… (74)
　第二节　损害担责原则的法理基础 ……………………………… (75)
　　一　基于经济维度的损害担责原则法理基础 …………… (75)
　　二　基于社会维度的损害担责原则法理基础 …………… (82)
　　三　基于权力（意志）维度的损害担责原则法理基础 … (86)
　第三节　损害担责与国家环境保护义务——兼析损害担责
　　　　　原则在常州毒地案中的适用 ………………………… (87)
　　一　国家环境保护义务 …………………………………… (87)
　　二　"损害担责用尽"与"国家环境保护义务托底"——
　　　　常州毒地案评析 ……………………………………… (97)
　　小　结 ……………………………………………………… (102)
第四章　损害担责原则的价值与功能 ………………………………… (104)
　第一节　损害担责原则的价值 …………………………………… (104)
　　一　损害担责原则的环境正义价值 ……………………… (104)
　　二　损害担责原则的环境秩序价值 ……………………… (113)
　第二节　损害担责原则的功能 …………………………………… (116)
　　一　损害担责原则的社会伦理判断规则性表达功能 …… (117)
　　二　损害担责原则的社会宣告功能 ……………………… (123)

三　损害担责原则的司法适用功能 …………………………… (131)
　　小　结 ……………………………………………………………… (137)
第五章　基于义务进路的损害担责原则的制度化表达——
　　　　　税费缴纳的公法义务 ………………………………… (139)
　第一节　排污费 ……………………………………………………… (139)
　　一　我国排污费制度的创设与演变 ……………………………… (140)
　　二　排污费的性质 ………………………………………………… (142)
　第二节　环境保护税 ………………………………………………… (143)
　　一　环境保护税的创制 …………………………………………… (144)
　　二　污染物排放标准的性质与超标排污行为可税性 …………… (145)
　　三　超标排污行为的可税性与环境法的整全性 ………………… (154)
　　小　结 ……………………………………………………………… (155)
第六章　基于责任进路的损害担责原则制度化表达——
　　　　　赔偿与惩罚 …………………………………………… (156)
　第一节　损害担责原则的环境法律责任 …………………………… (156)
　　一　损害担责原则中的环境民事责任 …………………………… (156)
　　二　损害担责原则中的环境行政法律责任 ……………………… (164)
　　三　损害担责原则中的环境刑事法律责任 ……………………… (165)
　　四　损害担责原则中的生态损害赔偿责任 ……………………… (168)
　第二节　当前环境政策考量背景下制度化责任进路中的
　　　　　法律责任扩展 …………………………………………… (170)
　　一　按日连续处罚制度 …………………………………………… (171)
　　二　生态环境损害惩罚性赔偿金制度 …………………………… (177)
　　小　结 ……………………………………………………………… (193)
结　语 ………………………………………………………………… (195)
参考文献 ……………………………………………………………… (197)
后　记 ………………………………………………………………… (211)

引　言

一　研究背景

损害担责原则在不同时期有不同的名称，又被称为"谁污染谁治理原则"[1]"污染者负担原则"[2]"污染者付费、利用者补偿、开发者保护、破坏者恢复的原则"（简称"环境责任原则"）[3]、"开发者养护、污染者治理原则"[4]"损害环境者付费原则"[5]"污染者付费、受益者补偿原则"[6]"环境责任原则"[7]"受益者负担原则"[8]等。

一般认为，"损害担责原则"滥觞于经合组织的污染者付费原则，经历了从经济贸易原则到环境政策原则，再从环境政策原则到环境法律原则的嬗变。[9] 在我国，损害担责原则经历了从"谁污染谁治理原则"到"污染者负担原则"再到"损害担责原则"的发展演变过程。1979年《环境保护法（试行）》第6条第2款规定了"谁污染谁治理的原则"，第18条第3款规定对排放污染物超过国家规定的标准的，要收取超标排污费。这是我国首次以法律的形式规定"谁污染谁治理原则"和排污费制度，也是我国损害担责的最早雏形。1989年《环境保护法》修改时，考虑到"谁污染谁治理"的文字表述不甚严谨，而且并非典型的法学思维表达，故未明确规定这一原则，但"污染者负担原则"的精神通过该法的相关

---

[1] 韩德培主编：《环境保护法教程》，法律出版社1986年版，第62页。
[2] 陈泉生：《环境法原理》，法律出版社1997年版，第76页。
[3] 周珂：《生态环境法论》，法律出版社2001年版，第67页。
[4] 金瑞林主编：《环境与资源保护法学》，高等教育出版社1999年版，第62页。
[5] 王灿发：《环境法学教程》，中国政法大学出版社1997年版，第83页。
[6] 曹明德：《对修改我国环境保护法的再思考》，《政法论坛》2012年第6期。
[7] 常纪文、陈明剑：《环境法总论》，中国时代经济出版社2003年版，第142页。
[8] 王社坤编著：《环境法学》，北京大学出版社2015年版，第74—78页。
[9] 参见柯坚《论污染者负担原则的嬗变》，《法学评论》2010年第6期。

规定予以体现：一是规定排污者缴纳排污费；二是对从事有害环境活动的单位规定了采取措施预防和治理环境污染与破坏的义务；三是规定了造成环境污染危害的责任人的排除危害并赔偿损失的法律责任。[①] 2014 年修订《环境保护法》时，《环境保护法》（草案）二次审议稿、三次审议稿都采用了"污染者担责"的表述，四审修改时有意见提出"污染者担责原则"的表述只能涵盖污染者的责任，未能涵盖生态破坏者的责任。因此，四审稿将该原则修改定为"损害担责原则"，修订后的《环境保护法》第5条直接规定了环境保护坚持损害担责原则。

损害担责原则作为环境法的基本原则，其发展演变过程、法理基础、价值、功能、制度化以及其司法适用都是亟待研究的环境法基本理论问题。在环境法律制度创建以及环境政策制定问题上，尤其是在环境公益诉讼中的责任制度、环境损害赔偿制度、环境生态损害惩罚性赔偿等制度的创制上，损害担责原则发挥了极大的作用与影响。对损害担责原则的性质、内容、价值功能等问题进行深入研究，有利于上述环境法律与政策的制定与完善。在环境司法领域，江苏泰州"天价赔偿"案与常州"毒地案"在理论界与实务界掀起了对损害担责原则的高度关注。损害担责原则的司法适用作为一个环境法的基本理论和实务问题，也吸引了理论界和实务部门的广泛关注与讨论。在此背景下，对损害担责原则进行深入研究，既有理论意义，又有立法指导意义，还有司法实践意义。

二 研究动机和目的

环境法学界对损害担责原则的研究主要集中在其历史生成与演变、该原则的经济学理论基础以及其具体的制度化内容方面。研究存在的不足主要在于：一是未使用法学中的"权利（权力）—义务（责任）"研究模式，更多的是使用经济上的成本分担的分析模式；二是在义务（责任）承担的主体范围上差异很大；三是在"担责"内容上认识不一致，基本上没有区分法律义务与法律责任，没有区分制裁与收费，未将相关的环境法律义务、环境行政责任、环境民事责任、环境刑事法律责任以及生态环境损害赔偿法律责任统摄于损害担责原则之下；四是没有采用规范主义的研究进路。对损害担责原则研究使用经济上的成本—效益分析为主的

[①] 参见 1989 年 12 月 26 日发布的《环境保护法》第 28、第 31 和第 41 条。

分析模式，未使用法学中的"权利（权力）—义务（责任）"研究模式，这导致对损害担责原则的研究没有实现理论法学化；对损害担责原则的研究碎片化特征以及采用功能主义研究路径，这导致损害担责原则的环境法理论研究、立法没有体系化，损害了环境法的整全性和形式逻辑上的一致性，在理论上造成混乱，在环境执法、司法实践中造成困境，甚至损害社会的环境正义与公平。

选题的目的和意义，也正在于试图研究和解决上述问题。通过研究，使损害担责原则的研究回归到传统法学的规范研究模式之下，实现损害担责原则的理论法学化；通过研究，实现损害担责原则对环境法律义务、环境民事责任、环境行政责任、环境刑事责任以及生态环境生态损害赔偿责任涵摄，使损害担责原则实现总括性、规范化和体系化，促进和保证环境法的融贯性，推动损害担责原则及其制度、操作性规则立法的统一性，进而指导和促进环境行政执法与环境司法规范化和科学化。

本书对损害担责原则研究主要集中在三个方面：一是损害担责原则的法学的规范研究进路，界定"损害"与"担责"的法学含义；二是探究损害担责原则的基础、价值与功能、负外部性的环境法含义以及污染行为负外部性的环境法解决进路；三是损害担责原则的制度化问题，重点研究探讨环境保护税的创制、按日连续处罚、环境生态损害惩罚性赔偿制度。对这些问题进行研究，具有一定的理论价值和实践价值，同时也利于环境法教义学的成熟。

三 国内外研究现状

（一）国内研究现状

我国国内尚无关于损害担责原则的专著或博士学位论文，关于该原则的研究主要散见于环境法学教材和相关的论文中。关于损害担责原则名称、含义和内容，环境法学理论界存在很大的差异。差异的最主要原因在于，我国损害担责原则的确立源于借鉴经济贸易领域中的污染者付费原则，在对损害担责原则进行法学视阈的研究时，未将经济学中的"成本—收益"研究范式对应转化为"权利（权力）—义务（责任）"的研究范式。学者们对于损害担责原则认识上的差异主要是表现在权利（权力）与义务（责任）的主体范围和内容的差异上。这些方面的研究成果主要集中在不同时期不同著者的环境法教材之中。有观点把损害担责原则界定为环境损害者污染环境、破坏生态，应为其造成的环境损害承担责任[1]，认为该原则涵盖了环境污染和生态破坏，在该原则内容的界定上，一是运用征收排污费、资源费和资源税、生态补偿费等经济手段，促使损害者治理环境污染和修复生态破坏；二是在污染物排放符合法定要求的基础上减少污染物排放的，政府给予价格、税收、财政、政府采购等方面鼓励和奖励政策；三是建立环境保护共同负担制度，各级政府也有承担环境保护费用的责任。[2] 该观点有以下三个特征：一是在性质认定上，"担责"是指承担法律责任；二是在主体范围界定上，"担责"主体包括环境损害者与各级政府；三是在内容界定上，包括损害者承担排污费、资源费和资源税、生态补偿费等来治理环境污染和修复生态破坏，人民政府采取财政、税收、价格、政府采购等环境保护奖励政策，以及各级政府承担环境保护费用。该观点的缺陷在于：一是混淆了法律义务和法律责任。我国法理学理论严格区分了法律义务和法律责任，法律责任是侵犯权利或违反法律义务而招致的强制性义务，是违反第一性义务招致的第二性义务。[3] 因达标排污而缴纳的排污费或环境保护税，在性质上属于排污者的法律义务而非法律责任；人民政府采取财政、税收、价格、政府采购等环境保护奖励政策，乃是政府在治理环境方面采取的政策与措施，而非法律责任；各级政府承担环境保护费用也不需要存在先前的违法行为作为前提，在性质上也不属于法律责任。二是在主体范围界定上，将政府作为"担责"的主体是不合理的。因为损害担责原则目的在于污染者造成环境损害应承担的义务与后果，而并非在于确定政府的环境法律义务与责任。

有观点将该原则称为"污染者负担原则"，认为该原则意旨主要在于追究责任，即肇事者因污染环境应当承担赔偿责任。[4] 该观点认为，环境责任原则的范围较污染者负担原则更为广泛，环境责任原则既要求环境污染者承担防治责任，也要求环境破坏者承担防治责任，认为可借鉴域外惩罚性赔偿制度，对故意污染或破坏环境行为给予严厉惩罚，以加强环境保护。[5] 该观点将担责的主体界定为环境损害者，"负担"的是赔偿责任，

---

[1] 参见韩德培主编《环境保护法教程》，法律出版社2015年版，第74页。
[2] 参见韩德培主编《环境保护法教程》，法律出版社2015年版，第75页。
[3] 参见张文显《法哲学范畴研究》，中国政法大学出版社2001年版，第122页。
[4] 参见陈泉生《环境法原理》，法律出版社1997年版，第76页。
[5] 参见陈泉生《环境法原理》，法律出版社1997年版，第77页。

污染者负担原则主要是追究肇事者的责任。该观点的不足在于：一是混淆了赔偿责任和对环境与生态的防治"责任"，因为某些防治"责任"在性质上属于法律义务而非法律责任；二是把污染者负担的事项范围界定在赔偿责任之内，忽略了污染者负担的法律义务。

有观点将该原则称为"污染者付费、利用者补偿、开发者保护、破坏者恢复的原则"，简称为"环境责任原则"。[①] 此观点认为，该原则是指因利用环境和资源，或污染破坏环境，或对减损资源而应承担法律义务和法律责任，它体现了环境保护必须遵循的市场经济法则，是民法原则在环境法中的延伸。[②] 该观点的可取之处在于：一是考虑到了承担的范围既包括法律义务也包括法律责任；二是该原则既调整环境损害者的权利、义务（责任），也调整资源损害者的权利、义务（责任）。该观点不足之处在于：没有区分环境资源损害者的义务（责任）同对环境资源利用者利用环境资源可再生或者开发替代所应付出的劳动给予的补偿之间的区别。

有观点将该原则称为"污染者付费、受益者补偿原则"，指污染者有责任对污染源和环境进行治理，自然资源利用人、受益人应对自然资源权利人、生态服务提供人予以补偿。[③] 该观点将主体限定为环境污染者与自然资源利用人、受益人，在内容上体现为污染者对污染源和环境进行治理，自然资源利用人、受益人对自然资源权利人、生态服务提供人予以补偿。另外，该观点没有区分环境损害者与生态保护者两者之间关于环境产生的权利、义务（责任）。损害担责原则是解决环境损害者环境权利、义务（责任）的问题，生态保护者关于环境产生的权利、义务（责任）问题由生态补偿制度加以解决。损害担责原则在内涵上无法涵盖生态补偿制度。

有观点将该原则称为"环境责任原则"，认为环境责任原则是指环境问题责任者应承担相应法律责任，以补偿、恢复被污染、破坏的环境，修复被破坏的国家环境管理秩序，该原则是对开发者养护、利用者补偿、污染者治理、破坏者恢复、消费者最终承担、受益者负担、主管者负责等原则的高度概括。[④] 该观点在界定主体外延上范围最为广泛，包括开发者、

[①] 周珂：《生态环境法论》，法律出版社2001年版，第67页。
[②] 参见周珂《生态环境法论》，法律出版社2001年版，第67页。
[③] 参见曹明德《对修改我国环境保护法的再思考》，《政法论坛》2012年第6期。
[④] 参见常纪文、陈明剑《环境法总论》，中国时代经济出版社2003年版，第142页。

利用者、污染者、破坏者、消费者、受益者与环境行政主管者；该观点在界定该原则内容上也最丰富，不仅包括开发者养护、利用者补偿，而且包括污染者治理、破坏者恢复，还包括消费者最终承担、受益者负担，甚至也包括主管者负责。该观点的不足在于：一是没有区分法律义务与法律责任；二是损害担责原则要解决的环境污染行为与生态破坏行为负外部性内部化的问题，即生态环境损害者的法律义务（责任）的问题，其不应当包括消费者最终承担、受益者负担以及主管者负责的内容。

有观点将该原则称为"损害担责原则"，认为损害担责原则是指"在生产和其他活动中造成环境污染和破坏、损害他人权益或者公共利益的主体应承担赔偿损害、治理污染、恢复生态的责任"[①]，其观点的核心在于对环境污染、生态破坏所产生的法律责任在国家、企业和个人之间进行公平的分配。该观点没有区分法律义务和法律责任，将"损害担责"中承担的"责"的范围仅限定为法律责任。

有观点将该原则称为"受益者负担原则"，即凡从环境或资源的开发、利用过程中获得实际利益者（不局限于开发者和污染者），都应当付出应有的补偿费用，认为使用"受益者负担原则"的名称更能体现环保成本分担的公平性，"受益者负担原则"在贯彻实施上表现为实行排污费或污染税制度、自然资源补偿费或税制度与废弃物品再生利用和回收制度。[②] 该观点仍然是主要从经济角度分析成本分担，没有完全从法学思维的角度进行权利、义务（责任）设定与分配。

综上分析，我国环境法学界对损害担责原则的研究存在的不足主要在于：一是未使用法学中的"权利（权力）—义务（责任）"研究模式，更多的是使用经济上的成本分担的分析模式；二是在义务（责任）承担的主体范围上差异很大；三是在"担责"内容上认识不一致，基本上没有区分法律义务与法律责任，没有区分制裁与收费，损害担责原则在理论上和话语体系上的不一致；四是没有采用规范主义的研究进路，基本上采用了功能主义的研究进路。

在损害担责性质与地位以及损害担责的适用范围问题上，曹明德认

---

① 吕忠梅主编：《环境法学概要》，法律出版社2016年版，第92页。
② 参见王社坤编著《环境法学》，北京大学出版社2015年版，第74—78页。

为，污染者付费、利用者补偿原则在我国的生态立法中与自然资源立法中都得到体现与确立。① 它同时是自然资源有偿使用的体现。杜波认为，我国环境保护法中"污染者负担"是环境保护责任原则，指人为环境污染破坏行为应承担的治理污染以及恢复生态环境之责任。② 王利认为，污染者付费的法律原则是治理环境的基本原则。③ 王江从损害担责原则的结构性功能角度进行研究，认为"损害担责原则"向上归纳为价值依归为环境的正义价值，向下演绎为环境损害法律责任规则，是环境损害法律责任规则的统领，损害担责原则仅是环境责任法之基本原则而不是环境法之基本原则。④

关于环境法原则的特征与功能，柯坚从环境法基本原则的共通性、差异性及其规范性建构视角做了深入的比较研究，认为环境法原则是伴随着国家、地区环境法和国际环境法的演进而出现的一种重要法律现象。在不同法律传统和文化背景下，环境法原则在世界范围内获得了广泛的发展，被众多国家与地区的环境法以及国际环境法作为共同的法律话语而予以认同。人类环境问题的时代性及其共性特征决定了不同的国内环境法、国际环境法之间具有共通性。这种共通性反映了国际社会、国家和地区环境法观念与环境法律秩序之间的互动关系和趋同化发展。同时，由于环境法原则是在不同国内法、国际法的法律背景以及各个国家和地区的不同法律文化基础上产生和发展起来的，这导致其在产生、发展的法治背景、创立方式、法律规范功能等方面存在一定的差异性。环境法原则具有规范功能，

---

① 参见曹明德《论生态法的基本原则》，《法学评论》2002年第6期。1990年，国务院在《关于进一步加强环境保护工作的规定》中要求，按照"谁开发谁保护，谁破坏谁恢复，谁利用谁补偿"和"开发利用与保护增殖并重"的方针，认真保护和合理利用自然资源，加强资源管理和生态建设，做好自然保护工作。1996年8月发布的《国务院关于环境保护若干问题的决定》，在总结实践经验的基础上进一步规定了"污染者付费、利用者补偿、开发者保护、破坏者恢复"的原则，从而全面确立了污染者付费、利用者补偿原则。曹明德认为，这是资源有偿使用原则和制度的一种体现。

② 参见杜波《发电企业与"污染者负担"原则》，《华北电力大学学报》（社会科学版）2002年第2期。

③ 参见王利《论我国环境法治中的污染者付费原则——以紫金矿业水污染事件为视角》，《大连理工大学学报》（社会科学版）2012年第4期。

④ 参见王江《环境法"损害担责原则"的解读与反思——以法律原则的结构性功能为主线》，《法学评论》2018年第3期。

指导环境立法功能，引导环境司法解释以及填补规则漏洞之司法实践功能。① 环境法原则为环境立法和政策制定提供了合法性和正当性的基础，并具有目标、机制和方法的指导与导向功能。② 对于损害担责原则的历史嬗变，柯坚在进行梳理、分析后指出：经合组织提出污染者负担原则的根本目的是避免污染预防、污染控制费用因由国家承担而产生国际贸易与国家投资中不正当、不公平的竞争；污染者负担原则从国际贸易、国家投资中的经济原则发展演变成为一项政策倡导性的环境原则，再演化成一项国内、国际环境法所共同接受的环境法原则；随着污染者负担原则的实践发展，其主体和责任范围不断扩大。③

在损害担责原则中的"责"的含义与范围界定问题上，孟庆垒从环境法的义务本位论的角度，认为环境法不是民法类型的"权利之法"，也非行政法类型的"权力之法"，应为"责任之法"。④ 胡保林认为，对污染者实行"谁污染谁治理"、对开发建设者实行"谁开发谁保护"的政策，即由污染、破坏环境的单位和个人承担治理与补偿环境的责任和义务，体现了环境保护的责任制，"谁污染谁治理"的原则强调污染者必须担负起污染环境的社会责任和经济责任。⑤ 赵旭东认为，我国环境立法先后规定了"谁污染谁治理"和"污染者治理"原则，但有其固有缺陷，无须改造为"污染者负担"原则。⑥ 潘慧庆认为，我国环境保护法中的"污染者负担"原则中的"负担"主要指承担责任，表现为承担被污染环境的治理修复费用和对环境污染受害人的赔偿费用，"污染者负担"原则核心是排污费制度，污染者负担原则依赖环境行政责任、环境民事责任和环境刑事责任制度安排。⑦ 在环境法律责任设定的问题上，王锦认为，环

---

① 参见柯坚《环境法原则之思考——比较法视角下的共通性、差异性及其规范性建构》，《中山大学学报》（社会科学版）2011年第3期。

② 参见柯坚、何香柏《环境法原则在气候变化适应领域的适用——以欧盟的政策与法律实践为分析视角》，《政治与法律》2011年第11期。

③ 参见柯坚《论污染者负担原则的嬗变》，《法学评论》2010年第6期。

④ 参见孟庆垒《环境责任论》，博士学位论文，中国海洋大学，2008年。

⑤ 参见胡保林《历史回顾"谁污染谁治理、谁开发谁保护"的基本原则》，《中国环境年鉴》1992年。

⑥ 参见赵旭东《环境法的"污染者负担"原则研究》，《环境导报》1999年第5期。

⑦ 参见潘慧庆《浅析我国的"污染者负担"原则》，《科教文汇》（中旬刊）2007年第6期。

境法律责任设定既要考虑对自然人生命健康、财产进行法律保护，也要考虑对生态环境进行法律保护，环境法律责任包含的制裁手段应多元化，应涵盖民事手段、行政手段、刑事责任等制裁手段。① 常纪文等认为，环境法律责任经济学基础在于环境行为的外部不经济性，政府必须利用法律责任对外部不经济性环境行为进行干预，甚至通过环境民事、行政和刑事法律责任对其进行调整。② 陈慈阳认为，污染者付费原则要求污染者不仅应负行政管制上的责任，还应当对民事责任和刑事责任一并负责，污染者付费原则涵盖民、刑与公法三大传统法域。③

（二）国外研究现状

损害担责原则在德国和瑞士被称为原因者负担原则，日本理论界将之称为受益者负担原则。按照大陆法系的环境法理论，该原则中的义务和责任主体——"污染者"在性质上可以解释为德国环境法中的"原因者主义原则"之中的"原因者"，但污染者负担原则中的义务和责任主体限于污染者，"负担"的原意限于给付费用，排污超标的排污者还应当另行承担包括行政处罚、恢复原状、损害赔偿以及刑事处罚等法律责任。④ 在德国，也有学者以经济学上的合目的性、社会伦理学上的合规范性、环境政策的合理性以及规范的合法性等作为原因者负担原则的理论依据。⑤ 日本学者大塚直认为，把费用负担作为法律上的具体问题考虑时应称之为"原因者负担"，把特别责任的分担作为法律问题考虑时应称之为"原因者主义"。⑥

在污染者负担原则的起源上，大塚直教授认为，污染者负担原则最早产生于日本，日本的污染者负担原则的概念与经合组织提出的污染者负担的概念存在差异，经合组织提出的污染者负担原则是为解决污染者来负担污染防治费用的问题，日本的污染者负担原则既用来解决环境污染的防治费用，也被逐步用来解决环境恢复费用以及对受害人进行救济的费用等

---

① 参见王锦《环境法律责任与制裁手段选择》，博士学位论文，中共中央党校，2011年。
② 参见常纪文、裴晓桃《外部不经济性环境行为的法律责任调整》，《益阳师专学报》2001年第4期。
③ 参见陈慈阳《环境法总论》，中国政法大学出版社2003年版，第179页。
④ 参见汪劲《环境法学》，北京大学出版社2014年版，第113页。
⑤ 参见汪劲《环境法学》，北京大学出版社2014年版，第113页。
⑥ 参见［日］大塚直《环境法》（第三版），有斐阁2010年版，第66—67页。

事后性费用的问题;日本的污染者负担原则并非单纯考虑经济效率,而且也考虑环境正义与环境公平。① 大塚直认为,污染者负担原则并非一般性的国际环境法原则,但却成为欧洲、日本环境法的固定原则。② "引入关于环境损害的责任,对于原因者负担原则的贯彻而言是特别重要的","应当探讨环境损害的引入","承认关于环境损害的责任,也有利于环境关联损害的统一把握和环境政策的费用便益分析的基础形成"③。早稻田大学黑川哲志教授认为,污染者负担原则是以费用承担相关的经济原则,与此相对应的是"原因主义原则",要求污染者承担不限于费用方面的更加广泛的义务和责任。④ 黑川哲志教授还认为,日本的污染者负担原则是独立形成的,是对造成环境公害者追究责任的原则,除了要求污染者承担污染防治费用之外,还要求污染者承担对遭受公害损害者的救济费用等。⑤ 詹姆斯·萨尔兹曼和巴顿·汤普森认为,将污染行为负外部性内部化最直接的方式就是收费、收税或者追究其他责任,环境有害者应当对环境危害买单。⑥

在污染者付费原则的起源问题上,Bender 等认为包括三方面的内容:一是法学中的恢复原状法律责任,二是经济学上的使用者付费原则,三是行政法学中的警察法、秩序法中的违反、损害秩序应予负责的理念。⑦ Kloepfer 教授还认为污染者付费原则最初就是基于一般正义衡量的法感而形成的。⑧

---

① 参见 [日] 大塚直《日本环境法的理念、原则以及环境权》,张震、李成玲译,《求是学刊》2017 年第 2 期。

② 参见 [日] 大塚直《日本环境法的理念、原则以及环境权》,张震、李成玲译,《求是学刊》2017 年第 2 期。

③ 参见 [日] 大塚直《日本环境法的理念、原则以及环境权》,张震、李成玲译,《求是学刊》2017 年第 2 期。

④ 参见 [日] 交告尚史等《日本环境法概论》,田林、丁倩雯译,中国法制出版社 2014 年版,第 143 页。

⑤ 参见 [日] 交告尚史等《日本环境法概论》,田林、丁倩雯译,中国法制出版社 2014 年版,第 145 页。

⑥ 参见 [美] 詹姆斯·萨尔兹曼、巴顿·汤普森《美国环境法》(第四版),徐卓然、胡慕云译,北京大学出版社 2016 年版,第 41 页。

⑦ Vpl. Bender. B./Sparwasser, Engel, R., Umwelrecht, 2000, Heidelberg, Rdnr. 51, S. 17. 转引自陈慈阳《环境法总论》,中国政法大学出版社 2003 年版,第 175 页。

⑧ Nor allem Kloepfer, M., Umweltrecht, 3 Rdnr. 27, S. 83.

四 研究的内容与方法

(一) 研究的内容

本书的内容包括损害担责原则中"损害"与"担责"的含义的界定、损害担责原则的历史演变与生成逻辑、损害担责原则的基础、损害担责的价值与功能以及损害担责的制度化。

第一章对环境法中"损害"与"担责"的含义进行了界定。损害担责中的"损害"包括因环境污染、生态破坏造成的自然人、法人的人身、财产权利损害，污染行为对社会成员获得良好环境及良好环境要素的合法利益的损害，环境容量损失以及对环境本身造成的损害。通过对"法律责任"含义的相关理论和各种观点的梳理与辨析，界定损害担责原则中"担责"的含义，即法律义务与法律责任的耦合，包括环境税费缴纳的公法义务，包括赔偿等在内的污染环境民事法律责任、环境污染赔偿责任、行政处罚、刑罚处罚以及因生态环境损害而对环境生态进行修复和赔偿等。损害担责原则作为环境法的基本原则，是指污染环境者和生态破坏者因其行为污染环境、破坏生态，或以污染为中介造成他人的人身财产损害，或因其污染行为对社会成员获得良好环境及良好环境要素的合法利益的损害，或因排污行为导致的环境容量的减少，而应当履行法律规定的法律义务或（和）承担法律规定的法律责任。从损害担责原则的历史演进探讨，其问题指向的是环境污染者与生态破坏者对其污染环境与破坏生态的行为的法律义务、法律责任承担问题，既不包括政府环境法律责任、环境资源开发利用补偿、生态补偿、环境行政主管者责任等问题，也不包括除环境污染损害者外的其他受益者补偿问题。

第二章论述了损害担责原则的历史演变、内在生成逻辑与规范属性。我国的损害担责原则经历了一个从"谁污染谁治理"到"污染者负担"，再到"损害担责"的发展演变的过程。"污染者负担"最早的内在生成逻辑是公平竞争，经合组织提出污染者负担的内在逻辑是促进和保证贸易公平竞争和国际投资的公平竞争，其目的是通过使生产者自行承担因生产造成的污染成本，避免和防止由国家或社会公众承担而导致贸易或投资的不公平竞争。其后污染者负担原则的内生逻辑转变为按照"成本—效益"的经济学方法来解决污染行为的负外部性。两者都没有使用法学的"权利（权力）—义务（责任）"逻辑来设定和发展污染者负担原则。损害担责原则的提出表明其内生逻辑向法学的"权利（权力）—义务（责任）"逻辑的转变。损害担责原则作为环境法的基本原则，属于法律规范的范畴。作为环境法基本原则的损害担责原则既非单纯的公法规范，也非单纯的私法规范，而是呈现打破公私法的界限，包含公法规范和私法规范以及公私融合的"担责"规范。

第三章考察了法律的基础观，在此基础上分析了损害担责原则的经济基础、社会基础和权力（意志）基础。不同时期不同法学流派对法律的基础存在不同认识，神的意志、人性、自然、国家主权、功利原则、民族精神、权威（统治者意志）、自由、自由意志、社会冲突、利益、社会福利、社会连带关系、人的情感与欲求都曾经被认为是法的基础。损害担责原则的经济基础在于生态环境的污染破坏行为的负外部性。个体主义法律观坚持污染行为负外部性的"权利侵害论"，整体主义法律观坚持污染行为负外部性的"权利与社会侵害论"。经济学上的外部性理论可以按照下述方式表述为法律理论：法律上的负外部性是指行为人因合法或非法的行为损害了他人、社会的权利或利益，因此而应承担法律义务和（或者）责任。损害担责的环境法原则实际上就是对污染环境、破坏生态的合法的和（或）违法的污染行为的负外部性问题的法学回应，在这种法学回应中，环境法的损害担责原则通过让污染人承担法律义务和法律责任的进路来解决污染人的污染的负外部性，即污染行为人可能要承担下列内容的一部分或全部：排污费或环境保护税的公法缴纳义务、对遭受人身财产损害的民事主体进行民事补偿的民事责任、行政处罚、刑罚、环境损害赔偿责任以及生态环境损害惩罚性赔偿责任等。损害担责原则产生的社会基础与根源在于严重的环境污染和生态破坏社会现实、环境社会连带关系与作为公共产品的环境中的利益冲突、社会公共环境福利、人类追求良好环境与生态以及追究污染环境与破坏生态违法行为的情感和欲求。国家职能理论是国家环境保护义务的理论基础，当损害担责与国家环境保护义务竞合时，损害担责优先适用，国家环境保护义务起到兜底的作用。

第四章论述了损害担责原则的价值与功能。损害担责原则具有环境正义价值，它维护环境自由，维护环境安全，实现环境矫正正义。损害担责原则具有环境秩序价值，它通过分配环境利益和环境义务建立环境秩序，通过环境污染者和生态破坏者"担责"维护环境秩序和修复受到破坏的环境秩序。损害担责原则具有社会伦理判断规则性表达功能、社会宣告功能以及司法适用功能。损害担责原则的社会伦理判断规则性表达功能表现在，损害担责原则承担着环境法社会环境伦理判断功能，环境税费制度对超标排污行为给予否定性社会伦理判断，环境侵权民事责任的伦理判断导致合法界限与环境正义界限的混乱，损害环境的行政责任与刑事责任彰显强烈的环境伦理非难色彩，环境损害赔偿法律责任通过其自身使用的语言对环境损害给予否定性社会伦理评价。损害担责原则的社会宣告功能表现在，损害担责原则宣告环境行为的群己权界，宣告环境政治伦理与社会价值判断，宣告"环境公意"——公众的环境正义情感与愿望以及宣告环境义务与制裁设定的预期。损害担责原则司法适用功能表现在，在规则穷尽的情况下，损害担责原则可以通过原则之间衡量的方式在私法领域得到司法适用；在具体规则与损害担责原则冲突的情况下，若适用具体规则导致个案的极端不公与非正义，应当适用损害担责原则来排除具体规则的适用从而实现个案正义。

第五章基于义务进路论述损害担责原则的制度化表达——税费缴纳的公法义务。排污费和环境保护税是污染者负担原则的具体表现。我国的排污费经历了超标收费到排污收费的演变，排污费分为达标排污费和超标排污费。《环境保护税法》2018年1月1日生效后，我国的排污费转化为环境保护税。《环境保护税法》规定对超标排污行为征收环境保护税，在理论和实践中存在异议。污染物排放标准是强制性的环境标准，既具有法律事实属性，也具有法律规范属性。污染物排放标准内嵌于法律规范而成为法律规范的组成部分，违反污染物排放标准的行为具有公法上的违法行为的性质，对之应当给予法律制裁与惩罚，为其设定法律责任，而不应为其设定缴纳环境保护税的法律义务。超标排污行为不具有可税性，对超标排污行为课税违反和破坏了环境法的融贯性与整全性。对此应当采取规范主义进路加以矫正。

第六章基于责任进路论述损害担责原则的制度化表达，包括赔偿性法律责任和惩罚性法律责任，其中环境侵权民事责任、损害环境赔偿责任属于补偿性的赔偿责任。在当前环境政策考量背景下，损害担责原则在法律责任进路的制度化过程中出现了法律责任扩展的趋向，按日连续处罚与拟定中的生态环境损害惩罚性赔偿金制度都体现出浓重的环境政策考量因素。

第六章主要讨论了上述责任制度的热点重点问题，包括民事侵权责任中的环境质量标准与管制许可抗辩问题，按日连续处罚制度以及损害生态环境损害惩罚性赔偿金制度。关于管制许可抗辩，我国的强制性环境标准在制定上并非完全依据个体自然人健康标准和民事主体财产保护的安全标准，其功能在于提供一定政策选择下的环境管制标准，其意义是公法性的，而非私法性的。强制性环境标准不应也不能在环境侵权案件中作为确定污染是否存在的绝对性标准，符合强制性环境标准的污染物排放的事实也不应作为行为者的民事侵权的抗辩事由。按日连续处罚在性质上属于行政处罚，不属于行政强制，按日连续处罚制度和"一事不再罚"原则不冲突。传统的补偿性赔偿制度存在道义判断功能缺失、禁止得利导致环境侵权的预防不足、环境侵权损害商品化、"环境侵权交易"的逆向鼓励等缺陷与不足；惩罚性赔偿具有补偿、惩罚与制裁、预防和激励私人执法功能，故我国《民法典》构建了生态环境损害惩罚性赔偿金制度。《民法典》构建的生态环境损害惩罚性赔偿金制度较为粗略，需在以下几个方面进一步完善细化：规定生态环境损害惩罚性赔偿金数额的确定标准或确定方法，规定对惩罚性赔偿金数额的限制，规定严格的诉讼程序审判程序，在一审程序、审判组织构成、级别管辖法院确定、证明标准、审判期限以及举证期限等内容方面，规定要严于一般的民事诉讼程序规定。

（二）研究方法

本书使用以下研究方法。

（1）辩证唯物主义研究方法。实事求是，理论紧密联系实际，从环境立法、执法和司法实践中研究损害担责原则，进行理论创新和实践经验的总结。

（2）历史研究的方法。使用历史研究的方法梳理损害担责原则的历史嬗变，叙述排污费的创设、发展、转化为环境保护税的演变过程等。

（3）比较研究的方法。使用比较研究的方法，对不同国别的相关环境立法、不同时期损害担责原则立法规定、对损害担责原则不同发展时期的内在生成逻辑等进行比较分析等。

（4）跨学科交叉研究的方法。在污染行为的负外部性问题上，采用经济学和法学交叉研究的方法，将环境经济学中负外部性概念转化为法学中的负外部性概念，并提出通过义务和责任承担污染行为负外部性的环境法解决进路。

（5）规范分析方法。本书分析了环境法损害担责原则的环境正义价值与环境秩序,探讨了损害担责原则的制度化表达。

(6) 实证分析的方法。本书针对江苏泰州"天价"赔偿案、常州毒地案的实务审判进行了环境法理论上的分析。

(三) 研究路径

本书一是采用实证与规范相结合的研究路径,二是采用历史研究的方法梳理损害担责原则的历史嬗变,利用传统法学的"权利(权力)—义务(责任)"研究方法澄清和界定损害担责原则的含义。本书从宏观上分析了损害担责原则的基础,损害担责原则中的环境法价值,损害担责原则的功能与损害担责原则的适用,损害担责原则与负外部性问题的关系;从微观上分析了损害担责原则与国家环境保护义务之间的关系,按日连续处罚的性质,各种相关环境义务与责任的构成、内容与实现方式。本书还在区分法律义务与法律责任、制裁与收费的基础之上,将相关环境法律义务、环境民事责任、环境行政责任、环境刑事责任以及生态环境损害赔偿法律责任统摄于损害担责原则之下,使损害担责原则在理论上体系化,在环境立法、执法与司法中保障环境法的整全性。

(四) 研究的创新点

本书在理论上创新点在于:

一是提出环境法上损害担责是法律义务与法律责任耦合的观点。对损害担责原则中"责"的含义的界定应当区分环境法律义务和环境法律责任。损害担责中的"责"既非指单纯的法律义务,也非指单纯的法律责任,而是既包括法律义务,也包括法律责任,呈现出法律义务与法律责任的耦合,其中法律义务主要表现为缴纳排污费、环境保护税等,法律责任包括民事法律责任、行政法律责任、刑事法律责任与环境损害赔偿法律责任。

二是在上述基础之上,尝试构建整全性的损害担责原则的规范化理论和实践进路与方法。

三是从法律基础观出发,系统地探讨了该原则的法理基础,将损害担责的经济性分析、政策性分析转变为法学分析。在对损害担责原则的研究方式问题上,本书尝试将经济上的"成本—效益"分析模式转变为法学上的"权利(权力)—义务(责任)"研究范式。本书界定了法学上的污染行为负外部性概念,法学上的污染行为负外部性是指行为人因合法或非法的行为损害了他人、社会的权利或利益而应承担的法律义务和

（或）责任。本书论述了污染行为负外部性的环境法解决进路，损害担责原则实际上就是对污染环境破坏生态的合法的和（或）违法的污染行为的负外部性问题的法学回应。在此法学回应中，环境法的损害担责原则通过让污染人承担法律义务和（或）法律责任来解决污染的负外部性，即污染行为人可能要承担下列内容的一部分或全部：排污费或环境保护税的公法缴纳义务、对遭受人身财产损害的民事主体进行民事补偿的民事责任、行政处罚、刑罚、环境损害赔偿责任以及生态环境损害惩罚性赔偿责任等。

本书还在一些具体问题上具有一定的理论创新：

一是通过该原则的规范性分析，论证了超标排污行为的公法违法性与不可税性。

二是在完善生态环境损害惩罚性赔偿金制度上，提出要在以下几个方面进一步完善细化：规定生态环境损害惩罚性赔偿金数额的确定标准或确定方法，规定对惩罚性赔偿金数额的限制，规定严格的诉讼程序审判程序，在一审程序、审判组织构成、级别管辖法院确定、证明标准、审判期限以及举证期限等内容方面，规定要严于一般的民事诉讼程序。

第一章

环境法中的"损害"与"担责"

损害担责原则作为环境法的基本原则，也被称为谁污染谁治理原则、污染者付费原则、污染者负担原则、环境责任原则、受益者负担原则、原因者负担原则等，是环境法基本理念在环境法上的具体表现，又是环境法本质的具体反映。理论界对损害担责原则的名称、概念内涵、具体内容等方面的认识存在较大的差异。本章拟通过对"损害""担责"等概念的考察界定、对损害担责原则历史演变的考察以及对损害担责原则内在生成逻辑演变的考察分析来界定损害担责原则的内涵、识别损害担责原则面向的环境社会问题，进而得出结论：在法学视域内对损害担责原则进行研究，应采用"权利（权力）—义务（责任）"的研究模式，损害担责中的"责"既非指单纯的法律义务，也非指单纯的法律责任，而是呈现为法律义务与法律责任的耦合状态。

第一节 环境法中的"损害"

损害作为汉语词汇，依据百度百科的解释有两个基本义项：一是使受伤害；二是使受损失。例如三国时期刘劭的《人物志·七缪》记载："夫人情莫不趣名利，避损害"；唐代吕岩的《敲爻歌》中也写道："水火蛟龙无损害，拍手天宫笑一场。"在法学领域，损害是指受法律保护的法益因人的行为而受到损失和伤害。

法律的发达史是法律不断分化细化为不同部门法的过程，不同的部门法使用不同的调整方法调整不同的社会关系，通过这种社会调整来保护内容丰富繁杂的权利和利益。环境法直接保护环境、生态。法律是人的社会规范，其出发点和归宿仍然是人本身。环境法保护环境、生态，非为纯粹保护环境、生态而保护。环境法保护环境、生态归根结底仍是保护法律的主体——人的权利与利益。环境法保护的权利和利益既包括人的人身权利、财产权利，也包括保护人获得良好环境与生态的利益、获得良好环境要素，如清洁水、良好空气的利益以及审美等利益。环境法保护的权利和利益必须是以环境作为介质的权利和利益。比如，环境法并非对自然人的全部的人身和财产权利与利益加以保护，其只保护污染损害环境、破坏生态而损害的自然人的人身和财产权利与利益。例如《海洋环境保护法》第94条第1款规定了环境污染损害的立法定义。①

我国环境法中的损害担责原则在制度内容上包括缴纳排污费②、环境保护税制度，环境污染损害赔偿制度，违反环境保护法律强制性规范的行政处罚责任制度，刑事责任制度以及环境损害的赔偿制度等。环境法中的损害担责原则中的"损害"包括以下几个方面的内容。

一 人身财产权利损害

民事主体享有人身权利与财产权利。因人的行为引起的环境污染、生态破坏造成民事主体人身权利与财产权利损害的应当承担侵权责任。我国1979年9月13日颁布的《环境保护法（试行）》第32条③、1989年12月26日通过并颁布的《环境保护法》第41条④、2014年4月24日修订

---

① 《海洋环境保护法》第94条第1款：海洋环境污染损害，是指直接或者间接地把物质或者能量引入海洋环境，产生损害海洋生物资源、危害人体健康、妨害渔业和海上其他合法活动、损害海水使用素质和减损环境质量等有害影响。

② 《环境保护税法》于2018年1月1日起施行，排污费已转化为环境保护税。本书中其他涉及排污费缴纳的内容处，不再另做说明。

③ 1979年9月13日颁布的《环境保护法（试行）》第32条："对违反本法和其他环境保护的条例、规定，污染和破坏环境，危害人民健康的单位，各级环境保护机构要分别情况，报经同级人民政府批准，予以批评、警告、罚款，或者责令赔偿损失、停产治理。对严重污染和破坏环境，引起人员伤亡或者造成农、林、牧、副、渔业重大损失的单位的领导人员、直接责任人员或者其他公民，要追究行政责任、经济责任，直至依法追究刑事责任。"

④ 1989年12月26日通过并颁布的《环境保护法》第41条："造成环境污染危害的，有责任排除危害，并对直接受到损害的单位或者个人赔偿损失。

赔偿责任和赔偿金额的纠纷，可以根据当事人的请求，由环境保护行政主管部门或者其他依照本法律规定行使环境监督管理权的部门处理；当事人对处理决定不服的，可以向人民法院起诉。当事人也可以直接向人民法院起诉。（转下页）

通过的《环境保护法》第64条①、2017年6月27日修正的《水污染防治法》第96条②、2018年10月26日修正的《大气污染防治法》第125条③、2016年11月7日修正的《固体废物污染环境防治法》第84条与第85条④、2018年8月31日制定通过的《土壤污染防治法》第96条⑤、2017年11月4日修订的《海洋环境保护法》第89条⑥、2021年12月24日制定通过的《噪声污染防治法》第86条第1款⑦以及2017年9月1日

(接上页)完全由于不可抗拒的自然灾害,并经及时采取合理措施,仍然不能避免造成环境污染损害的,免予承担责任。"

① 2014年4月24日修订通过的《环境保护法》第64条:"因污染环境和破坏生态造成损害的,应当依照《中华人民共和国侵权责任法》的有关规定承担侵权责任。"

② 2017年6月27日修正的《水污染防治法》第96条:"因水污染受到损害的当事人,有权要求排污方排除危害和赔偿损失。

由于不可抗力造成水污染损害的,排污方不承担赔偿责任;法律另有规定的除外。

水污染损害是由受害人故意造成的,排污方不承担赔偿责任。水污染损害是由受害人重大过失造成的,可以减轻排污方的赔偿责任。

水污染损害是由第三人造成的,排污方承担赔偿责任后,有权向第三人追偿。"

③ 2018年10月26日修正的《大气污染防治法》第125条:"排放大气污染物造成损害的,应当依法承担侵权责任。"

④ 2016年11月7日修正的《固体废物污染环境防治法》第84条:"受到固体废物污染损害的单位和个人,有权要求依法赔偿损失。

赔偿责任和赔偿金额的纠纷,可以根据当事人的请求,由环境保护行政主管部门或者其他固体废物污染环境防治工作的监督管理部门调解处理;调解不成的,当事人可以向人民法院提起诉讼。当事人也可以直接向人民法院提起诉讼。

国家鼓励法律服务机构对固体废物污染环境诉讼中的受害人提供法律援助。"

第85条:"造成固体废物污染环境的,应当排除危害,依法赔偿损失,并采取措施恢复环境原状。"

⑤ 2018年8月31日制定通过的《土壤污染防治法》第96条:"污染土壤造成他人人身或者财产损害的,应当依法承担侵权责任。"

⑥ 2017年11月4日修订的《海洋环境保护法》第89条:"造成海洋环境污染损害的责任者,应当排除危害,并赔偿损失;完全由于第三者的故意或者过失,造成海洋环境污染损害的,由第三者排除危害,并承担赔偿责任。对破坏海洋生态、海洋水产资源、海洋保护区,给国家造成重大损失的,由依照本法规定行使海洋环境监督管理权的部门代表国家对责任者提出损害赔偿要求。"

⑦ 2021年12月24日制定通过的《噪声污染防治法》第86条第1款:"受到噪声侵害的单位和个人,有权要求侵权人依法承担民事责任。"

制定通过的《核安全法》第 90 条[①]都规定了对环境污染造成损害的应当承担民事责任。我国《民法典》第 1229 条也规定了因污染环境、破坏生态造成他人损害的应承担侵权责任。[②] 这些法律条款都是对自然人、法人的人身、财产权利的保护性规定。2015 年发布的《最高人民法院关于审理环境侵权责任纠纷案件适用法律若干问题的解释》第 1 条规定，污染环境而造成损害应承担侵权的民事责任，该司法解释文件的第 13 条[③]以及《最高人民法院关于审理环境民事公益诉讼案件适用法律若干问题的解释》第 18 条[④]都规定，赔礼道歉作为环境污染、生态破坏的责任方式。据此可以认为，我国在实定法层面和司法层面都将污染行为对民事主体的人身、财产权利造成的损害范围界定为既包括其物质性权利，也包括精神性权利。

二 安全、舒适、审美等环境合法利益的损害

我国宪法与法律目前尚未直接规定公民享有环境权，法律对自然人的环境利益的保护还没有达到上升为权利的保护程度，但这并非否认法律对社会成员获得良好环境及良好环境要素的合法利益给予法律保护。社会成员对环境享有安全、舒适以及审美等环境利益。在宪法层面，宪法规定了

---

① 2017 年 9 月 1 日制定通过的《核安全法》第 90 条："因核事故造成他人人身伤亡、财产损失或者环境损害的，核设施营运单位应当按照国家核损害责任制度承担赔偿责任，但能够证明损害是因战争、武装冲突、暴乱等情形造成的除外。

为核设施营运单位提供设备、工程以及服务等的单位不承担核损害赔偿责任。核设施营运单位与其有约定的，在承担赔偿责任后，可以按照约定追偿。

核设施营运单位应当通过投保责任保险、参加互助机制等方式，作出适当的财务保证安排，确保能够及时、有效履行核损害赔偿责任。"

② 《民法典》第 1229 条："因污染环境、破坏生态造成他人损害的，侵权人应当承担侵权责任。"

③ 《最高人民法院关于审理环境侵权责任纠纷案件适用法律若干问题的解释》第 13 条："人民法院应当根据被侵权人的诉讼请求以及具体案情，合理判定污染者承担停止侵害、排除妨碍、消除危险、恢复原状、赔礼道歉、赔偿损失等民事责任。"

④ 《最高人民法院关于审理环境民事公益诉讼案件适用法律若干问题的解释》第 18 条："对污染环境、破坏生态，已经损害社会公共利益或者具有损害社会公共利益重大风险的行为，原告可以请求被告承担停止侵害、排除妨碍、消除危险、恢复原状、赔偿损失、赔礼道歉等民事责任。"

国家保护、改善生活环境、生态环境，防治污染以及防治其他公害的义务。[①] 在法律层面，《环境保护法》规定，地方各级人民政府对本行政区的环境负责。法律、行政法规、部门规章以及地方性法规、地方规章规定了一系列环境保护和环境污染监管方面的法律制度，以预防、监管和治理环境污染和公害。另外国家制定、颁布和强制性执行强制性环境标准并运用国家强制力保证实施。尽管法律没有将社会成员的环境利益上升到权利的保护等级，但宪法与法律都在对社会成员获得良好环境及良好环境要素的合法利益给予了法律保护。国家制定和执行环境监督管理制度、强制性环境标准，在客观上有利于社会成员获得良好的环境及良好的环境要素（如清洁的空气和水、未受污染的土壤等）。损害担责中的"损害"除包括污染环境和破坏生态行为对人身、财产权利损害之外，还包括因环境污染和生态破坏行为对社会成员获得良好环境及良好环境要素的合法利益的损害，违反环境法律对社会成员获得良好环境及良好环境要素的合法利益造成损害的应当"担责"。

三　环境容量损失

自20世纪70年代开始，我国逐步建立了排污费制度。2018年1月1日，排污费被环境保护税替代。排污费、环境保护税分为达标排放污染物的排污费、环境保护税和超标排放污染物的排污费、环境保护税。无论是达标排放污染物还是超标排放污染物都会对环境容量造成损失。我国的排污费、环境保护税制度就是通过征收税费的方式让排污行为对其造成的环境容量损失"担责"。

缴纳排污费、环境保护税制度的理论基础是污染行为的负外部性理论，污染行为具有负外部性，对排污行为征收排污费、环境保护税是为了消除污染行为的负外部性，使排放污染物的污染行为的负外部性在经济上内部化。

我国的排污费制度早期是针对超标排污行为征收排污费，后来演化为对超标排污行为以及达标排放大气、水污染物都征收排污费。合法排放污染物的行为也要通过缴纳排污费、环境保护税的方式来"担责"，损害担责原则中的"损害"也适用于合法排放特定污染物的情况。1978年8月

[①] 参见《宪法》第26条。

14 日，吉林省革命委员会发布《松花江水系保护暂行条例》，该条例第 15 条是我国最早的排污费制度。① 1978 年 10 月《环境保护工作要点》中第一次明确提出对排放污染物的工业企业实现排污收费制度。1979 年 9 月 13 日颁布的《环境保护法（试行）》第 18 条第 3 款规定了超标排污费制度。根据该规定，对排放污染物超过国家规定标准的要收取超标排污费。我国的噪声排污费制度适用的范围自始至终都仅限于超标排放噪声污染物。我国的大气、水污染物的排污费则经历了从仅适用于超标排放大气、水污染物到适用于超标排放和达标排放大气、水污染物的历程。我国 1984 年的《水污染防治法》第 15 条规定了企业、事业单位超标向水体排放污染物的排污费制度与负责治理的法律义务。我国 1986 年《大气污染防治法》第 11 条规定了向大气超标排放污染物的单位缴纳超标准排污费制度以及进行治理法律义务。2000 年《大气污染防治法》第 14 条将大气污染物的排污费制度从超标排放大气污染物征收排污费修改为排放大气污染物征收排污费制度。2003 年 1 月 2 日发布并于 2003 年 7 月 1 日起施行的《排污费征收使用管理条例》第 12 条规定，向大气、海洋和海洋外水体排放污染物，要依据排放的污染物种类及数量向国家缴纳排污费。至此，向大气、海洋以及海洋外水体排放污染物的，无论是否超标，也无论是否合法都缴纳排污费。质言之，合法达标向大气、海洋以及海洋外水体排放污染物的均需缴纳排污费。2018 年 1 月 1 日，我国《环境保护税法》生效，排污费转变为环境保护税。缴纳排污费、环境保护税是环境法基本原则——损害担责原则的重要制度，缴纳排污费、环境保护税是"担责"的重要方式之一。我国的损害担责原则从污染者治理、污染者付费原则发展演变而来，需要支付排污费、环境保护税的合法达标的污染物排放也属于"损害"的范畴。

在我国，除了通过排污费、环境保护税制度征收费税的方式让排污行为对其造成的环境容量损失"担责"外，还在司法领域通过司法审判在典型性判例中确认了对污染行为造成的环境容量损失进行赔偿的法律责任。2002 年，天津市海洋局因"塔斯曼海"号油轮（马耳他籍）同货轮"凯旋 1 号"在天津东部海域因相撞而发生原油泄漏造成天津近海的海域

---

① 1978 年 8 月 14 日吉林省革命委员会发布的《松花江水系保护暂行条例》第 15 条："各种污水按排放污染物的性质（可沉降固体、可氧化物质、放射性物质、病原体、化学毒物等）和数量进行分类分级，逐步实行排污收费、罚款和赔偿损失的制度。"

污染而作为原告向天津海事法院起诉"塔斯曼海"号油轮船主——英费尼特航运有限公司及保险人伦敦汽船船东互保协会。原告天津市海洋局的诉讼请求中包含要求天津海事法院判决被告赔偿海洋环境容量损失总计人民币3600万元。天津海事法院认为，环境容量是某一区域（空间）范围允许排入区域内污染物的最大量，是具有价值的客观存在的资源，该案中被告所属的"塔斯曼海"号油轮泄漏的轻质原油导致事故发生海域轻质原油增加，客观上造成了事故发生海域的环境容量损失。因此，法院支持了原告的诉讼请求，并将事故发生海域海洋环境容量损失确定为750.58万元。

四 对环境与生态本身的损害

损害担责中的"损害"除了污染环境、破坏生态行为给自然人、法人的人身、财产权利与利益造成的损害，以及污染环境、生态破坏行为对社会成员获得良好环境及良好环境要素的合法利益的损害以外，还包括对环境与生态本身造成的损害。违反国家环境保护和环境污染监管方面的法律制度以及国家制定、颁布的强制性环境标准给环境与生态本身造成损害的，要承担相应的环境损害赔偿责任、行政处罚以及刑事处罚责任。

（一）国内环境政策法律规范中的规定

《生态环境损害赔偿制度改革方案》界定了生态环境损害的内涵以及适用范围。[1] 按照该方案界定的生态环境损害是指因污染环境与破坏生态造成的环境要素不利改变、生物要素不利改变，以及环境要素、生物要素

---

[1] 《生态环境损害赔偿制度改革方案》："本方案所称生态环境损害是指因污染环境、破坏生态造成大气、地表水、地下水、土壤、森林等环境要素和植物、动物、微生物等生物要素的不利改变，以及上述要素构成的生态系统功能退化。

（一）有下列情形之一的，按本方案要求依法追究生态环境损害赔偿责任：

1. 发生较大及以上突发环境事件的；

2. 在国家和省级主体功能区规划中划定的重点生态功能区、禁止开发区发生环境污染、生态破坏事件的；

3. 发生其他严重影响生态环境后果的，各地区应根据实际情况，综合考虑造成的环境污染、生态破坏程度以及社会影响等因素，明确具体情形。

（二）以下情形不适用本方案：

1. 涉及人身伤害、个人和集体财产损失要求赔偿的，适用侵权责任法等法律规定；

2. 涉及海洋生态环境损害赔偿的，适用海洋环境保护法等法律及相关规定。"

构成的生态系统的功能退化。这里规定的损害是纯环境和生态的损害，不包括因损害环境与生态而给社会成员造成的环境和生态损害以外的其他损害。2018年，包括北京、江苏、浙江、四川、河南、河北、辽宁、重庆、安徽、广西、贵州、江西、青海、云南等省、自治区、直辖市以及泰州、绍兴、毕节、洛阳、烟台、南通、济南、舟山、张掖、日照等城市都通过了生态环境损害赔偿制度改革方案。

我国《民法典》第1234条①规定了违反国家规定造成生态环境损害的修复责任，第1235条②规定了违反国家规定造成生态环境损害的赔偿损失和费用的责任。

我国《海洋环境保护法》第94条第1款也规定了海洋环境污染损害的立法定义。③ 在该立法概念中，污染损害既包括污染环境而导致的对经济性资源的损害、对人身健康的危害、对行为与活动的妨碍，也包括单纯的对环境要素、环境本身的损害，即因把物质或者能量引入海洋环境而产生的损害海水使用素质和减损环境质量的有害影响。《最高人民法院关于审理海洋自然资源与生态环境损害赔偿纠纷案件若干问题的规定》第7条规定的海洋生态环境损失赔偿范围包括预防措施费用、恢复费用、恢复期间损失以及调查评估费用等。④ 从该规定可以看出，环境损害包括对

---

① 《民法典》第1234条："违反国家规定造成生态环境损害，生态环境能够修复的，国家规定的机关或者法律规定的组织有权请求侵权人在合理期限内承担修复责任。侵权人在期限内未修复的，国家规定的机关或者法律规定的组织可以自行或者委托他人进行修复，所需费用由侵权人负担。"

② 《民法典》第1235条："违反国家规定造成生态环境损害的，国家规定的机关或者法律规定的组织有权请求侵权人赔偿下列损失和费用：

（一）生态环境受到损害至修复完成期间服务功能丧失导致的损失；

（二）生态环境功能永久性损害造成的损失；

（三）生态环境损害调查、鉴定评估等费用；

（四）清除污染、修复生态环境费用；

（五）防止损害的发生和扩大所支出的合理费用。"

③ 《海洋环境保护法》第94条第1款："海洋环境污染损害是指直接或者间接地把物质或者能量引入海洋环境，产生损害海洋生物资源、危害人体健康、妨害渔业和海上其他合法活动、损害海水使用素质和减损环境质量等有害影响。"

④ 《最高人民法院关于审理海洋自然资源与生态环境损害赔偿纠纷案件若干问题的规定》第7条："海洋自然资源与生态环境损失赔偿范围包括：（转下页）

环境本身造成的损害。

原环保部〔2011〕60 号文件《关于开展环境污染损害赔偿鉴定评估工作的若干意见》的附件《环境污染损害数额计算推荐方法》(第 I 版)也对环境污染损害作了定义性规定。① 该文件还对"生态环境服务功能""期间损害"作了定义性规定。②

原环保部 2014 年发布的《环境损害鉴定评估推荐方法》(第 II 版)对环境损害、生态环境损害明确加以定义。③ 根据该定义,"环境损害"包括人体健康的不利变化、财产价值的不利变化,以及生态环境、生态系统服务的不利变化。"生态环境损害"包括生态环境之化学、物理或生物特性的不利改变与提供生态系统的服务能力之损伤或破坏。吕忠梅据此认为,生态环境损害仅仅指称对生态环境造成的损害,环境损害则除了包括生态环境损害以外,还包括因污染环境或破坏生态造成的财产损害与人身损害,"环境损害"是生态环境损害的上位概念。④

(接上页)(一)预防措施费用,即为减轻或者防止海洋环境污染、生态恶化、自然资源减少所采取合理应急处置措施而发生的费用;

(二)恢复费用,即采取或者将要采取措施恢复或者部分恢复受损害海洋自然资源与生态环境功能所需费用;

(三)恢复期间损失,即受损害的海洋自然资源与生态环境功能部分或者完全恢复前的海洋自然资源损失、生态环境服务功能损失;

(四)调查评估费用,即调查、勘查、监测污染区域和评估污染等损害风险与实际损害所发生的费用。"

① 该定义为:"环境污染事故和事件造成的各类损害,包括环境污染行为直接造成的区域生态环境功能和自然资源破坏、人身伤亡和财产损毁及其减少的实际价值,也包括为防止污染扩大、污染修复和/或恢复受损生态环境而采取的必要的、合理的措施而发生的费用,在正常情况下可以获得利益的丧失,污染环境部分或完全恢复前生态环境服务功能的期间损害。"

② "生态环境服务功能"是指"某种生态环境和自然资源对其他生态环境、自然资源和公众利益所发挥的作用"。"期间损害"是指"从环境污染事故和事件发生到受损害的生态环境和/或服务恢复到基线状态期间,受影响区域不能完全发挥其生态功能,或为其他自然资源或公众提供服务而引起的损害"。

③ 该办法第 4.1 条规定,"环境损害"是"因污染环境或破坏生态行为导致人体健康、财产价值或生态环境及其生态系统服务的可观察的或可测量的不利改变"。第 4.5 条规定,"生态环境损害""指由于污染环境或破坏生态行为直接或间接地导致生态环境的物理、化学或生物特性的可观察的或可测量的不利改变,以及提供生态系统服务能力的破坏或损伤"。

④ 参见吕忠梅《"生态环境损害赔偿"的法律辨析》,《法学论坛》2017 年第 3 期。

（二）外国环境法律中的规定

美国1990年的《油污染法》对作为环境要素的自然资源遭受的损害——"自然资源损害"作了立法定义："自然资源损害"是指对自然资源的侵害、破坏、丧失或者丧失对自然资源的使用，包括对损害进行评估的合理费用。[1] 根据美国1990年的《油污染法》第2701条第20款的规定，自然资源包括作为环境要素的土地、空气、生物、鱼类、野生动物、水、地下水、饮用水，以及其他的类似资源。

英国1990年的《环境保护法》第107条对预防转基因物种危害生态环境的内容进行解释界定，"环境损害是由于转基因生物从控制者手中逃脱或被释放后而存在于环境中，而可能对环境所维系的活生物体造成伤害"。

俄罗斯2002年的《俄罗斯联邦环境保护法》第1条"基本概念中"将"污染物"界定为"其性能、位置或数量对环境产生不良影响的物质和（或）能量"[2]。"环境损害"界定为"因环境污染而造成的引起自然生态系统退化和自然资源衰竭的环境不良变化"[3]。"环境污染"指"其性能、位置或数量对环境产生不良影响的物质和（或）能量进入环境"[4]。该法还对"自然生态系统"与"自然资源"作了立法定义。[5]

挪威1981年的有关保护、反对污染以及废物的第6号法案界定的污染损害的范围包括物质损害、适宜性之丧失以及污染引发之其他损失。

匈牙利1976年的《人类环境保护法》第43条规定，损害包括基于

---

[1] 参见竺效《论我国"生态损害"的立法定义模式》，《浙江学刊》2007年第3期。

[2] 马骧聪：《环境法治：参与和见证——环境资源法学论文选集》，中国社会科学出版社2012年版，第421页。

[3] 马骧聪：《环境法治：参与和见证——环境资源法学论文选集》，中国社会科学出版社2012年版，第423页。

[4] 马骧聪：《环境法治：参与和见证——环境资源法学论文选集》，中国社会科学出版社2012年版，第421页。

[5] "自然生态系统"指"自然环境中有着广阔地域境界的客观存在部分，在其中，生物（植物、动物和其他生物）和非生物因子，作为统一的相关整体，通过物质和能量的交换，相互作用和彼此制约"；"自然资源"指"在经济和其他活动中被用作或可能被用作能源、生产原料和消费品及具有使用价值的自然环境要素、自然客体和自然人文客体"。参见马骧聪《环境法治：参与和见证——环境资源法学论文选集》，中国社会科学出版社2012年版，第421页。

人的活动或疏忽对人类环境造成的污染或损害。[1]

还有一些国家的法律没有对环境损害的概念进行界定，也没有对环境损害的范围进行列举，但通过对其他相关事项的规定对损害范围进行了间接的规定。例如丹麦1994年的《环境损害赔偿法》第2条规定了需要进行赔偿的四类损害：人身伤害与失去赡养、财产损失、其他经济损失，以及针对环境采取的合理的防范性措施和恢复措施的费用。

(三) 国际条约中规定

一些国际条约采用了概念界定的方式来规定和解释环境损害。

1988年签订的《南极矿产资源活动公约》(Convention on the Regulation of Antarctic Mineral Resoure Actities，CRAMRA) 第1条第15款对"环境生态系统或其共同的损害"作了规范性定义[2]，根据该定义，损害包括对作为环境、生态系统要素的生物及非生物要素的任何影响。

1991年缔结的《亚森条约》在其1997年附加文件第2条c款规定了环境损害的规范性定义[3]，根据该定义，环境损害既包括对环境的丧失、对环境的缩小以及对环境的显著的损伤，也包括对环境要素的丧失、对环境要素的缩小以及对环境要素的损伤。

欧洲共同体委员会在1989年的关于"废物损害民事责任"的指令提案第3条中所称的环境损伤不包括对财产的损害，仅仅指对环境性能之重大的退化，包括环境的物理性能的重大退化、环境的化学性能的重大退化以及环境的生物性能的重大退化。2004年欧洲议会和欧盟理事会发布的《关于预防和补救环境损害的环境责任指令》第2条依照环境要素对"环境损害"进行了界定[4]，包括对良好保育状态损害、水体损害及土壤损害。另外，还将"损害"的范围进一步进行扩大性界定，把对自然资

---

[1] 参见马骧聪《苏联东欧国家环境保护法》，中国环境科学出版社1990年版，第242页。

[2] "对环境或生态系统的生物或非生物组（成部）分的任何影响，包括对大气中的、海洋（中）的或陆地上的生命所造成的超出可以忽略的或根据公约可以评估且认定为危害（harm）损害。"

[3] "环境损害"指对环境或其一个（或多个）组成部分的所有丧失、缩小或显著的损伤。

[4] (a) 对达到和维持的受保护物种和自然栖息地的良好保育状态所造成的显著的不利影响；(b) 水体损害指任何对水体的生态化学和（或）数量情况和/或生态潜力造成的显著的不利影响；(c) 土地损害指因直接或间接地向土地内、上或下引入物质、制剂、生物或微生物而制造显著风险，对人类健康产生不利影响的土地污染。

源的重要不利变化以及对自然资源的重要损伤也纳入"环境损害"的范围。

一些国际条约虽然没有以概念的方式界定环境损害，但是，采用了对环境损害的构成或应对措施及有关费用赔偿进行列举的方式来解释和界定环境损害。

1969年的《国际油污损害民事责任公约》第1条通过列举的方式将"污染损害"界定为由于船舶溢出以外的污染而生之灭失、损害，此外，防范性措施费用、防范性措施招致的进一步灭失、损害也在"污染损害"范围之内。根据《国际油污损害民事责任公约》和1971年《设立国际油污损害赔偿基金公约》之1992年议定书的规定，污染损害包括因污染所生之灭失、损害以及防范性措施所生费用。另外，污染损害还包括因防范性措施招致的进一步灭失、损害。

1989年的《关于公路、铁路和内陆航运船只运载危险性物品引起损害的民事责任公约》第1条第10款中列举了损害的范围，包括生命丧失之损害、人身损害、财产灭失或损害，还包括因危险货物污染环境造成的损失、损害以及防范性措施费用和防范性措施招致的进一步灭失、损害。

1993年的《卢加诺公约》列举了四类损害，除了包括生命丧失、人身损害、财产灭失或损害，防范性措施费用以及防范性措施招致的进一步灭失、损害三类损害以外，还包括污染环境造成的灭失、损害，该损害被限定于恢复性措施费用。

1999年《控制危险废物越境转移及处置巴塞尔公约》缔约国签订的《危险废物越境转移及其处置所造成的损害的责任和赔偿问题议定书》第2条第2款c项列举了损害的范围，除了包括生命丧失、人身损害、财产灭失或损害、环境使用的经济利益收入与费用节省的利益外，还包括遭破坏之环境的恢复费用、预防措施费用以及预防措施招致的损失、损害。

陈慈阳认为："所谓环境损害系指人为日常的、反复的活动下所产生破坏维持人类健康与安适生活的环境，而间接损害公众之权利或利益或有损害之虞的事实，亦即以环境作为媒介，损害人民健康或有危害之虞者。其特性为人为之灾害，并经长期酝酿所产生，故与突发性灾害有异。其次，其系经由多重的媒介体间接且继续的侵害。最后，其主体（加害人或被害人）与损害之内容常属多数与不明确。"[1] 笔者认为，损害担责原则中的损害是指因人的行为而污染环境、破坏生态或人的行为以环境污染、生态破坏为中介造成他人的人身、财产损害，或因环境污染、生态破坏对社会成员获得良好环境及良好环境要素的合法利益的损害，或因排污行为导致的环境容量的减少。损害担责原则作为环境法的基本原则，是指污染环境者和生态破坏者因其行为污染环境、破坏生态，或以环境污染、生态破坏为中介造成他人的人身、财产损害，或因其环境污染、生态破坏对社会成员获得良好环境及良好环境要素的合法利益的损害，或因排污行为导致的环境容量的减少，而应当履行法律规定的义务或（和）承担法律规定的责任。

第二节 环境法中的"担责"

我国环境法学界对损害担责原则中"责"的范围与内容，以及"担责"的主体范围认识存在着很大的差异。这些方面的研究成果主要集中在不同时期不同著者的环境法教材以及论文之中。关于损害担责原则中的"担责"的含义，有观点认为是承担法律责任[2]，有观点认为是承担赔偿责任[3]，有观点认为是承担法律义务和法律责任[4]，有观点认为是承担治理污染责任和补偿责任[5]，有观点认为是开发者养护、利用者补偿、污染者治理、破坏者恢复、消费者最终承担、受益者负担、主管者负责[6]，有观点认为是承担赔偿损害、治理污染、恢复生态的责任[7]，还有观点认为是支付补偿费用。[8] 这些认识上的分歧给环境法的研究和环境立法、环境执法、司法都带来困扰与迷惑，有必要在理论上廓清损害担责原则的问题

---

[1] 陈慈阳：《环境法总论》，中国政法大学出版社2003年版，第328页。
[2] 参见韩德培主编《环境保护法教程》，法律出版社2015年版，第75页。
[3] 参见陈泉生《环境法原理》，法律出版社1997年版，第76页。
[4] 参见周珂《生态环境法论》，法律出版社2001年版，第67页。
[5] 参见曹明德《对修改我国环境保护法的再思考》，《政法论坛》2012年第6期。
[6] 参见常纪文、陈明剑《环境法总论》，中国时代经济出版社2003年版，第142页。
[7] 参见吕忠梅主编《环境法学概要》，法律出版社2016年版，第92页。
[8] 参见王社坤编著《环境法学》，北京大学出版社2015年版，第74—78页。

指向，并在此基础之上界定"担责"的主体范围以及"责"的环境法含义。

一 "担责"与环境法上的责任

环境法是独立的部门法，环境法律责任是法律责任的种概念。界定环境法上的责任，首先要界定法律责任的含义。

博登海默认为，法律概念是工具性工具，它以简略之方式辨识具有相同要素或共同要素之典型情形。① 概念是解决法律问题不可或缺的工具，"没有概念，我们便无法将我们对法律的思考转变为语言，也无法以一种可理解的方式把这些思考传达给他人"②。亨廷顿·凯恩斯（Cairns）说过，"世界上的事物比用来描述它们的语词要多得多"③。尽管在大多数情形下人们很容易把不同事物区分开来，但是仍然存在不易确定的两可性情况，这种情况的存在会给语言在分类上造成困难。不管词汇是多么详尽完善、多么具有识别力，现实中始终会有一些为严格和明确的语言分类所无能为力的细微差异与不规则的情形，因此许多概念往往是不精确、过于简化和不全面的。④ 法律责任作为一个概念也不例外。从语义学的角度对"责任"概念进行分析，其含义是发展、变化的，而非固定一成不变的；"责任"具有多个义项，在不同的场合和环境中，其含义也有所不同。

"责任"一词在我国古汉语中有多个义项：（1）求，索取；（2）要求，督促；（3）谴责、诘问，责备；（4）处罚，责罚，加刑；（5）责任，负责；（6）同"债"，欠的钱财。⑤ 在现代汉语中，"责任"有三个义项：（1）为分内之事；（2）负有积极助长义务；（3）因未做好分内之

---

① 参见［美］E. 博登海默《法理学：法律哲学与法律方法》，邓正来译，中国政法大学出版社2004年版，第501页。

② ［美］E. 博登海默：《法理学：法律哲学与法律方法》，邓正来译，中国政法大学出版社2004年版，第504页。

③ "The Languag of Jurisunoe", in Language: An Enquiry into lts Meaningand Fiction. Ed. R, N, Anshen (New York, 1957), p. 243. 转引自［美］E. 博登海默《法理学：法律哲学与法律方法》，邓正来译，中国政法大学出版社2004年版，第503页。

④ 参见［美］E. 博登海默《法理学：法律哲学与法律方法》，邓正来译，中国政法大学出版社2004年版，第503—504页。

⑤ 参见张文显《法哲学范畴研究》，中国政法大学出版社2001年版，第117—118页。

事或因未履行积极助长义务而应承担的不利后果或强制性义务。①

当代法学语境下，对法律责任的含义主要存在以下五种观点：第一，处罚（制裁）说。哈特认为，承担责任等于人由其行为或伤害而在法律上应受到惩罚或被迫赔偿。②"对应负法律责任的人来说，法律责任（按其内容来讲）意味着最终要实施法律制裁（法律规范或契约规定的制裁）。"③ 凯尔森在《法与国家的一般理论》一书中指出："法律责任的概念是与法律义务相关联的概念，一个人在法律上对一定行为负责，或者他在此承担法律责任。意思就是，如果作相反的行为，他应受制裁。"④ 处罚（制裁）说突出强调法律责任的惩罚性和制裁性，说明了违法行为与法律强制之间的因果关系及法律责任的应当性，但没有说明法律责任的正当性。第二，后果说。后果说认为，法律责任乃是行为者的不利后果。萨莫先科认为，责任是行为人必须承受的因其行为给自身造成的不利后果。⑤ 林仁栋认为，法律责任是违法者因自身的违法行为而应对国家和受害者承担的后果。⑥ 周永坤把法律责任界定为"法律规定的、义务之不履行所处之必为状态"⑦。所谓不利后果，乃是指法律责任为责任人所不情愿，法律责任与行为人的目的相悖，法律责任对责任人的某些利益进行剥夺或限制。后果说阐明了违法行为同法律责任之间的因果关系，解释了责任的强制性，但后果说的局限在于它"没有说明不利后果或否定性后果不都属于法律责任的范畴"⑧。第三，责任能力说（法律地位说）。责任能力说（法律地位说）认为，法律责任是一种主观责任，是理性认知自己

---

① 参见张文显《法哲学范畴研究》，中国政法大学出版社 2001 年版，第 118 页。

② 参见 H. L. A. Hart, Responsibility, From *Philophy of Law* (second edition), edited by J. Feinberg & H. Gross, Wadsworth Publishing Campany, 1980, p.397。

③ ［苏联］巴格里·沙赫马托夫：《刑事责任与刑罚》，韦政强、关文学等译，法律出版社 1984 年版，第 5 页。

④ ［奥］凯尔森：《法与国家的一般理论》，沈宗灵译，中国大百科全书出版社 1996 年版，第 73 页。

⑤ 参见［苏联］巴格里·沙赫马托夫《刑事责任与刑罚》，韦政强、关文学等译，法律出版社 1984 年版，第 5 页。

⑥ 参见张文显《法哲学范畴研究》，中国政法大学出版社 2001 年版，第 119 页。

⑦ 周永坤：《法律责任论》，《法学研究》1991 年第 3 期。

⑧ 张文显：《法律责任论纲》，《吉林大学社会科学学报》1991 年第 1 期；刘作翔、龚向和：《法律责任的概念分析》，《法学》1997 年第 10 期。

行为、对自己行为负责的一种能力。① 或者，责任在有些情况下"指应负法律责任的地位及责任能力（主观意义之责任）"。责任能力说（法律地位说）解释了法律责任的道义内容，使法律责任从结果责任中脱离出来进入法制文明轨道，但该说仅从行为人的主观心理状态和社会价值评断来对法律责任进行界定与解说，忽略了法律责任的客观要素，没有使主观责任与客观责任统一起来。② 第四，义务说。义务说认为，法律责任是某种义务，最典型的代表观点是《布莱克法律词典》对法律责任的界定。雅维茨认为，法律责任是行为人"由于做出从法律的观点来说应受指责的行为而受到痛苦的一种特殊义务"③。苏联学者 C. H. 布拉图认为，法律责任是通过国家强制或社会强制而必须履行的义务。④ 义务说阐述了法律责任的正当性。但该说将惩罚作为法律责任的目的，否定了法律责任的意义，也没有揭示出法律责任中第一性义务和第二性义务之间的内在联系。⑤ 第五，新义务说。新义务说的代表性学者是张文显，他认为，法律责任是"违反第一性法定义务而招致的第二性义务"⑥。张文显认为，新义务说使用"义务"这一法学范畴来指称法律责任，可以将法律责任置于法的逻辑联系之中；新义务说中的法律责任界定，既说明了法律责任的必为性，又说明了法律责任的当为性；新义务说揭示了法律责任和第一性法律义务之间的区别，也揭示了法律责任同第一性法律义务之间的因果联系；新义务说澄清了无过错责任、衡平责任与公平责任的非法律责任的本质属性。⑦

我国环境法学界对损害担责原则中的"责"的认识存在很大的差距，包括对"担责"的主体的范围及"责"的范围与内容。关于"担责"，有观点认为是对造成的环境损害承担责任，一是在性质认定上，"担责"

---

① 参见［苏联］巴格里·沙赫马托夫《刑事责任与刑罚》，韦政强、关文学等译，法律出版社1984年版，第5页。

② 参见刘作翔、龚向和《法律责任的概念分析》，《法学》1997年第10期。

③ Lev Samoĭlovich ÎAvich, H. Creighton, *The General Theory of Law: Social and Philosophical Problems*, Moscow: Progress, 1981, pp. 236-237.

④ 参见［苏联］巴格里·沙赫马托夫《刑事责任与刑罚》，韦政强、关文学等译，法律出版社1984年版，第9页。

⑤ 参见张文显《法哲学范畴研究》，中国政法大学出版社2001年版，第121页。

⑥ 张文显：《法哲学范畴研究》，中国政法大学出版社2001年版，第122页。

⑦ 参见张文显《法哲学范畴研究》，中国政法大学出版社2001年版，第122—124页。

是指承担法律责任；二是在主体范围界定上，"担责"主体包括环境损害者与各级政府；三是在内容界定上，包括损害者承担排污费、资源费和资源税、生态补偿费等来治理环境污染和修复生态破坏，人民政府采取财政、税收、价格、政府采购等环境保护奖励政策，以及各级政府承担环境保护费用。① 该观点的缺陷在于：一是混淆了法律义务和法律责任。我国法理学理论严格区分了法律义务和法律责任：法律责任是侵犯权利或违反法律义务而招致的强制性义务，是违反第一性义务招致的第二性义务。② 因达标排污而缴纳的排污费或环境保护税，在性质上属于排污者的法律义务而非法律责任；人民政府采取财政、税收、价格、政府采购等环境保护奖励政策，乃是政府在治理环境方面采取的政策与措施，而非法律责任；各级政府承担环境保护费用也不需要以先前的违法行为作为前提，在性质上也不属于法律责任。二是在主体范围界定上，将政府作为"担责"的主体是不合理的。因为损害担责原则的目的在于污染者应对造成环境损害承担义务与后果，而并非在于确定政府的环境法律义务与责任。

有观点认为，"担责"是指肇事者因污染环境应当承担赔偿责任，该观点认为环境责任原则范围较污染者负担原则更为广泛，环境责任原则既要求环境污染者承担防治责任，也要求环境破坏者承担防治责任，"担责"的主体是环境损害者，"负担"的是赔偿责任；污染者负担原则主要是追究肇事者的责任。③ 该观点的不足在于：一是混淆了赔偿责任和对环境与生态的防治"责任"，因为某些防治"责任"在性质上属于法律义务而非法律责任；二是把污染者负担的事项范围界定在赔偿责任之内，忽略了污染者负担的法律义务。

有观点认为，"担责"是"污染者付费、利用者补偿、开发者保护、破坏者恢复"，因利用环境和资源，或污染破坏环境，或对减损资源而应承担法律义务和法律责任，它体现了环境保护必须遵循的市场经济法则，是民法原则在环境法中的延伸。④ 该观点的可取之处在于：一是考虑到了承担的范围既包括法律义务也包括法律责任；二是该原则既调整环境损害者的权利、义务（责任），也调整资源损害者的权利、义务（责任）。该

---

① 参见韩德培主编《环境保护法教程》，法律出版社2015年版，第75页。
② 参见张文显《法哲学范畴研究》，中国政法大学出版社2001年版，第122页。
③ 参见陈泉生《环境法原理》，法律出版社1997年版，第76页。
④ 参见周珂《生态环境法论》，法律出版社2001年版，第67页。

观点的不足之处在于没有区分环境资源损害者的义务（责任）同对环境资源利用者利用环境资源可再生或者开发替代所应付出的劳动给予的补偿之间的差别。

有观点认为，"担责"是指污染者有责任对污染源和环境进行治理，自然资源利用人、受益人应对自然资源权利人、生态服务提供人予以补偿。① 该观点将主体限定为环境污染者与自然资源利用人、受益人，在内容上体现为污染者对污染源和环境进行治理，自然资源利用人、受益人对自然资源权利人、生态服务提供人予以补偿。另外，该观点没有区分环境损害者与生态保护者两者之间关于环境产生的权利、义务（责任）。损害担责原则是解决环境损害者环境权利、义务（责任）的问题，生态保护者关于环境产生的权利、义务（责任）问题由生态补偿制度加以解决，损害担责原则在内涵上无法涵盖生态补偿制度。

有观点认为，"担责"是指环境问题责任者应承担相应法律责任，以补偿、恢复被污染、破坏的环境，修复被破坏的国家环境管理秩序，该原则是对开发者养护、利用者补偿、污染者治理、破坏者恢复、消费者最终承担、受益者负担、主管者负责等原则的高度概括。② 该观点界定的主体外延最为广泛，包括开发者、利用者、污染者、破坏者、消费者、受益者与主管者；该观点在界定该原则内容上也最丰富，不仅包括开发者养护、利用者补偿，而且包括污染者治理、破坏者恢复，还包括消费者最终承担、受益者负担，甚至也包括主管者负责。该观点也没有区分法律义务与法律责任。另外，损害担责原则是解决环境损害者环境权利、义务（责任）的问题，不应当包括消费者最终承担，不应当包括受益者负担，也不应当包括主管者负责。

有观点认为，"担责""是指在生产和其他活动中造成环境污染和破坏、损害他人权益或者公共利益的主体应承担赔偿损害、治理污染、恢复生态的责任"③，其观点的核心在于对环境污染、生态破坏所产生的法律责任在国家、企业和个人之间进行公平的分配。该观点没有区分法律义务和法律责任，将"损害担责"中的承担的"责"的范围仅限定为法律责任。

---

① 参见曹明德《对修改我国环境保护法的再思考》，《政法论坛》2012 年第 6 期。
② 参见常纪文、陈明剑《环境法总论》，中国时代经济出版社 2003 年版，第 142 页。
③ 吕忠梅主编：《环境法学概要》，法律出版社 2016 年版，第 92 页。

有观点认为,"担责"是从环境或资源的开发、利用过程中获得实际利益者(不局限于开发者和污染者)都应当付出应有的补偿费用。[1] 该观点仍然主要从经济角度分析成本分担,没有完全从法学的角度进行权利义务(责任)的设定与分配。

综上分析,我国环境法学界对损害担责原则中"担责"的含义的研究中存在的不足主要在于:一是未使用法学中的"权利(权力)—义务(责任)"研究模式,更多的是使用经济上的成本分担的分析模式;二是在义务(责任)承担的主体范围上差异很大;三是在"担责"内容上认识不一致,基本上没有区分法律义务与法律责任,没有区分制裁与收费,损害担责原则在理论上和话语体系上不一致;四是没有采用规范主义的研究进路,基本上采用了功能主义的研究进路。

二 "担责"的问题指向与主体界定

法学研究应当具有问题意识。"一般而言,'问题'意指人作为社会主体需要发现和识别的当前状态与人们所希望达到的目标状态之间的差距。"[2] 环境法学应主动发现、认识社会现实问题,合理识别与选择法律问题,通过提高环境法的法律规范、引导和调控的功能和作用,推动促进社会目标的实现。[3] "损害担责原则"问题指向是次生环境问题,即人的活动引起的环境问题。从损害原则发展的历史来看,无论是1970年日本的《公害对策基本法》还是1972年经合组织提出的"污染者付费"概念,损害担责原则均指向的是环境污染者与环境损害者的法律义务承担与法律责任承担问题。从损害担责原则在我国的发展历程来看,无论早期的谁污染谁治理原则,还是污染者付费原则,其指向的也是环境污染者与环境损害者的法律义务承担和法律责任承担问题。因此,损害担责原则的指向不包括政府采取财政、税收、价格、政府采购等环境保护奖励政策问题,不包括各级政府承担环境保护费用的法律职责与义务的问题,不包括因自然资源开发利用的补偿费或税问题,不包括环境资源利用者对其利用的环境资源可再生或者开发替代所应付出的劳动给予的补偿问题,不包括生态保护者生态补偿问题,不包括消费者最终承担问题,还不包括环境行

---

[1] 参见王社坤编著《环境法学》,北京大学出版社2015年版,第74—78页。
[2] 柯坚:《环境法的生态实践理性原理》,中国社会科学出版社2012年版,第22页。
[3] 参见柯坚《环境法的生态实践理性原理》,中国社会科学出版社2012年版,第22页。

政主管者的管理职责与责任问题，也不包括除环境污染损害者外的其他受益者补偿的问题。

准确识别损害担责原则面向的问题，就能准确界定"担责"的主体范围，并能进一步界定"担责"的内容。通过对"损害担责原则"问题指向的识别，可以清晰地确定"损害担责"主体仅仅包括环境污染者和生态破坏者，而不包括履行环保职责的政府（即环境行政主管者），不包括除环境污染损害者以外的其他受益者，不包括消费者，也不包括生态保护者。比较复杂的问题是自然资源的开发者、利用者是否属于"损害担责"的主体，笔者认为，自然资源的开发者、利用者不属于"损害担责"的主体。自然资源开发者、利用者因对自然资源的开发、利用而对资源开发利用本身做出的补偿，是因资源权属权益在经济利益上所进行的补偿，在性质上属于资源交易行为，而不是因为对环境造成污染、损害所进行的补偿和赔偿。自然资源开发者、利用者对自然资源的开发、利用往往伴随着对环境的污染和损害，因此对受到污染和损害的环境进行补偿或赔偿，在这种情况下，自然资源的开发者、利用者属于"损害担责"的主体。但此种情况下，他们是以环境的污染者、生态破坏者的身份出现而不是以开发者、利用者的身份出现，其"担责"的原因是因为他们是环境的污染者、生态的破坏者，而不是开发者、利用者。

从国际范围来看，"损害担责"的主体在多个国家的立法例中已经发展为造成环境污染、损害的任何人，如瑞典《环境法典》、芬兰《环境保护法》第4条、保加利亚《环境保护法》第3条、立陶宛《环境保护法》第3条、斯洛文尼亚《环境保护法》第9条、津巴布韦《环境管理法》第4条规定、老挝《环境保护法》第5条、阿富汗《环境保护法》第5条、墨西哥《生态平衡和环境保护基本法》第15条等的规定。[①]

从损害担责历史演进对损害担责原则指向的社会问题进行识别，其指向的社会问题是环境污染者与生态破坏者的法律义务、法律责任的承担问题，而不包括政府环境法律责任、环境资源开发利用补偿、生态补偿、环境行政主管者责任等问题，也不包括除环境污染损害者外的其他受益者补偿问题。

采用"权利（权力）—义务（责任）"的研究模式对损害担责原则

[①] 参见李挚萍《环境基本法比较研究》，中国政法大学出版社2013年版，第84—85页。

进行研究，损害担责中的"责"既非指单纯的法律义务，也非指单纯的法律责任，而是呈现为法律义务与法律责任的耦合状态，这既是环境法基本理念在环境法上的具体表现，又是环境法本质的具体反映。

三 "担责"中的法律义务与法律责任的耦合

德沃金认为，法律不仅包括规则，还包括原则。在德沃金看来，"原则"是指法律规则之外的其他准则。[①] 对环境社会关系进行法律分析时，应当从环境法律关系的三要素出发，考察环境社会关系中权利、义务的主体、客体与内容。法律关系的三要素的核心乃是权利和义务，具体而言，法律关系的主体是权利（权力）的享有主体与义务（责任）的承担主体，法律关系的客体乃是权利（权力）与义务（责任）指向的对象和标的，法律关系的内容则表现为权利（权力）与义务（责任）的具体内容。关于损害担责原则中的"责"的含义与范围界定问题，孟庆垒从环境法的义务本位论的角度，认为环境法不是民法类型的"权利之法"，也非行政法类型的"权力之法"，应为"责任之法"。[②] 胡保林认为，对污染者实行"谁污染谁治理"，对开发建设者实行"谁开发谁保护"的政策，即由污染、破坏环境的单位和个人承担治理和补偿环境的责任与义务，体现了环境保护的责任制，"谁污染谁治理"的原则强调污染者必须担负起污染环境的社会责任和经济责任。[③] 赵旭东认为，我国环境立法先后规定了"谁污染谁治理"和"污染者治理"原则，但其有固有缺陷，无须改造为"污染者负担"原则，"污染者负担"原则客观外化为污染防治、损害补偿、损害赔偿等责任形式。[④] 潘慧庆认为，我国环境保护法中的"污染者负担"原则中的"负担"主要指承担责任，表现为承担被污染环境的治理修复费用和对环境污染受害人赔偿费用，"污染者负担"原则核心是排污费制度，污染者负担原则依赖环境行政责任、环境民事责任和环境刑事

---

① 参见［美］德沃金《认真对待权利》，信春鹰、吴玉章译，中国大百科全书出版社1998年版，第40页。
② 参见孟庆垒《环境责任论》，博士学位论文，中国海洋大学，2008年。
③ 参见胡保林《历史回顾"谁污染谁治理、谁开发谁保护"的基本原则》，《中国环境年鉴》，1992年。
④ 参见赵旭东《环境法的"污染者负担"原则研究》，《环境导报》1999年第5期。

责任制度安排。① 关于环境法律责任，王锦认为，设定环境法律责任时要考虑对自然人生命健康、财产进行法律保护，还要考虑对生态环境进行法律保护，环境法律责任包含的制裁手段应多元化，涵盖民事手段、行政手段、刑事责任等制裁手段。② 常纪文等认为，环境法律责任经济学基础在于环境行为的外部不经济性，政府必须利用法律责任对外部不经济性环境行为进行干预，甚至通过环境民事、行政和刑事法律责任对其进行调整。③

损害担责中的"责"既非指单纯的法律义务，也非指单纯的法律责任。我国的法理学理论严格区分了法律义务和法律责任。法律义务是第一性义务，法律责任是第二性义务，是违反第一性法律义务而招致的第二性法律义务。在严格区分了法律义务和法律责任的法理理论语境下，损害担责中的"责"既包括法律义务，也包括法律责任，呈现出法律义务与法律责任的耦合。"污染者付费原则之起源有法学上的恢复原状责任，以及经济学上之使用者付费原则，亦有行政法学中之警察法及秩序法"④，污染者负责原则涵盖民法、刑法、行政法三大传统法领域，"由于环境法所涉及的不仅是行政法规上对环境产生影响之人为行为的引导及管制措施，另外还扩及至民法及刑法上对污染者之惩罚。此亦对污染者负责原则之内涵有其重大意义"⑤。法律义务主要表现为缴纳排污费、环境保护税等，法律责任包括民事法律责任、行政法律责任、刑事法律责任与环境损害赔偿法律责任。笔者认为，环境损害赔偿法律责任既不同于民事法律责任，也不同于行政法律责任，还不同于刑事法律责任，环境损害赔偿法律责任不能被民事法律责任、行政法律责任、刑事法律责任涵盖，是一种新型的法律责任。

笔者将以污染排放行为为例，对污染者"担责"中法律义务和法律

---

① 参见潘慧庆《浅析我国的"污染者负担"原则》，《科教文汇》（中旬刊）2007年第6期。

② 参见王锦《环境法律责任与制裁手段选择》，博士学位论文，中共中央党校，2011年。

③ 参见常纪文、裴晓桃《外部不经济性环境行为的法律责任调整》，《益阳师专学报》2001年第4期。

④ Vgl. Bender, B./Sparwasser, R/Engel, R., Umweltrecht, 2000, Heidelberg, Rdnr 51, S. 17. 转引自陈慈阳《环境法总论》，中国政法大学出版社2003年版，第175页。

⑤ 陈慈阳：《环境法总论》，中国政法大学出版社2003年版，第178页。

责任耦合予以阐述。

1. 排污者承担的法律义务——缴纳排污费、环境保护税

承担法律责任的前提是存在违法行为。环境的污染者、损害者在不违反法律的前提下对环境进行利用而对环境造成了污染或者损害不需要承担法律责任，在此情况下环境的污染者、损害者应当承担相应的法律义务，这种法律义务最典型的形式就是缴纳排污费或环境保护税。

1978年8月14日吉林省革命委员会发布的《松花江水系保护暂行条例》最早规定了排污收费制度。① 1978年10月《环境保护工作要点》第一次明确提出对排放污染物的工业企业实现排污收费制度。1979年9月13日颁布的《环境保护法（试行）》第18条第3款规定了超标排污费。根据该规定，对排放污染物超过国家规定的标准的，要收取超标排污费。1989年12月26日修订的《环境保护法》第28条第1款规定，除《水污染防治法》另有规定的除外，排放污染物超过国家或者地方规定的污染物排放标准的企事业单位，应缴纳超标准排污费，并负责治理。2014年4月24日修订的《环境保护法》第43条规定，排放污染物的生产经营者应当缴纳排污费，依照法律规定征收环境保护税的，不再征收排污费。另外，我国多项单行环境污染防治法律中也规定了征收排污费的规定。②

2016年12月25日通过了《环境保护税法》，该法于2018年1月1日生效，至此，排污费被环境保护税替代。③

需要指出的是，排污行为分为达标排污行为与超标排污行为，除噪声污染排放行为超标排放才征收环境保护税外，大气污染物、水污染物的达

---

① 《松花江水系保护暂行条例》第15条："各种污水按排放污染物的性质（可沉降固体、可氧化物质、放射性物质、病原体、化学毒物等）和数量进行分类分级，逐步实行排污收费、罚款和赔偿损失的制度。"

② 参见1984年5月21日通过的《水污染防治法》第15条、2008年2月28日修订的《水污染防治法》第24条、1987年9月5日颁布的《大气污染防治法》第11条、2000年4月29日修订的《大气污染防治法》第14条、1989年9月26日发布的《环境噪声污染防治条例》第13条、1996年10月29日颁布的《环境噪声污染防治法》第16条、1982年8月23日颁布的《海洋环境保护法》第41条及1999年12月25日修订的《海洋环境保护法》第11条等。

③ 《环境保护税法》第2条："在中华人民共和国领域和中华人民共和国管辖的其他海域，直接向环境排放应税污染物的企业事业单位和其他生产经营者为环境保护税的纳税人，应当依照本法规定缴纳环境保护税。"第27条规定："自本法施行之日起，依照本法规定征收环境保护税，不再征收排污费。"

标排污行为和超标排污行为都被规定需要缴纳环境保护税。我国《环境保护税法》的功能主义立法路径损害了环境法律的逻辑一致性、形式规范性及法律的融贯性。达标排污行为人缴纳环境保护税是环境污染者承担法律义务的具体表现。超标排污行为违反了具有强制性的国家或地方的污染物排放标准，在行为的性质上具有公法上的违法性，应当承担公法法律责任而非承担法律义务。纳税属于法律义务而非法律责任，因此对超标排污行为只能设立法律责任，不应设立纳税这样的法律义务。对超标排污行为等违法排污行为应当设定法律责任，包括民事责任、行政责任、刑事责任以及环境损害赔偿责任等。

2. 排污者承担的民事法律责任

排污者除了需要依照有关规定承担缴纳排污费或环境保护税的法律义务之外，因排放污染物污染损害环境造成他人人身、财产损失的，还要承担相应的民事法律责任。

《排污费征收使用管理条例》第 12 条曾经规定缴纳排污费不能替代和免除排污承担防治污染责任，不能替代和免除排污者的赔偿污染损害责任，不能替代和免除排污者应当承担的其他法律与行政法规规定的法律责任。[①] 2014 年 4 月 24 日修订的《环境保护法》第 64 条规定，污染环境造成损害以及破坏生态造成损害应当承担侵权责任。2017 年 6 月 27 日修正的《水污染防治法》第 96 条规定了遭受水污染而受损害的受害人要求加害人排除危害、赔偿损失的民事请求权。[②] 2015 年 8 月 29 日修订的《大气污染防治法》第 125 条规定："排放大气污染物造成损害的，应当依法承担侵权责任。"

《侵权责任法》规定了环境民事侵权的法律责任，《最高人民法院关于审理环境侵权责任纠纷案件适用法律若干问题的解释》第 13 条规定了污染者民事责任类型和范围。[③]《最高人民法院关于审理环境民事公益诉

[①] 《排污费征收使用管理条例》第 12 条："排污者缴纳排污费，不免除其防治污染、赔偿污染损害的责任和法律、行政法规规定的其他责任。"

[②] 2017 年 6 月 27 日修正的《水污染防治法》第 96 条："因水污染受到损害的当事人，有权要求排污方排除危害和赔偿损失。"

[③] 《最高人民法院关于审理环境侵权责任纠纷案件适用法律若干问题的解释》第 13 条："人民法院应当根据被侵权人的诉讼请求以及具体案情，合理判定污染者承担停止侵害、排除妨碍、消除危险、恢复原状、赔礼道歉、赔偿损失等民事责任。"

讼案件适用法律若干问题的解释》第 18 条以及《最高人民法院关于审理海洋自然资源与生态环境损害赔偿纠纷案件若干问题的规定》第 6 条也分别规定了包括赔礼道歉在内的被告人民事责任的类型与范围。①

3. 排污者承担的行政法律责任

排污者除了需要依照有关规定承担缴纳排污费或环境保护税的法律义务，因排放污染物污染损害环境造成他人人身、财产损失而承担民事责任外，因排放污染物污染损害环境违反行政法律规定的，还要承担相应的行政法律责任。例如，2008 年 2 月 28 日修订的《水污染防治法》第 74 条第 1 款②、2015 年修订的《大气污染防治法》第 99 条和 123 条③、2016 年 11 月 7 日修正的《海洋环境保护法》第 73 条、2014 年 4 月 24 日修订

---

① 《最高人民法院关于审理环境民事公益诉讼案件适用法律若干问题的解释》第 18 条："对污染环境、破坏生态，已经损害社会公共利益或者具有损害社会公共利益重大风险的行为，原告可以请求被告承担停止侵害、排除妨碍、消除危险、恢复原状、赔偿损失、赔礼道歉等民事责任。"《最高人民法院关于审理海洋自然资源与生态环境损害赔偿纠纷案件若干问题的规定》第 6 条："依法行使海洋环境监督管理权的机关请求造成海洋自然资源与生态环境损害的责任者承担停止侵害、排除妨碍、消除危险、恢复原状、赔礼道歉、赔偿损失等民事责任的，人民法院应当根据诉讼请求以及具体案情，合理判定责任者承担民事责任。"

② 2008 年 2 月 28 日修订的《水污染防治法》第 74 条第 1 款："违反本法规定，排放水污染物超过国家或者地方规定的水污染物排放标准，或者超过重点水污染物排放总量控制指标的，由县级以上人民政府环境保护主管部门按照权限责令限期治理，处应缴纳排污费数额二倍以上五倍以下的罚款。"

③ 2015 年修订的《大气污染防治法》第 99 条："违反本法规定，有下列行为之一的，由县级以上人民政府环境保护主管部门责令改正或者限制生产、停产整治，并处十万元以上一百万元以下的罚款；情节严重的，报经有批准权的人民政府批准，责令停业、关闭：

（一）未依法取得排污许可证排放大气污染物的；

（二）超过大气污染物排放标准或者超过重点大气污染物排放总量控制指标排放大气污染物的；

（三）通过逃避监管的方式排放大气污染物的。"

第 123 条："违反本法规定，企业事业单位和其他生产经营者有下列行为之一，受到罚款处罚，被责令改正，拒不改正的，依法作出处罚决定的行政机关可以自责令改正之日的次日起，按照原处罚数额按日连续处罚：

（一）未依法取得排污许可证排放大气污染物的；

（二）超过大气污染物排放标准或者超过重点大气污染物排放总量控制指标排放大气污染物的；

（三）通过逃避监管的方式排放大气污染物的；

（四）建筑施工或者贮存易产生扬尘的物料未采取有效措施防治扬尘污染的。"

的《环境保护法》第 60 条以及第 68 条都规定对超过污染物排放标准排放污染物的行为应当予以查处。

另外，法律还规定了对违法排污污染环境的双罚制的行政法律责任。例如 2015 年 8 月 29 日修订的《大气污染防治法》第 122 条规定，违法造成大气污染事故，除对违法人处以罚款之外，对直接责任人员可处罚款行政处罚。①

4. 排污者承担的刑事法律责任

"现今环境法学上所论及之原始污染者付费原则，事实上并没有适用于刑法部分，因目前所谓的'环境犯罪法'或'环境刑法'（Umweltdeliktsrecht order Umweltstrafrecht）乃在说明所谓环境犯罪在因果关系确定之下应受一定的刑事上之制裁。然在污染者负责原则下则是包含刑事处罚中，污染者如为污染行为，且此行为已达刑法非难程度时，污染者亦应对此负起受刑事处罚之责。"②

日本在 1970 年第 64 届国会（被称为公害国会）中导入了直罚主义，直罚主义是指对违反排放标准的责任者直接处以刑罚的做法。这种处罚的性质类似于我国的行政处罚，但又不同于行政处罚，因为拘役和罚金属于刑罚。例如，对故意实施超标准排放行为，可对直接责任者或者企事业单位处 6 个月以下拘役或 10 万日元以下罚金，对过失超标准排出的，对于责任者处 3 个月以下拘役或 5 万日元以下罚金。③

我国《环境保护法》第 69 条规定："违反本法规定，构成犯罪的，依法追究刑事责任。"《刑法》第六章第六节规定了破坏环境资源保护罪，《刑法修正案（八）》将第 338 条进行修改，规定了污染环境罪。④《最高人民法院、最高人民检察院关于办理环境污染刑事案件适用法律若干问题的解释》第 1 条规定了"严重污染环境"的 18 种情况。

---

① 2015 年 8 月 29 日修订的《大气污染防治法》第 122 条："违反本法规定，造成大气污染事故的，由县级以上人民政府环境保护主管部门依照本条第二款的规定处以罚款；对直接负责的主管人员和其他直接责任人员可以处上一年度从本企业事业单位取得收入百分之五十以下的罚款。"

② 陈慈阳：《环境法总论》，中国政法大学出版社 2003 年版，第 178—179 页。

③ 参见冷罗生《日本公害诉讼理论与案例评析》，商务印书馆 2005 年版，第 357—358 页。

④ 《刑法》第 338 条："违反国家规定，排放、倾倒或者处置有放射性的废物、含传染病病原体的废物、有毒物质或者其他有害物质，严重污染环境的，处三年以下有期徒刑或者拘役，并处或者单处罚金；后果特别严重的，处三年以上七年以下有期徒刑，并处罚金。"

5. 损害生态环境的法律责任

2015年12月,中共中央办公厅、国务院办公厅印发《生态环境损害赔偿制度改革试点方案》,部署开展改革试点,方案规定从2015年至2017年,选择吉林等7个省份开展生态环境损害赔偿制度改革试点。2017年12月的《生态环境损害赔偿制度改革方案》规定,自2018年1月1日起,在全国试行生态环境损害赔偿制度。该方案规定,生态环境损害,是因污染环境行为与破坏生态行为造成环境要素和生物要素之不利改变,以及上述环境要素和生物要素构成的生态系统的系统功能的退化。其中的环境要素包括大气、地下水、地表水、森林、草原以及土壤等,生物要素包括动物、植物以及微生物等。按该方案要求依法追究生态环境损害赔偿责任的情形不包括涉及自然人人身伤害以及民事主体的财产损失,仅仅包括对环境要素、生物要素的不利改变以及生态系统功能的降低。另外,生态环境损害赔偿范围包括清除污染费用、生态环境修复费用、生态环境修复期间服务功能的损失、生态环境功能永久性损害造成的损失以及生态环境损害赔偿调查、鉴定评估等合理费用。质言之,这种赔偿责任的责任原因是对环境本身造成的损害。[1]

我国《民法典》第1234条和第1235条规定了生态环境损害的法律责任,第1232条规定了损害生态环境的惩罚性赔偿责任。[2]

损害生态环境的法律责任在责任的性质、目的、责任方式与内容、责任原因事实以及实现方式等方面同传统的民事责任、行政责任与刑事责任都不相同。

第一,在责任设定的目的上,损害生态环境的法律责任在于保护环境这样一种社会公共利益恢复受到损害前的环境与生态。民事责任的目的在于保护平等主体的自然人、法人等民事主体的人身、财产权利和利益,使受到损害的民事主体的权利和利益获得弥补。行政责任和刑事责任的目的在于对行政违法行为和刑事违法行为给予制裁与惩罚,维护社会安全与秩序,实现一般预防和特殊预防。

---

[1] 该方案要求依法追究生态环境损害赔偿责任的情形包括:发生较大及以上突发环境事件的;在国家和省级主体功能区规划中划定的重点生态功能区、禁止开发区发生环境污染、生态破坏事件的;发生其他严重影响生态环境后果的。

[2] 《民法典》第1232条:"侵权人违反法律规定故意污染环境、破坏生态造成严重后果的,被侵权人有权请求相应的惩罚性赔偿。"

第二，损害生态环境的法律责任的责任方式是修复和赔偿。这与民事侵权责任方式、行政处罚以及刑罚处罚的责任方式不同。其中行政处罚和刑罚处罚涉及对行为人财产的强制剥夺、对行为人的自由及资格进行限制与剥夺，甚至对生命进行强制性剥夺。

第三，在责任事由上，损害生态环境的法律责任是污染损害环境和破坏生态。民事责任是对他人民事权利与利益实施侵害，行政处罚责任事由是违反行政法律的强制性规定，刑事责任事由是违反刑法实施犯罪行为。

第四，在实现方式上，损害生态环境的法律责任的请求权主体是国家规定的机关或者法律规定的组织。实现环境损害赔偿法律责任是通过磋商优先、诉讼托底的方式来实现。民事责任是通过和解、调解、制裁以及民事诉讼等方式实现，行政处罚责任是通过专门的行政主体的处罚程序来实现，刑罚责任必须通过刑事诉讼实现。

环境损害赔偿法律责任的目的、责任方式与内容、责任原因事实以及实现方式等方面同传统的民事责任不同，同传统的行政责任不同，同传统的刑事责任也不相同，这也决定了环境损害赔偿法律责任在性质上同传统的民事、行政与刑事法律责任的性质也不同，环境损害赔偿法律责任是同宪法责任、民事责任、行政责任以及刑事责任不同的一种新型的法律责任。

小　结

损害担责原则是环境法的基本原则。损害担责中的"损害"包括因环境污染、生态破坏造成的自然人、法人的人身、财产损害，环境污染行为和生态破坏行为对社会成员获得良好环境及良好环境要素的合法利益的损害，环境容量损失以及对环境本身造成的损害。损害担责原则作为环境法的基本原则，是指污染环境者和生态破坏者因其行为污染环境、破坏生态，或以污染为中介造成他人的人身、财产损害，或因其污染行为对社会成员获得良好环境及良好环境要素的合法利益的损害，或因排污行为导致的环境容量的减少，而应当履行法律规定的法律义务或（和）承担法律规定的法律责任。

从损害担责历史演进对损害担责原则的指向进行探讨，其指向的是环境污染者与生态破坏者的环境污染行为与生态破坏行为的法律义务、法律责任承担问题，不包括政府环境法律责任，环境资源开发利用补偿、生态补偿、环境行政主管者责任等问题，也不包括除环境污染损害者外的其他受益者补偿问题。损害担责原则中"责"表现为法律义务与法律责任的耦合，包括环境税费缴纳的公法义务，包括赔偿等在内的污染环境民事法律责任、环境污染赔偿责任、行政处罚以及刑罚处罚等。损害生态环境的法律责任的目的、责任方式与内容、责任原因事实以及实现方式等方面同传统的民事、行政责任以及刑事责任不相同，这也决定了损害生态环境的法律责任在性质上同传统的民事、行政与刑事法律责任的性质也不同，损害生态环境的法律责任是同宪法责任、民事责任、行政责任以及刑事责任不同的一种新型的法律责任。

第二章

损害担责原则的历史演变、生成逻辑与规范属性

要理解一个事物,必先知其历史。孟德斯鸠说:"我们应当用法律去阐明历史,用历史去阐明法律。"① 考察研究损害担责原则必须要了解损害担责原则的产生、发展的历史演变,通过损害担责原则去阐明环境法的发展历史,通过损害担责这一环境法原则的历史去阐明环境法。本章拟对环境法"损害担责原则"的历史演变进行梳理,并在此基础上分析损害担责原则的内在生成逻辑,判断损害担责原则的规范属性。

第一节 损害担责原则的历史演变

一般认为,"污染者负担原则"滥觞于 1972 年经合组织通过的协调成员国之间的贸易政策,污染者负担原则经历了从国际贸易的经济原则到政策倡导性的环境原则,再到环境法原则的嬗变。② 20 世纪 70 年代,西方工业国家不断增加公共财政资金用以治理和控制环境污染,一方面造成纳税人负担增加,另一方面在治理和控制环境污染费用承担上也存在严重的社会不公平问题。在此社会背景下,污染者负担原则首先在国际贸易领域中产生。1972 年,经合组织通过了协调成员国之间的贸易政策决议,禁止该组织的成员国政府在本国的企业污染防治工作方面给予资金补助,要求污染企业负担减少污染措施之费用。决议目的在于指导分配预防、控制污染措施的费用,防止因成员国国内环境立法规定的差异导致国际贸易及投资的扭曲。1974 年,污染者负担原则被确立为经合组织成员国应遵

---

① [法]孟德斯鸠:《论法的精神》(下),张雁深译,商务印书馆 1963 年版,第 363 页。
② 参见柯坚《论污染者负担原则的嬗变》,《法学评论》2010 年第 6 期。

守的基本原则。此后,污染者负担原则迅速被规定进入各国国内环境法与国际环境法的体系之内。在污染者负担原则的起源上,日本学者大塚直认为,污染者负担原则最早产生于日本,日本的污染者负担原则的概念与经合组织提出的污染者负担的概念存在差异,经合组织提出的污染者负担原则在于解决污染者承担污染防治费用的问题,日本的污染者负担原则既用来解决环境污染的防止费用,也逐步被用来解决环境恢复费用以及对受害人的救济费用等事后性费用的问题。日本的污染者负担原则并非单纯考虑经济效率,而且也考虑环境正义与环境公平。① 黑川哲志认为,日本的污染者负担原则是独立形成的,日本的污染者负担原则是对造成环境公害者追究责任的原则,除要求污染者承担污染防治费用之外,还要求污染者承担对遭受公害损害者的救济费用等。② 在我国,损害担责原则经历了一个从"谁污染谁治理"到"污染者负担",再到"损害担责"的一个发展演变的过程。

一 "谁污染谁治理"的提出

我国1979年的《环境保护法》规定了"谁污染谁治理原则"。③ "谁污染谁治理"的原则,是指造成环境污染危害的单位负有治理污染的责任。④ "谁污染谁治理原则"借鉴了"污染者负担原则"。⑤ "谁污染谁治理原则"的制定与出台主要是为了解决当时的"工业三废"问题。1981年2月24日,国务院发布了《关于在国民经济调整时期加强环境保护工作的决定》,为国民经济调整时期的环境保护工作做了三个方面的规定。其中第二项是要求抓紧解决突出的污染问题,重点要解决位于环境敏感区域企业的污染问题,实行有计划的关停并转,减轻城市大气污染,实行相应的技术经济政策,工业企业要按"谁污染谁治理"的原则,切实治理

---

① 参见[日]大塚直《日本环境法的理念、原则以及环境权》,张震、李成玲译,《求是学刊》2017年第2期。

② 参见[日]交告尚史等《日本环境法概论》,田林、丁倩雯译,中国法制出版社2014年版,第145页。

③ 参见1979年《环境保护法(试行)》第6条第2款:"已经对环境造成污染和其他公害的单位,应当按照谁污染谁治理的原则,制定规划,积极治理,或者报请主管部门批准转产、搬迁。"

④ 参见韩德培主编《环境保护法教程》,法律出版社1986年版,第62—63页。

⑤ 参见柯坚《论污染者负担原则的嬗变》,《法学评论》2010年第6期。

污染，缴纳排污费。该决定还规定了工厂企业及其主管部门必须按照"谁污染谁治理"的原则切实负起治理污染的责任。

"谁污染谁治理原则"对于当时环境保护具有积极的意义：一是筹集环境保护资金，减轻国家财政负担，促使造成污染的企事业单位及其主管部门依靠自己的力量解决环境污染问题。二是"谁污染谁治理原则"有利于提高排污企事业单位的环保意识，通过确立污染者治理污染的责任，有利于让污染企事业单位加强治理污染的责任意识，加强企事业单位减少污染的意识和能动性，促进企事业单位加强技术改造、开展综合治理、提高资源能源利用率、减少污染物排放量。

"谁污染谁治理原则"作为环境法的基本原则也存在诸多的问题：一是义务和责任的主体过于单一，主体涉及面过于狭窄。环境污染治理的义务责任主体是单位，包括企业、事业单位及其主管单位，但没有把自然人包括在内。二是确定的义务、责任内容方式非常单一，就是对已经造成的污染进行治理，不包括缴纳排污费、环境保护税，民事侵权赔偿、制裁、行政处罚、刑罚以及惩罚性赔偿等。三是"谁污染谁治理"仅仅是对已经造成的污染进行治理的事后救济行为，缺乏事先预防和事中的监管控制，其贯彻和体现的是先污染再治理的末端治理的环境保护思想。另外，"谁污染谁治理"也没有将污染造成的他人人身、财产损害纳入救济范围。四是治理义务对义务人来讲具有选择替代性，强制性明显不足，已经对环境造成污染和其他公害的单位只要报请主管部门批准转产、搬迁就可以规避"按照谁污染谁治理的原则，制定规划，积极治理"的法律义务。五是该原则只是针对已经造成污染的治理的原则，没有将生态破坏包含进来。六是"谁污染谁治理原则"并非严谨的法学术语和概念，难以形成严密的法律逻辑体系。

二 "污染者负担"的转变

"谁污染谁治理原则"确立以来，对于通过企事业单位筹集污染治理资金，通过企业治理环境污染，提高环保意识、减少污染物排放起到了一定的积极作用。然而"谁污染谁治理原则"只是规定了污染企事业单位的治理污染的责任。鉴于污染者责任并非仅仅限于治理污染，理论界和实务界对"谁污染谁治理原则"提出了质疑。另外，"谁污染谁治理"的表述也不够严谨确切，再加之上述"谁污染谁治理原则"的其他缺陷与不足,我国在 1989 年修订《环境保护法》时删除了"谁污染谁治理"的规定内容。尽管"谁污染谁治理"的表述被删除了,但学界仍然承认"污染者负担原则"作为环境法基本原则的存在[①],"污染者负担原则"的精神仍通过该法的相关规定予以体现:一是规定排污者缴纳排污费;二是对从事有害环境行为的单位规定了采取措施预防和治理环境污染、破坏的义务;三是规定了造成环境污染危害的责任人的排除危害并赔偿损失的法律责任。[②] 学界对该原则的称谓也不尽相同,如"污染者付费原则""污染者负担原则""环境责任原则""原因者责任原则",等等。

有观点认为,我国在 1990 年将"污染者负担原则"扩展到自然资源开发利用领域。[③] 其理由是国务院于 1990 年在《关于进一步加强环境保护工作的决定》中规定了"谁开发谁保护,谁破坏谁恢复,谁利用谁补偿"的内容。笔者不同意这种观点。因为自然资源开发会造成环境污染与生态破坏,让开发者保护、破坏者恢复是因为开发者就是环境污染者和生态破坏者,让开发者保护不是因为其是开发者,而是因为其是环境污染者和生态破坏者。这和污染者负担不冲突不矛盾,仍然没有跳出环境污染和生态破坏的范围之外。"谁利用谁补偿"则不是考虑污染者义务和责任问题,本身就不是污染者负担的内容,"谁利用谁补偿"考虑的是自然资源的经济价值补偿问题,其本质上是个物权权属的问题而非污染防治的问题。那种认为我国在 1990 年将"污染者负担原则"扩展到自然资源开发利用领域的观点是没有说服力的。

有观点认为,我国 1996 年发展出"污染者付费原则"。[④] 其理由是国务院于 1996 年在《关于环境保护若干问题的决定》规定了"污染者付费,利用者补偿,开发者保护,破坏者恢复"的内容。笔者不同意这种观点。"污染者付费"只能对排污费制度和环境保护税制度进行概括,不能涵盖污染者除付费义务以外的任何义务与责任。环境法的基本原则必须是环境法的根本准则,要涉及环境法的全局,贯穿环境法始终,要体现

---

① 参见曹明德《论生态法的基本原则》,《法学评论》2002 年第 6 期。
② 参见 1989 年 12 月 26 日发布的《环境保护法》第 28、第 31 和第 41 条。
③ 参见潘慧庆《浅析我国的"污染者负担"原则》,《科教文汇》(中旬刊)2007 年第 6 期。
④ 参见阳相翼《污染者负担原则面临的挑战及其破解》,《法学论坛》2012 年第 12 期。

环境法的本质，而且是环境立法、执法、守法、司法的准则。① 显然，"污染者付费"至多只能到达环境法基本制度的层面，而达不到环境法基本原则的层面，"污染者付费"不能成为环境法的基本原则。另外，如果将"污染者付费"上升为环境法的基本原则，容易在社会认知层面带来巨大的错误认识，容易让人误认为付费即可排污，付费即可污染环境，将付费作为排放污染物污染环境的许可证。这样会给环境保护带来巨大的负面效应。实际上，"污染者付费"只是污染者负担的内涵之一，"污染者负担原则"本身就包含了"污染者付费"的内容。

"污染者负担原则"较"谁污染谁治理原则"在法理上的成熟与进步体现在：一是在主体上，不再将主体仅限于是造成污染的企事业单位，而是包括了其他的污染者。二是在义务和责任内容方式上，不再仅限于对已经发生的污染和公害的治理，而且还包括缴纳排污费（现已经转化为环境保护税）和污染侵权民事赔偿，甚至有观点还认为包括环境监督管理机构的行政责任在内。三是从环境保护理念上看，污染者负担原则已经摒弃了先污染后治理的末端治理环保理念，选择从事先预防、事中监管和事后救济相结合的全过程环境保护理念。

"污染者负担原则"也存在需要完善和发展的内容：一是在确定的义务责任内容方式上，尽管污染者负担原则较"谁污染谁治理"有很大的进步与发展，不仅包括对已经造成的污染进行治理，而且包括环境保护税与民事侵权赔偿责任，但仍然没有完全将制裁、行政处罚、刑罚及惩罚性赔偿等纳入进来，没有完全按照法律的"权利—义务（责任）"调整模式来确定污染者负担的内容。二是"污染者负担原则"中包含了环境污染行为人的义务和责任，却没有包含生态破坏行为人的义务与责任。

三 损害担责原则的形成

2014年，我国的《环境保护法》再次进行了修订，在修订的过程中，一审稿中并没有关于环境法基本原则的专门性规定，二次审议稿和三次审议稿中该原则均采用了"污染者担责"的表述。在四次审议修改过程中，有意见提出"污染者担责"的表述只能涵盖污染者的责任，没有将生态

---

① 参见金瑞林、汪劲《20世纪环境法学研究述评》，北京大学出版社2003年版，第151页。

破坏者的责任涵盖在内,故将"污染者担责"修改为"损害担责"。①
2014年4月24日,《环境保护法》修订通过,"损害担责原则"出现在国家的正式实定法中。按照全国人大常务委员会法制工作委员会编写的《中华人民共和国环境保护法释义》一书中的观点,《环境保护法》对损害者的"责任"作出了具体的规定:企事业单位与其他生产经营者应当"对造成的损害依法承担责任";缴纳排污费或环境保护税;排放污染物的企事业单位应建立环境保护责任制度;重点排污单位负有应当主动公开信息的义务;环境污染民事侵权赔偿;行政处罚、行政拘留和刑事责任。②

"损害担责原则"同"谁污染谁治理原则""污染者负担原则"相比,其进步与合理之处在于:一是从规范的内容和对象上来看,既包括了环境污染,也包括了生态破坏。二是从义务和责任内容上看,更加全面合理。"损害担责原则"不像"谁污染谁治理原则"那样只包含对已经发生的环境污染与公害的事后治理,还包括缴纳排污费、环境保护税的税费缴纳公法义务,包括环境污染侵权的民事赔偿私法义务,包括损害环境破坏生态的赔偿与修复,还包括制裁性质的行政处罚、刑罚以及惩罚性赔偿责任等。三是从环境保护的理念来看,"损害担责原则"摒弃了"谁污染谁治理原则"下的环境污染与公害治理的事后救济的末端治理的环保理念,而是采取了事前预防、事中监管和事后治理的全过程防治污染的环境保护理念。四是"损害担责原则"摒弃了"污染者付费"的"成本—效益"的经济化的思维,转化为法学"权利(权力)—义务(责任)"的思维模式,为"损害担责原则"的制度具体化在理论上扫清了障碍。

第二节 损害担责原则生成的内在逻辑

我国的"损害担责原则"经历了从"谁污染谁治理原则"到"污染者负担原则",再到"损害担责原则"的历史演进。从最早的"谁污染谁治理原则"开始,该原则的设立就借鉴和吸收了国际上的污染者负担原

---

① 参见信春鹰《中华人民共和国环境保护法释义》,法律出版社2014年版,第20页。
② 参见信春鹰《中华人民共和国环境保护法释义》,法律出版社2014年版,第20—21页。

则的合理成分。从损害担责原则的历史演变中,可以看出其生成的内在逻辑也在其演变的过程中发生变化。损害担责原则在经历从"谁污染谁治理原则"到"污染者负担原则",再到"损害担责原则"的演变过程中,其内在生成逻辑也经历了从经济贸易和投资的公平竞争转化为污染行为的负外部性解决,再从污染行为的负外部性解决到"权利(权力)—义务(责任)"的法律构造的转变。

一 负外部性解决("成本—收益"分析)与损害担责原则的兴起

环境作为公共产品,不具有排他性。污染行为具有负外部性,是典型的外部性行为。从经济学角度看,外部性是指生产行为或者消费行为对他人(或团体)强摊了不可补偿的成本或给予了不需要补偿的收益。前者称为负外部性,后者称为正外部性。污染行为的负外部性乃是指污染物的排放人通过排放污染的行为给排放人以外的社会公众强加了负担,同时污染物的排放者没有对这种负担给予补偿。

关于外部性理论,有学者将其理论渊源追溯到亨利·西奇威克。[1] 亨利·西奇威克是剑桥学派的奠基人。在《政治经济学原理》一书中,亨利·西奇威克认为,并非所有个人对自己付出的劳务都能获得对应的劳务报酬,劳务和报酬之间可能存在差额。尽管亨利·西奇威克并未提出外部性的概念,但这种劳务和报酬之间存在的差额实质上就是外部性。1890年,马歇尔提出"外部经济"以及"内部经济"两个概念。尽管马歇尔没有提出负外部性的概念,但他对负外部性理论作出了巨大的理论贡献。马歇尔提出"外部经济"的目的是说明"看不见的手"的市场理论存在的瑕疵,即说明市场失灵的问题的存在。在涉及环境污染和噪声等问题上,马歇尔是第一个尝试通过引入外部性概念进行经济分析的人,他谈到了商人享有的那种没有为之支付市场外成本的利益。[2] 庇古提出,不仅第三方生产条件可能受市场外部性的影响,而且私人福利也可能受到市场外部性的影响,无论第三方生产条件还是私人福利都可以使用"成本—效

---

[1] 参见张宏军《西方外部性理论研究述评》,《生产力研究》2007年第2期。

[2] 参见 [英] E.库拉《环境经济学思想史》,谢扬举译,上海世纪出版集团、上海人民出版社2007年版,第77页。

益"的方法来进行分析。① 庇古提出了"社会边际净生产成本"与"私人边际净成本"概念，当前者与后者存在差异时，这个差异就是"外部性"，这个差异可能是正的，也可能是负的。庇古认为，政府应为经济福利的促进目的对市场加以干预。针对不可再生能源的使用、环境质量的保护，以及限制过度消费及推进节约，庇古提出了三项政策措施，即国家补贴、税收和立法。② 其中最著名的就是庇古税，它是我国的排污费、环境保护税的原始雏形。庇古税的目的在于通过将污染行为的负外部性内部化来制止环境污染，它可以直接按照污染排放征收或按照污染释放的物质来征收。卡普预见到了经济增长对环境具有深远的逆向后果，他将经济活动参与者强加在第三方或普通大众头上的直接或间接负担称为社会成本，污染就是经济活动参与者将社会成本强加给社会公众。③

国际上早期的污染者负担原则作为一项经济贸易和投资的基本原则，其理论根据就在于负外部性理论。因其有利于减少污染和保护环境，而被许多国家借鉴和吸收作为本国的环境政策原则和环境法的基本原则。污染者负担原则早期的制度输出主要是排污费制度和环境税制度，所以早期的国际上污染者负担原则也被称为污染者付费原则，其内生逻辑在于污染行为具有负外部性，这种负外部性会促使污染行为的发生，为抑制污染保护环境，就应当使污染行为的外部性内部化。内部化的方式受经济学方法的影响，是按照"成本—效益"的经济学方法来完成的，即排污者依据排放物质的种类与数量或排污量来缴纳环境保护税。这种"成本—效益"分析的负外部性解决进路是以货币作为媒介来实现的，没有充分按照法律的调整方法，即"权利（权力）—义务（责任）"的模式来进行，使得该原则及其原则具体化的制度出现泛经济化的色彩，不利于发挥法律调整的优势。另外，这种"成本—效益"分析的负外部性解决进路把污染行为仅仅当作经济问题来看待，忽略了污染行为的社会复杂性，也容易让社会误认为只要付费即可污染环境，在客观上容易导致逆向鼓励缴费排污污

---

① 参见［英］E. 库拉《环境经济学思想史》，谢扬举译，上海世纪出版集团、上海人民出版社 2007 年版，第 77 页。

② 参见［英］E. 库拉《环境经济学思想史》，谢扬举译，上海世纪出版集团、上海人民出版社 2007 年版，第 97 页。

③ 参见［英］E. 库拉《环境经济学思想史》，谢扬举译，上海世纪出版集团、上海人民出版社 2007 年版，第 77 页。

染环境的后果。

二 "权利（权力）—义务（责任）" 的法律构造与损害担责原则的再造

在损害担责原则的名称、概念内涵、具体内容等问题的认识方面，环境法学理论界存在很大的差异。差异的最主要原因在于，一是对损害担责原则指向的环境社会问题的识别存在差异；二是我国损害担责原则的确立源于借鉴经济贸易领域中的污染者付费原则，在法学视域下对损害担责原则进行研究时，未将经济学中的"成本—收益"研究范式对应转化为"权利（权力）—义务（责任）"的研究范式。从损害担责原则发展的历史演变看，损害担责原则经历了从最初的经济贸易和投资原则到环境保护政策原则再到部门法的基本原则的过程，从其内在逻辑看，经历了从公平竞争到污染负外部性解决的"成本—效益"分析，再到"权利（权力）—义务（责任）"分析的演进过程。笔者认为，作为环境法的基本原则的损害担责原则，其对环境污染和生态破坏行为的调整不应仅仅从公平竞争的角度和污染负外部性解决的"成本—效益"分析的经济调整角度来加以考量，而还应该适用"权利（权力）—义务（责任）"的法学分析模式和从法律调整方法的角度来给予考量。除了排污费、环境保护税等征收费用的调整方法外，进行民事请求赔偿、环境损害赔偿，给予行政处罚、刑罚处罚及惩罚性赔偿，都是污染环境和破坏生态行为负外部性的矫正方式，这些方式是法律的方式，其中既包括义务的承担，也包括制裁与惩罚（行政处罚责任、刑罚、惩罚性赔偿），它们都是法律的调整方式，即使用"权利（权力）—义务（责任）"法律构造的调整方法。笔者拟使用"权利（权力）—义务（责任）"研究范式对损害担责原则的代表性观点进行法理分析。

（1）有观点把损害担责原则界定为环境损害者污染环境、破坏生态，应为其造成的环境损害承担责任[①]，认为该原则涵盖了环境污染和生态破坏。在该原则内容的界定上，一是运用征收排污费、资源费和资源税、生态补偿费等经济手段，促使损害者治理环境污染和修复生态破坏；二是在污染物排放符合法定要求的基础上较少污染物排放的，政府给予价格、税

---

① 参见韩德培主编《环境保护法教程》，法律出版社2015年版，第74页。

收、财政、政府采购等方面的鼓励和奖励政策；三是建立环境保护共同负担制度，各级政府也有承担环境保护费用的责任。① 该观点有以下三个特征：一是在性质认定上，"担责"是指承担法律责任；二是在主体范围界定上，"担责"主体包括环境损害者与各级政府；三是在内容界定上，包括损害者承担排污费、资源费和资源税、生态补偿费等来治理环境污染和修复生态破坏，人民政府采取财政、税收、价格、政府采购等环境保护奖励政策，以及各级政府承担环境保护费用。该观点的缺陷在于：一是混淆了法律义务和法律责任。我国法理学理论严格区分了法律义务和法律责任，法律责任是侵犯权利或违反法律义务而招致的强制性义务，是违反第一性义务招致的第二性义务。② 因达标排污而缴纳的排污费或环境保护税，在性质上属于排污者的法律义务而非法律责任；政府采取财政、税收、价格、政府采购等环境保护奖励政策，乃是政府在治理环境方面采取的政策与措施，而非法律责任；各级政府承担环境保费用也不需要以存在先前的违法行为为前提，在性质上也不属于法律责任。二是在主体范围界定上，将政府作为"担责"的主体是不合理的。因为损害担责原则目的在于确定污染者造成环境损害应承担的义务与后果，而并非在于确定政府的环境法律义务与责任。

（2）有观点将该原则称为"污染者负担原则"，认为该原则意旨主要在于追究责任，即肇事者因污染环境应当承担赔偿责任。③ 该观点认为环境责任原则的范围较污染者负担原则更为广泛，环境责任原则既要求环境污染者承担防治责任，也要求环境破坏者承担防治义务，认为可借鉴域外惩罚性赔偿制度，对故意污染或破坏环境行为给予严厉惩罚，以加强环境保护。④ 该观点将担责的主体界定为环境损害者，"负担"的是赔偿责任，污染者负担原则主要是追究肇事者的责任。该观点的不足在于：一是混淆了赔偿责任和对环境污染与生态破坏的防治"责任"，因为某些防治"责任"在性质上属于法律义务而非法律责任；二是把污染者负担的事项范围界定在赔偿责任之内，忽略了污染者负担的法律义务。

（3）有观点将该原则称为"污染者付费、利用者补偿、开发者保护、

---

① 参见韩德培主编《环境保护法教程》，法律出版社2015年版，第75页。
② 参见张文显《法哲学范畴研究》，中国政法大学出版社2001年版，第122页。
③ 参见陈泉生《环境法原理》，法律出版社1997年版，第76页。
④ 参见陈泉生《环境法原理》，法律出版社1997年版，第77页。

破坏者恢复的原则",又简称其为"环境责任原则"。[①] 该观点认为此原则是指因利用环境和资源,或污染破坏环境,或对减损资源而应承担法律义务和法律责任,它体现了环境保护必须遵循的市场经济法则,是民法原则在环境法中的延伸。[②] 该观点的可取之处在于:一是考虑到了承担的范围既包括法律义务也包括法律责任;二是该原则既调整环境损害者的权利和义务(责任),也调整资源损害者的权利和义务(责任)。该观点的不足之处在于:没有区分环境资源损害者的义务(责任)同对环境资源利用者利用环境资源可再生或者开发替代所应付出的劳动给予的补偿之间的差别。

(4) 有观点将该原则称为"污染者付费、受益者补偿原则",指污染者有责任对污染源和环境进行治理,自然资源利用人、受益人应对自然资源权利人、生态服务提供人予以补偿。[③] 该观点将主体限定为环境污染者与自然资源利用人、受益人,在内容上体现为污染者对污染源和环境进行治理,自然资源利用人、受益人对自然资源权利人、生态服务提供人予以补偿。另外,该观点没有区分环境损害者与生态保护者两者之间关于环境产生的权利、义务(责任)。损害担责原则是解决环境损害者环境权利、义务(责任)的问题,生态保护者关于环境产生的权利、义务(责任)问题由生态补偿制度加以解决。损害担责原则在内涵上无法涵盖生态补偿制度。

(5) 有观点将该原则称为"环境责任原则",认为环境责任原则是指环境问题责任者应承担相应法律责任,以补偿、恢复被污染、破坏的环境,修复被破坏的国家环境管理秩序。该原则是对开发者养护、利用者补偿、污染者治理、破坏者恢复、消费者最终承担、受益者负担、主管者负责等原则的高度概括。[④] 该观点界定的主体外延最为广泛,包括开发者、利用者、污染者、破坏者、消费者、受益者与环境行政主管者;在内容上也最丰富,包括开发者养护、利用者补偿、污染者治理、破坏者恢复、消费者最终承担、受益者负担,还包括主管者负责。该观点也没有区分法律义务与法律责任。另外,损害担责原则是解决环境损害者环境权利、义

---

① 周珂:《生态环境法论》,法律出版社 2001 年版,第 67 页。
② 参见周珂《生态环境法论》,法律出版社 2001 年版,第 67 页。
③ 参见曹明德《对修改我国环境保护法的再思考》,《政法论坛》2012 年第 6 期。
④ 参见常纪文、陈明剑《环境法总论》,中国时代经济出版社 2003 年版,第 142 页。

务（责任）的问题，不应当包括消费者最终承担，不应当包括受益者负担，也不应当包括主管者负责。

（6）有观点将该原则称为"损害担责原则"，认为损害担责原则是指"在生产和其他活动中造成环境污染和破坏、损害他人权益或者公共利益的主体应承担赔偿损害、治理污染、恢复生态的责任"[1]，其观点的核心在于对环境污染、生态破坏所产生的法律责任在国家、企业和个人之间进行公平的分配。该观点没有区分法律义务和法律责任，将"损害担责"中的承担的"责"的范围仅限定为法律责任。

（7）有观点将该原则称为"受益者负担原则"，即凡是从环境或资源的开发、利用过程中获得实际利益者（不局限于开发者和污染者）都应当付出应有的补偿费用，认为使用"受益者负担原则"的名称更能体现环保成本分担的公平性。受益者负担原则在贯彻实施上表现为实行排污费或污染税制度、自然资源补偿费或税制度与废弃物品再生利用和回收制度。[2] 该观点仍然是主要从经济角度分析成本分担，没有完全从法学思维的角度进行权利、义务（责任）设定与分配。

综上分析，我国环境法学界对损害担责原则的研究存在的不足主要在于：一是未使用法学中的"权利（权力）—义务（责任）"研究模式，更多的是使用经济上的成本分担的分析模式；二是在义务（责任）承担的主体范围上差异很大；三是在"担责"内容上认识不一致，基本上没有区分法律义务与法律责任，没有区分制裁与收费，损害担责原则在理论上和话语体系上不一致；四是没有采用规范主义的研究进路，基本上采用了功能主义的研究进路。

第三节 损害担责原则的规范属性

英美法系没有关于公法与私法的划分，大陆法系则严格奉行对法律进行公法与私法的二元划分。损害担责原则的规范属性为何？或者说损害担责原则属于公法规范抑或私法规范？对此问题进行考察研究，无论是对于

---

[1] 吕忠梅主编：《环境法学概要》，法律出版社2016年版，第92页。
[2] 参见王社坤编著《环境法学》，北京大学出版社2015年版，第74—78页。

环境法研究还是环境立法、执法与司法都具有理论和实践意义。

一 公法与私法的杂糅

公法与私法的划分缘起于古罗马法。在公法与私法的划分标准上也存在不同的观点,包括利益说、隶属说或意思说和主体说等学说。尽管大陆法系仍然坚持奉行公法与私法的二元划分理论,但公法私法化与私法公法化的法现象已经成为不容回避的事实。

(一) 公法和私法划分

大陆法系国家与地区的法律分为公法和私法两大类。公法与私法的二分理论是大陆法系法律文化的重大成果,影响了大陆法系从古罗马时代到当代的法律思想与法律理论,其最早由古代罗马法学家乌尔比安创立。将法律分为公法与私法是大陆法系国家与地区对法律进行分类中最重要的分类。英美法系国家和地区对法律并无公法与私法这样的分类,将法律分为公法与私法,也是大陆法系与英美法系的一个极为重要的区别特征。

古罗马法学家乌尔比安首次将罗马法划分为公法(Jus publicum)和私法(Jus privatum)两个部门,他认为,"公法"是调整、保护国家利益及社会利益的法律,其中包括调整国家机关活动的规范,也包括那些调整和规范宗教中祭祀活动之规范。"私法"作为一种法律,是保护私人利益的,主要包括调整和规范所有权关系、婚姻家庭及继承关系的规范,以及债权关系方面的规范,这是关于个人利益的事情。并且乌尔比安还试图在司法实践中证明"公法"与"私法"确实是两个"各自独立""互不干扰"的法律部门。为罗马法学家首创的这种公法—私法两分理论不仅在当时获得社会的普遍认可,为国家以立法形式所采纳,而且流传后世,在大陆法系的国家与地区,它的影响一直持续到现在。查士丁尼在《法学总论——法学阶梯》一书中提出,对法律的学习包括两个部分,一是对公法的学习,二是对私法的学习,公法涉及国家政体,私法涉及个人利益。[1]

在古罗马法学家眼中,法律因其调整的法律关系性质、法律规范的调整对象、调整方法、适用原则、法律效力及适用的法律后果均有所不同而

---

[1] 参见[罗马]查士丁尼《法学总论——法学阶梯》,张企泰译,商务印书馆1989年版,第5页。

首先应当被划分为公法与私法。例如,罗马法理论认为,公法规范不具有任意性但具有强制性,必须遵守,当事人不得通过协商的方式对公法规范加以变更;而私法规范不具有强制性而具有任意性,不要求当事人必须遵守,当事人可以通过协商一致的意志对私法规范加以变更,对私法主来说,协议就是法律。① 尽管罗马法被分为公法和私法,但在古罗马,公法和私法的地位及发展程度却有很大差异,私法获得蓬勃发展,趋于发达的重要原因在于罗马统治者对私法的高度重视。《十二铜表法》和《国法大全》的主要内容都是私法。罗马公法的发展相较于罗马私法来说,其发达程度要逊色很多。

西罗马帝国灭亡后,在西欧大陆,日耳曼法替代了罗马法。日耳曼法由氏族习惯演变而来,和罗马法差别很大,日耳曼法主导西欧中世纪法律,从5世纪到11世纪,罗马公法和私法划分理论失去了存在的条件、基础和价值。② 在中世纪的欧洲,世俗法的实定法层面是没有公法与私法的划分的。这一时期的教会法因教会占统治优势地位也不愿强调私法。公法与私法的划分在中世纪仅仅存在于法学教学和研究领域。11世纪罗马法的复兴运动实质上是罗马私法的复兴,公法与私法划分理论并未在这一时期引起广泛关注。

资产阶级革命后,在经济层面,资本主义制度下的商品经济快速发展;在政治层面,近代法治国家纷纷建立,强调政治民主。这些经济政治社会背景使得公法与私法划分理论的价值和功能重新获得重视与肯定。资产阶级革命的胜利和民族国家的成立,使得公法理论与公法立法获得很大的进步与发展,公法开始独立立法,宪法和行政法立法出现。19世纪,随着法典编纂活动的开展,公法与私法的划分在大陆法系中得到普遍认可和广泛应用。在司法实践层面,19世纪大陆法系国家与地区先后建立起普通法院和行政法院并存的法院审判系统,公法与私法的划分确立了不同案件的诉讼管辖权,私法案件归普通法院管辖,行政法院则受理公法案件。步入垄断资本主义阶段以后,大陆法系公法与私法划分理论出现新发展趋势,公法和私法的立法也出现了新现象——公法与私法之间开始相互影响并互相渗透,公法私法化和私法公法化成为这一时期公法与私法发展

---

① 参见周枬《罗马法原论》(上册),商务印书馆1994年版,第84页。
② 参见叶秋华、洪荞《论公法与私法划分理论的历史发展》,《辽宁大学学报》(哲学社会科学版)2018年第1期。

的显著特征。除此以外，社会法的出现也是一个公私法发展的新现象，社会法介于公法和私法之间，因为兼具公私双重特征而无法单纯归入公法或私法之列。

（二）公私法划分的标准

在公法与私法的划分标准上主要有三种观点：一是利益说，该标准由古罗马法学家乌尔比安首倡，依据法律保护之利益是公利益或私利益将法律区分为公法与私法。二是隶属说或意思说，由德国法学家拉邦德首倡，该标准以法律调整的社会关系是隶属关系抑或平等关系将法律分为公法与私法，调整隶属关系的法律是公法，调整平等关系的法律是私法。三是主体说，该学说由德国法学家耶律内克首倡，该学说以法律调整的法律关系主体中是否包括公主体为标准将法律分为公法与私法。法律调整的法律关系主体中至少有一个是国家或者国家授予公权的组织，调整该法律关系的法律就是公法；反之则是私法。三种标准各有自己的优势与合理之处，但也都存在自己的局限与不足。对利益说来讲，公法往往也调整私人利益，如宪法和刑法当中对私有财产保护的规定。对隶属说来讲，其无法解释民法中存在隶属关系的亲权仍然属于私法范畴。主体说的局限在于无法解释机关法人参与平等民事活动。

在对公法与私法划分探讨中，我国理论界长期认为，法无公法私法之分，法学理论界坚持列宁不承认私法存在的观点，认为经济领域的所有活动均属于公法的调整对象，任何法均是统治阶级的统治工具，都是以绝对国家主义或集体主义观念为基础的"公法"。在这种理论氛围背景下，公法与私法分类的思想与观点没有存在的认识基础。及至社会主义市场经济体制的建立，我国理论界已经基本接受了公法与私法分类的观念，认为公法适用于政治社会，私法适用于市民社会。从调整对象来看，公法以社会为本位，涉及国家组织原则、组织方式、政府的运作程序以及公民的权利救济等诸方面，对公权力进行控制是公法的一项基本原则，公法主体是国家机构或是行使国家权力之社会组织，公法主体的利益具有一致性，公法的精髓在于国家干预；私法以个人为本位，涉及平等主体，私法在于保障权利，乃是权利法，私法的精髓在于个人意思自治，私法主体的利益具有对立性。[①]

---

① 参见叶秋华、洪荞《论公法与私法划分理论的历史发展》，《辽宁大学学报》（哲学社会科学版）2018年第1期。

(三) 公私法混合趋势的法现象

到 20 世纪初，公法与私法严格二分的理论受到质疑与挑战。狄骥就坚决反对将公法与私法绝对分割的观点，其理由为公法与私法建立在同一的基础——社会相关关联性之上，且公主体和私主体都遵守同一规则。①

随着社会的发展以及国家理论、法律主体理论等法律理论的发展，出现的新型法律关系，如劳动法律关系、经济法律关系及环境法律关系等已经无法单纯地归入公法或私法的调整范围，新兴的法律部门，如劳动法、经济法及环境法等法律部门也已经无法单纯地归入公法或私法的范畴，它们往往既调整传统私法中平等主体之间的私人利益关系，又调整传统公法调整的具有职权管理或隶属关系主体之间的社会关系；在法律主体的范围上，既包括法律地位平等的传统私法主体，也包括具有管理与被管理关系的传统公法的主体，公主体在很多方面伸出干预之手介入私人生活；在调整方法和手段上，私法与公法的界限正在模糊甚至消失，私法中呈现出公法的因素，公法中也呈现出私法的因素。以上论述表明，公私法出现了相互混合相向发展的趋势，这种法现象也被称为"公法私法化"与"私法公法化"。私法公法化是指公法对原属于私法调整的私人事务和生活进行干预和调整控制的法律现象。美浓部达吉在《公法与私法》一书中也对私法公法化作了界定，美浓部达吉认为："依据国家权力而行的经济生活之调整，不单为调整个人相互间的法律关系之秩序，且直接使该项法律的关系成为个人与国家间的关系的场合；换言之，即不单使违反限制之个人相互间的法律关系为无效，且进一步以国家的权力科违反者以公法上的制裁，而依这种制裁的手段去强制其遵守的场合，私法便发生公法化。"② 私法公法化主要体现在传统民法三大原则的变化上。传统民法将所有权绝对、契约自由以及过错责任奉为圭臬。在私法领域，这些原本被奉为圭臬的原则已经发生了重大变化，出现了所有权社会化、契约自由受限和无过错责任。王春业认为，私法公法化主要发生于以下两种情况：一是平等法律地位的主体之间的实质地位不平等并且完全按照私法自治的规

---

① 参见 [法] 莱昂·狄骥《宪法学教程》，王文利等译，辽海出版社、春风文艺出版社 1999 年版，第 35—36 页。

② [日] 美浓部达吉：《公法与私法》，黄冯明译，中国政法大学出版社 2003 年版，第 234—235 页。

制将导致严重的不公平；二是侵害私权的加害行为同时明显地损害公共利益。① 公法私法化是指公法中出现和适用私法的调整方法与手段，这些手段原属于私法，却被在公法中引进用来调整和规范公法事务。美浓部达吉将私法公法化概括为四种情况："所有权之公法上的限制""企业的公共化""契约自由之公法上的限制"与"公法与私法的结合"。②

二 损害担责原则的公私法混合与融合

有学者指出，因环境问题具有开放性、复杂性和广泛性，应当通过建构协同化的环境法律秩序来共同应对和解决环境问题，在此意义上，公法与私法都属于广义上的环境法律秩序的理论和实践范畴。③

环境法作为一个整体，已经不再是经济法的一部分了，我们也无法做到将其完整地没有任何遗漏地整体归入公法或者私法之中，环境法有其自己独具的特色。作为环境法基本原则的损害担责原则既非单纯的公法规范，也非单纯的私法规范，而是呈现打破公私法的界限，既包含有公法规范，也包含有私法规范，还包含公私融合的法规范。

（一）损害担责原则中的私法规范

私法规范主要指民法、商法等调整平等主体之间私人事务的法律规范。损害担责原则在最初产生时主要是解决国际贸易和国际投资的公平竞争问题，污染者负担是其主要的核心内容，在国家层面对生产者污染的负外部性成本内部化。其时的污染者负担原则体现为国家对经济活动的管理与调控，并非调整平等的私主体之间意思自治的私人事务，其属于公法的范畴。由于污染者负担原则有利于减少和控制污染，很多国家将污染者负担原则吸收纳入本国的国内法，污染者负担原则的内涵也发生了拓展，因污染行为给他人人身和财产造成的损害的赔偿也被纳入污染者负担原则之中，污染者负担原则中便有了私法规范的内容。损害担责原则的私法规范主要是关于污染者污染侵权的规定。我国的《民法典》《环境保护法》

---

① 参见王春业《公权私法化、私权公法化及行政法学内容的完善》，《内蒙古社会科学》（汉文版）2008 年第 1 期。

② ［日］美浓部达吉：《公法与私法》，黄冯明译，中国政法大学出版社 2003 年版，第 235 页。

③ 参见柯坚《环境法的生态实践理性原理》，中国社会科学出版社 2012 年版，第 210—211 页。

《海洋环境保护法》《水污染防治法》《大气污染防治法》《土壤污染防治法》《固体废物污染环境防治法》《环境噪声污染防治法》及《核安全法》等法律中都规定了环境污染造成损害的应当承担民事责任。在司法解释文件的层面，《最高人民法院关于审理环境侵权责任纠纷案件适用法律若干问题的解释》与《最高人民法院关于审理环境民事公益诉讼案件适用法律若干问题的解释》中也都有相关的污染侵权的私法规范。《民法典》侵权编中也规定了环境污染侵权案件的责任人、构成要件、因果关系的确定以及环境污染侵权责任的方式等内容。

（二）损害担责原则中的公法规范

损害担责原则中除了包含环境污染侵权的私法规范之外，还包含大量的公法规范。《环境保护法》《海洋环境保护法》《水污染防治法》《大气污染防治法》《土壤污染防治法》《固体废物污染环境防治法》《环境噪声污染防治法》《核安全法》《环境保护税法》等法律，以及数量众多的自然资源保护单行法中就包含大量的公法规范。行政法规、部门规章、地方法规、地方规章以及自治地方的单行条例中也有关于损害担责的公法法律规范。这些公法的规范包括：关于环境保护机构设置的规范，环境保护机构的环境监管、检查等方面的规范，关于对污染行为行政处罚的名称、种类、幅度以及处罚程序等方面的规范，环境保护税税种、税目、税额计算、征收机关以及征税程序等方面的规范，污染刑事犯罪构成、刑罚处罚等方面的规范，环境污染案件的诉讼程序方面的规范等。

（三）损害担责原则中的公私融合的规范

损害担责原则中除了包含公法规范和私法规范之外，还包含另外一种既不能单纯归入私法规范，也不能单纯归入公法规范的规范，这种规范既含有公法要素也含有私法要素，呈现为公私融合的法规范。比如《生态环境损害赔偿制度改革方案》中规定的省级、市地级政府（包括直辖市所辖的区县级政府）作为生态环境损害赔偿权利人为追究生态环境损害赔偿责任向赔偿义务人要求赔偿而进行赔偿磋商的规范，该规范中就既有公法的因素也有私法的因素。生态环境损害赔偿以补偿性为基础，不涉及省级、市地级政府（包括直辖市所辖的区县级政府）作为生态环境损害赔偿权利人对赔偿义务的惩罚与制裁，在此方面仍然体现为私法的色彩。然而省级、市地级政府（包括直辖市所辖的区县级政府）作为生态环境损害赔偿权利人身份的取得，却无法消除其公法的色彩。无论使用公共信托理论来加以解释,还是使用国家职能理论来解释,省级、市地级政府(包括直辖市所辖的区县级政府)作为生态环境损害赔偿权利人身份的取得都是基于其公法主体的身份。另外,我国《民法典》侵权编中规定的生态环境损害惩罚性赔偿制度规定在《民法典》中,其实施却会起到公法中的惩罚、制裁的作用。生态环境损害惩罚性赔偿的基础是对损害的补偿,其实现方式也是通过民事诉讼,生态环境损害惩罚性赔偿也具有私法的因素在内。生态环境损害惩罚性赔偿的目的不仅在于补偿损害,还在于对主观上有重大恶意的损害生态环境的行为给予制裁和惩罚,这种制裁与惩罚又具有公法功能的效果,从而具有公法的因素。

小　结

我国的损害担责原则经历了一个从"谁污染谁治理"到"污染者负担",再到"损害担责"的发展演变的过程。污染者负担的最早内在生成逻辑是公平竞争,经合组织提出污染者负担的内在逻辑是促进和保证贸易公平竞争和国际投资的公平竞争,其是通过使生产者自行承担因生产造成的污染成本,避免和防止由国家或社会公众承担而导致贸易或投资的不公平竞争。其后污染者负担原则的内生逻辑在于转变为按照"成本—效益"的经济学方法来解决污染行为的负外部性。前两者都没有使用法学的"权利(权力)—义务(责任)"模式来设定和发展污染者负担原则。损害担责原则的提出表明其内生逻辑向法学的"权利(权力)—义务(责任)"模式的转变。损害担责原则作为环境法的基本原则属于法律规范的范畴。作为环境法基本原则的损害担责原则既非单纯的公法规范,也非单纯的私法规范,而是打破了公私法的界限,包含公法规范和私法规范以及公私融合的规范。

第三章

损害担责原则的基础

说到基础,要么是指事物概念定义中基本的、关键的元素,要么用以说明事物的重要特点或本质的基本概念。基础主义(foundationalism)是指"将研究或思想建立于某种预先给定的原则之上的倾向。那些原则超越'纯粹的信念或未经检验的实践',并且被断定为真实、客观和不容置疑的东西"[①]。损害担责的基础是什么?本章通过对不同法学流派对法律基础的不同观点进行梳理,并在此基础之上拟对损害担责原则的经济基础、社会基础与权力(意志)基础展开分析与研究。

第一节 法律的基础观

不同时期不同法学流派对法律基础的认识存在不同的观点与认识。神的意志、人性、自然、国家主权、功利原则、民族精神、权威(统治者意志)、自由、自由意志、社会冲突、利益、社会福利、社会连带关系、人的情感与欲求都曾经被不同时期的不同法学流派认为是法的基础。

一 古希腊与中世纪的法律基础观

有西方学者把神话和宗教这些超验的事物作为法律的基础,并由此出发来研究解释法的起源、发展效果和功能。[②] 神话往往用来回应人的基本需求和终极关切,用于探寻世界之真意,并使自然和社会条件可以为人所理解。神话常常以讲述故事的方式来讲述宇宙、社会制度、规范的起源,

---

[①] 高中:《后现代法学思潮》,法律出版社2005年版,第219页。
[②] 参见[德]Hubert Rottleuthner、Matthias Mahlmann《法律的基础》,张万洪、丁鹏主译,武汉大学出版社2010年版,第36—69页。

有时甚至讲述法律的起源。特定神话具有赋予合法性的功能。① "天命玄鸟，降而生商"②的神话意在宣告商王朝政权的合法性与权威性。在古希腊，人们一方面把神作为自然力的拟人化，另一方面把神作为伦理原则的拟人化，古希腊神话的解释功能和赋予合法性的功能是合在一起的，关于起源的故事所作的解释与使宇宙具有合法性之间是相互关联的。③在古希腊时期，宗教与法律是合一的，法律是神的旨意。④

中世纪的法律是由日耳曼法、罗马法和教会法组成。中世纪教会法影响巨大，它不仅干预和影响教会内部，而且渗透到世俗生活的方方面面。在中世纪，教会法通行于西欧各国，《圣经》具有至高无上的法律效力。恩格斯在《德国农民战争》一书中认为，在德国封建社会中，"圣经词句在各法庭中都有法律的效力"⑤。奥里略·奥古斯丁把法律分为神法和人法两种，神法即"上帝的法律"或"永恒法"，人法包括国家的成文法与风俗习惯。奥古斯丁认为，神法是根本的、永恒的，其没有空间和时间的界限，它主宰一切，而且它自身就是正义，就是真理，就是上帝。奥古斯丁把法律的基础归于上帝："你的法律即是真理"，而"真理即是你"。⑥即使是世俗法，归根结底也是对上帝意志的回归。

永恒法，是宇宙万物一种善的秩序，一切其他的法律都来自永恒法。自然法是理性动物对永恒法的参与，是作为理性动物的人分享的永恒法的成果。人法是人定法，是世俗国家制定的法律，是专门用于人的法律。人定法源于自然法。神法用于补足人定法的不足。阿奎那对四种法律进行了排序：永恒法最高，神法次之，自然法再次，人法最低。阿奎那和奥古斯丁对法的宗教解释在体系建构上有所不同，但最终的落脚点都在于上帝的意志。

---

① 参见[德]Hubert Rottleuthner、Matthias Mahlmann《法律的基础》，张万洪、丁鹏主译，武汉大学出版社2010年版，第37页。
② 《诗·上颂·玄鸟》。
③ 参见[德]Hubert Rottleuthner、Matthias Mahlmann《法律的基础》，张万洪、丁鹏主译，武汉大学出版社2010年版，第37页。
④ 参见徐亚文《西方法理学新论——解释的视角》，武汉大学出版社2010年版，第9页。
⑤ 《马克思恩格斯全集》（第7卷），人民出版社1959年版，第400页。
⑥ [英]奥里略·奥古斯丁：《忏悔录》，周士良译，商务印书馆1963年版，第40页。

二 近现代的法律基础观

(一) 古典自然法学派的法律观

格老秀斯反对卡尼尔德斯和霍拉斯等人主张的"功利是正义和法律之母"的观点,认为法律的基础在于人性,他认为:"自然法之母就是人性,社会交往的感情就产生于此,并非由于其他的缘故,遵守契约即为民法之母,而自然法又是从契约的约束力所生,因此可以说,自然法是民法之祖。有人性然后有自然法,有自然法然后有民法。"① 霍布斯也以一种非神学的方法将人性作为法律的唯一基础。他的自然法学说试图通过社会契约的观念来论证社会演进和变革,其社会契约观念意不在于解释社会是如何历史形成的,而在于解答如何应对从自然状态演进的文明状态。②

让·布丹是史上首个以主权来定义国家的人,是现代国家和主权观念的第一人。让·布丹认为,主权是国家对公民和臣民的不受法律约束的绝对和永久的最高权力,"一种规则之所以是法律,那是因为它本身就是主权者意愿的产物","典型的法律是由主权者或主权机关所颁布的通告或法"。③ 让·布丹将制定法的基础归于国家主权权力。

孟德斯鸠在《论法的精神》一书中讨论了法之基础的"自然的"基础,认为法和自然状态、气候条件、土地状况以及居民生活方式等有关系,"从最广泛的意义来说,法是由事物的性质产生出来的必然关系。在这个意义上,一切存在物都有它们的法……人类有他们的法"④。"气候理论"或"地理决定论"也俨然成为孟德斯鸠的代名词。

(二) 功利主义法学的法律基础观

功利主义法学认为,立法、法的实施以及对法律好坏的评判要遵守功利原则,功利主义法学主张功利是法律的基础,一切法律所具有的一般目

---

① [荷兰] 格老秀斯:《战争与和平法》,转引自《西方法律思想史资料选编》,北京大学出版社 1983 年版,第 139 页。
② 参见 [德] Hubert Rottleuthner、Matthias Mahlmann《法律的基础》,张万洪、丁鹏主译,武汉大学出版社 2010 年版,第 120 页。
③ 参见 [英] 彼得·斯坦、约翰·香德《西方社会的法律价值》,王献平译,中国法制出版社 2004 年版,第 10 页。
④ [法] 孟德斯鸠:《论法的精神》(上),张雁深译,商务印书馆 1963 年版,第 1 页。

的是增进社会幸福的总和。[1]"功利原理承认这一被支配地位,把它当作旨在依靠理性和法律之手建造福乐大厦的制度的基础。"[2] 首先,功利主义法学认为,功利是法律规定的基础。奥斯丁将功利主义理论和实证主义结合起来,他肯定了道德规则、法律规则以功利原则为基础。奥斯丁认为,功利原则既指导人们的行为,又指导立法者,功利原则一般情况下总是立法活动需要考虑的内容,而且功利原则有助于清晰而准确地对法律的内容和法律的要义加以说明。[3] 其次,功利原则是研究法律的标准、解释法律的标准以及对法律规范进行评判的标准。边沁指出,功利原则可用来控制、指导对法学所研究的制度或制度组合体进行分类。[4] 最后,法律的后果要符合功利。边沁认为,职责就是通过避苦求乐来增进社会幸福,"最大多数人的最大幸福乃是判断是非的标准",法律要保障社会的幸福,应当努力实现整个社会福利的增加。边沁的功利主义立法理论为国家干预和社会改革打开了方便之门。[5]

(三) 历史法学的法律基础观

要理解一个事物,必先知其历史。法律的"历史基础"的含义既可以指法律在系统发生学上的起源,也可以指它的进一步历史发展(或法律进化)。[6] 历史法学派的学术旨趣和偏好是从法的起源和法的发展的角度来对法律进行研究。历史法学派创始人胡果认为,"法是民族意识的有机产物",是民族精神历史发展的必然产物;任何试图将法纳入各种法律之中的努力都是荒谬的,法的本质之源是习惯法[7];习惯法容易达到法律规范的固定性、明确性,因此,习惯法应放在现行法之上。普赫塔认为,法律来自民族精神,其产生和发展是个看不见的过程,习惯法最能真正地

---

[1] 参见杨思斌《功利主义法学》,法律出版社2006年版,第4页。

[2] [英] 边沁:《道德与立法原理导论》,时殷弘译,商务印书馆2000年版,第58页。

[3] 参见 [英] 约翰·奥斯丁《法理学的范围》,[英] 罗伯特·坎贝尔修订编辑,刘星译,北京大学出版社2013年版,第83页。

[4] 参见 [英] 边沁《政府片论》,沈叔平译,商务印书馆1995年版,第115页。

[5] 参见 [美] E. 博登海默《法理学:法律哲学与法律方法》,邓正来译,中国政法大学出版社2004年版,第112页。

[6] 参见 [德] Hubert Rottleuthner、Matthias Mahlmann《法律的基础》,张万洪、丁鹏主译,武汉大学出版社2010年版,第193页。

[7] 参见何勤华《西方法学流派撮要》,中国政法大学出版社2003年版,第30页。

表现出民族的共同信念，制定法只有在体现盛行的民族习惯和惯例时才是有用的；民族精神产生了国家，也产生了法律。普赫塔强调"法有其自己的历史"①。在习惯上表现出来的法律规则之所以能强加于人，是因为这些规则是从自觉的意识中产生而为人们所默认，在成文法律上所表明的法律是民族自觉意识和民族意志的正式表现，习惯法和实在法的渊源和效力来源都是民族意识和民族意志，习惯法和实在法不仅在历史上同源，而且成文法是习惯法发展的必然结果，习惯法的存在和有效是法的存在和有效的理由。普赫塔事实上几乎把习惯法提高到最基本的法源地位。②

萨维尼认为，法律既非理性的产物，也非立法者独断意志的产物。萨维尼认为，法律是"那些内在的、默默地起作用的力量"的产物。③ 他指出，法律根植于一个民族的历史之中，其真正的源泉是普遍的信念、习惯和"民族的共同意识"（the common consciousness of the people）。普遍的信念、习惯和"民族的共同意识"在历史之中，法律的根基也在历史当中，只有民族共同意识才是实在法的真正创造者。

梅因提出了法的自然起源论，认为法律观念及其制度乃是伴随人类社会自然产生和发展起来的，建构和管理人类社会并不存在无限的可能性，法的发展进程是判决—习惯—习惯法—成文法的发展过程。梅因认为，国家并非起源于"契约"，国家是由家庭演化而来，因此法律是起源于父权时代的父权。④ 原始社会组织中约束个人的规则来自其出生场所以及户主对他的强行命令，而并非来自"契约"活动。⑤ "法律是父辈的语言。"⑥

（四）分析实证主义法学的法律基础观

分析实证主义法学将价值排除在法理学研究范围之外，认为只有实在法才是法律，在他们看来，实在法就是国家确立的法律规范。"法理学的对象，是实际存在的由人制定的法，亦即我们径直而且严格地使用'法'

---

① 参见程琥《历史法学》，法律出版社 2005 年版，第 54 页。

② 参见程琥《历史法学》，法律出版社 2005 年版，第 59 页。

③ Of the Vocation of Our Age for Legislation and Jurisprudence, transl. A. Hayward (London, 1831), p. 30. 转引自 [美] E. 博登海默《法理学：法律哲学与法律方法》，邓正来译，中国政法大学出版社 2004 年版，第 92 页。

④ 参见严存生《西方法律思想史》，中国法制出版社 2012 年版，第 240 页。

⑤ 参见 [英] 梅因《古代法》，沈景一译，商务印书馆 1959 年版，第 170 页。

⑥ [英] 梅因：《古代法》，沈景一译，商务印书馆 1959 年版，第 72 页。

一词所指称的规则,或者,是政治优势者对政治劣势者制定的法。"① 奥斯丁认为,实在法的最本质特征是其强制性和命令性,法律是主权者的一种命令,但并非任何命令都是法律,只有强制人必须为一定行为或不为一定行为的一般性的命令才具有法律的性质。奥斯丁像边沁一样,认为立法的目的是"最大可能地增进人的幸福"。功利原则是立法的基本指导原则,通过功利原则控制和提高立法科学的权威性标准,功利原则也是检验法律的最终标准。② 凯尔森的纯粹法学只研究实在法,只对实在法的形式进行逻辑分析。纯粹法学只研究"法律是什么"和"法律从何而来的问题",不研究"法律怎么样"和"法律应如何制定"的问题,目的在于从结构上分析实在法,从实在法的内容上去推究法的概念,不从心理上或经济上解释法的条件,不从道德上或从政治上对法的目的进行评价。凯尔森认为,正义不能作为法律制定的基础,法是一种规范体系,是社会组织的一种特定的技术,是一种强制性的社会秩序。"规范所表明的观念只是某种行为应当发生,尤其是某人应当如何做,它并不涉及个人的实际行为。"③ 在凯尔森看来,法律的概念没有任何道德含义,"法是一种强制秩序"④,其决定性标准是强力因素。凯尔森认为,"法律秩序是一个规范体系"⑤。凯尔森把规范体系分为静态规范体系和动态规范体系,"一个动态体系的诸规范,只能由那些曾经由某个更高规范授权创造规范的那些个人通过意志行为而被创造出来。"⑥ "创造规范的权力从一个权威被委托给另一个权威;前者是较高的权威,后者是较低的权威。"⑦ 从以上论述可以

---

① [英] 约翰·奥斯丁:《法理学的范围》,[英] 罗伯特·坎贝尔修订编辑,刘星译,北京大学出版社 2013 年版,第 15 页。

② 参见 [美] E. 博登海默《法理学:法律哲学与法律方法》,邓正来译,中国政法大学出版社 2004 年版,第 125、130 页。

③ [奥] 凯尔森:《法律与国家》,雷嵩生译,中正书局 1970 年版,第 42 页。

④ [奥] 凯尔森:《法与国家的一般理论》,沈宗灵译,中国大百科全书出版社 1996 年版,第 19 页。

⑤ [奥] 凯尔森:《法与国家的一般理论》,沈宗灵译,中国大百科全书出版社 1996 年版,第 124 页。

⑥ [奥] 凯尔森:《法与国家的一般理论》,沈宗灵译,中国大百科全书出版社 1996 年版,第 127 页。

⑦ [奥] 凯尔森:《法与国家的一般理论》,沈宗灵译,中国大百科全书出版社 1996 年版,第 128 页。

看出，凯尔森认为，法律体系的基础规范是一个规范创造过程中的出发点，法律秩序的特殊规范不是从基础规范中逻辑地推演出来的，而是从基础规范中通过特殊的意志行为创造出来的，即法律是由权威创造出来的。

实证主义认为，法律的本质是国家权力的行使，法律的基础乃是占统治（优势）地位的人的意志。

（五）哲理法学派的法律基础观

康德认为，法律必须被纳入概念的世界法律的一般原则，不应该建立于经验人性（the empirical nature of man）基础之上，他力图以一种建立在理性命令基础之上的先验的"应然"世界中去发现法律的基础[①]，这一基础就是自由。康德认为，法律本质上是以外在强制限制个人滥用自由的一种特殊形态的道德律，"法律的概念，并不表示一个人的行为对另一个人的愿望或祈求的关系，不问它是仁慈的行为或者不友好的行为，它只表示他的自由行为与别人的行为自由的关系"，"法律就是那些使任何人的有意识的行为按照普遍的自由法则确实能与别人的有意识的行为相协调的全部条件的综合"[②]。显然，康德是以自由为基础来考察和解释法律的。康德把自由分为野性的自由、法律下的自由和道德的自由，或真正的自由三个阶段。野性的自由即在未受限制状态之下被滥用的个人自由，其导致人们在自由之间相互侵犯和冲突，最终导致不自由。法是基于人的自由而产生，为限制人的野性的自由以改变人的实际上的不自由从而使人在实际上获得自由的需要而产生。"唯有在社会里，并且唯有在一个具有高度的自由，因之它的成员之间也就具有彻底的对抗性，但同时这种自由的界限却又具有最精确的规定和保证，从而这一自由便可以与别人的自由共存共处的社会里；——唯有在这样的一个社会里，大自然的最高目标，亦即她那全部禀赋的发展，才能在人类身上得到实现。"[③]

与孟德斯鸠着重强调自然条件的必要性不同，黑格尔认为，法律的真正基础在于自由意志。"任何定在，只要是自由意志的定在，就叫作法。所

[①] 参见［美］E.博登海默《法理学：法律哲学与法律方法》，邓正来译，中国政法大学出版社2004年版，第82页。

[②] ［德］康德：《道德形而上学》，转引自《西方法律思想史资料选编》，北京大学出版社1983年版，第399页。

[③] ［德］康德：《历史理性批判文集》，何兆武译，商务印书馆1990年版，第8页。

以一般说来，法就是作为理念的自由。"①"法的基地一般说来是精神的东西，它的确定的地位和出发点是意志。意志是自由的，所以自由就构成法的实体和规定性。"② 黑格尔认为，历史运动丰富多彩并且复杂多样，在历史运动背后，存在实现自由这样一个伟大的理想。③ 自由并不意味着一个人具有为所欲为的权利。在黑格尔看来，一个自由的人是一个能用精神控制肉体的人，是一个能够使其自然的情绪、非理性的欲望、纯粹的物质利益服从于其理性的、精神的自我所提出的更高要求的人。④ 他告诫人们要过一种受理性支配的生活，并且指出理性的基本要求之一是尊重他人的人格和权利。

（六）社会法学的法律基础观

社会学法学认为，法扎根于社会，强调法与社会利益的关系，认为法根源于社会冲突，发生冲突的原因在于人们之间存在的利益差别。"不论是现在还是其他任何时候，法律发展的重心不在立法、法学，也不在司法裁决，而在社会本身。"⑤ 耶林⑥宣称，"目的是全部法律的创造者"，每

---

① ［德］黑格尔：《法哲学原理》，范扬、张企泰译，商务印书馆1961年版，第41页。

② ［德］黑格尔：《法哲学原理》，范扬、张企泰译，商务印书馆1961年版，第12页。"法的基地"也译作"法的基础"，"基地"即"基础"之意。参见 ［德］Hubert Rottleuthner、Matthias Mahlmann《法律的基础》，张万洪、丁鹏主译，武汉大学出版社2010年版，第82页。

③ 参见［美］E. 博登海默《法理学：法律哲学与法律方法》，邓正来译，中国政法大学出版社2004年版，第86页。

④ Philosophy of History, p. 43; Philosophy of Right, p. 231 (addition to sec. 18). 转引自［美］E. 博登海默《法理学：法律哲学与法律方法》，邓正来译，中国政法大学出版社2004年版，第87页。

⑤ ［奥］尤根·埃利希：《法律社会学基本原理》，叶名怡、袁震译，九州出版社2007年版，"前言"第3页。

⑥ 关于耶林属于何种法学流派，存在不同的观点。有观点未将耶林归入社会法学派，而将其归入目的法学派，同时也未将目的法学派归入到社会法学派之下（参见张宏生、谷春德《西方法律思想史》，北京大学出版社1990年版，第347、390页）。有观点将耶林归入目的法学派，同时认为目的法学派是社会法学派的分支（参见孙文恺《社会学法学》，法律出版社2005年版，第28—29页）。菲利普·黑克认为，耶林是利益法学派的创立者（参见［德］菲利普·黑克《利益法学》，傅广宇译，商务印书馆2016年版，第17页）。有观点将耶林归入利益法学派，同时认为，利益法学派是社会法学派的分支（参见何勤华《西方法学流派撮要》，中国政法大学出版社2003年版，第137页）。博登海默将耶林归入到功利主义法学流派（参见［美］E. 博登海默《法理学：法律哲学与法律方法》，邓正来译，中国政法大学出版社2004年版，第107—117页）。还有一种观点认为，耶林属于社会法学派，同时认为，社会法学属于功利主义法学中的社会功利派（参见严存生《西方法律思想史》，中国法制出版社2012年版，第277、294页）。本书认为，利益法学属于社会法学。

条法律规则的产生都源自一种目的。在耶林看来，目的就是指利益，法律权利就是法律上被保护的利益。① 他认为，"创造法律者，不是概念，而是利益和目的"②。法律的目的就是保护利益，人类的良知和实际的需要是法的最终源泉。利益法学主张，利益是法律产生之源。③ 菲利普·黑克认为，法律制度作为一个整体，是由命令组成的，历史地看，法律命令先于一般概念的分类出现，"各种法律面临的形成，是基于生活的实际需要及其评价，而不是基于被设计出来的一般概念的观念"④。立法中的斗争是为了满足各种利益，"从历史的角度看，法律是利益的产物"⑤。"每一个法律命令都决定着一种利益冲突，都建立在各种对立利益之间的相互作用之上，仿佛是这些对立力量（较力）的结果"，"一种利益的实现总是以牺牲其他的利益为代价"，"制定法的目的所展现的，则是获胜的利益。但是，法律规范的具体内容，目的满足的程度，却取决于失败的利益的分量"⑥。庞德将利益分为个人利益、公共利益和社会利益三大类，认为法律的目的在于确认和协调各种利益，使各种利益之间的矛盾和冲突降至最低点，让每种利益得到最大限度的保护。庞德并未给出上述三种利益的分类的严格标准，庞德认为，"在一个时期可能应该优先考虑一些利益，而在另一时期则应该优先考虑其他一些利益"⑦。应"尽其可能保护所有的社会利益，并维持这些利益之间的、与保护所有这些利益相一致的某种平衡和协调"⑧。本杰明·卡多佐说："法律的终极原因是社会的福利。"⑨ 应该让社会福利作为标尺来决定现存的规则延伸、限制的方向与

---

① 参见孙文恺《社会学法学》，法律出版社2005年版，第39页。
② 参见 [德] 菲利普·黑克《利益法学》，傅广宇译，商务印书馆2016年版，第17页。
③ 参见孙文恺《社会学法学》，法律出版社2005年版，第43页。
④ [德] 菲利普·黑克：《利益法学》，傅广宇译，商务印书馆2016年版，第15—16页。
⑤ [德] 菲利普·黑克：《利益法学》，傅广宇译，商务印书馆2016年版，第16页。
⑥ [德] 菲利普·黑克：《利益法学》，傅广宇译，商务印书馆2016年版，第18页。
⑦ 参见 [美] E. 博登海默《法理学：法律哲学与法律方法》，邓正来译，中国政法大学出版社2004年版，第156页。
⑧ "A Survey of Social Interests", p.46. 转引自 [美] E. 博登海默《法理学：法律哲学与法律方法》，邓正来译，中国政法大学出版社2004年版，第156页。
⑨ [美] 本杰明·卡多佐：《司法过程的性质》，苏力译，商务印书馆1997年版，第38页。

距离。① 本杰明·卡多佐认为:"法官必须经常对相互冲突的利益加以权衡,并在两个或两个以上可供选择的、在逻辑上可以接受的判决中做出抉择。"② 狄骥以社会连带关系作为逻辑起点来阐述他的国家理论和法律理论。狄骥认为,连带关系是人类的天赋,有人类就必有社会,有社会就必有连带关系,连带关系是构成社会的第一要素,是社会中人们之间相互作用、相互依赖的关系。国家和法律都源于社会连带的关系。狄骥的思想主要来源于孔德的实证主义哲学和社会学、杜克海姆的社会连带主义社会学以及耶林的法的目的论。狄骥继承和发展了杜克海姆的社会连带关系学说,他反对以主观权利作为法的基础,认为法是从社会诸关系中产生的客观规范,其高于并先于国家而存在,法是为社会目的服务的,即法的目的是维系和促进社会关系。③ 尽管狄骥的社会连带关系理论抹杀了国家和法的阶级本质属性,却为资本主义国家的法律制度在帝国主义时期及以后出现的"法律的社会化"提供了理论依据。④

沃尔德（Lester Frankward，1841—1913）认为,法律起源于人类的情感和欲求,但又不是简单地反映人的情感和欲求。他用社会力的理论来解释社会的发展或社会结构的出现,认为"最根本的社会力是一切生物推动其行为的欲求的力,这包括维持生命攸关的饮食的欲求和保证生殖的性欲。正是这种欲求决定着人的大部分行为的直接或间接的动机,所以是社会的主要起源和根本力量。法律同其他一切社会现象一样,都起源于人类的欲求和情感"⑤。

三 马克思主义的法律基础观

马克思和恩格斯认为,社会制度建立在经济基础之上,法律属于上层建筑的范畴,法律是第二性的、派生性的现象。"不应忘记,法也和宗教

---

① 参见［美］本杰明·卡多佐《司法过程的性质》,苏力译,商务印书馆1997年版,第39页。
② 转引自［美］E. 博登海默《法理学:法律哲学与法律方法》,邓正来译,中国政法大学出版社2004年版,第158页。
③ 张宏生、谷春德:《西方法律思想史》,北京大学出版社1990年版,第396页。
④ 参见孙文恺《社会学法学》,法律出版社2005年版,第98—100、111页。
⑤ 孙文恺:《社会学法学》,法律出版社2005年版,第98—100、118页。

一样是没有自己的历史的。"① 对法律的起源进行解释，必须要结合法律外部的主要经济条件、生产力与生产关系的矛盾以及既定的生产方式。法的关系，"既不能从它们本身来理解，也不能从所谓人类精神的一般发展来理解，相反，它们根源于物质的生活关系"②。马克思指出："法律的基础并非由主权者的意志构成，法律规则的根据也不是纯粹意志。它并不能随心所欲"，"社会条件并非起源于强大的、表达于法的意志。"③ "社会不是以法律为基础的。那是法学家们的幻想。相反地，法律应该以社会为基础。法律应该是社会共同的、由一定物质生产方式所产生的利益和需要的表现，而不是单个的个人恣意横行。"④

第二节 损害担责原则的法理基础

王广彬认为，法律部门是其基础的规则表现形式，其产生、发展和完善由其基础决定、孕育和支持，而且该法律部门也必须由其基础去证成和阐释。⑤ 损害担责原则作为环境法的构成要素，在性质上属于部门法的基本原则，其也有自己的"基础"。了解和认识损害担责原则的基础，有利于解释损害担责原则的起源、发展、效果和功能。

一 基于经济维度的损害担责原则法理基础

损害担责原则的经济基础在于生态环境的污染破坏行为的负外部性。

(一) 经济学中的负外部性

从经济学角度讲，外部性是指生产行为或者消费行为对他人（或团体）强摊了不可补偿的成本或给予了不需要补偿的收益。前者称为负外

---

① 参见张宏军《西方外部性理论研究述评》，《经济问题》2007年第2期。
② [德] Hubert Rottleuthner、Matthias Mahlmann：《法律的基础》，张万洪、丁鹏主译，武汉大学出版社2010年版，第130页。
③ [德] Hubert Rottleuthner、Matthias Mahlmann：《法律的基础》，张万洪、丁鹏主译，武汉大学出版社2010年版，第189页。
④ Marx 1977, 327, 转引自 [德] Hubert Rottleuthner、Matthias Mahlmann《法律的基础》，张万洪、丁鹏主译，武汉大学出版社2010年版，第189页。
⑤ 参见王广彬《社会法基础的多视角论证》，《当代法学》2014年第1期。

部性，后者称为正外部性。比如飞机起落的噪声给机场周边居民造成的干扰，这种干扰由居民自行承担和忍受而没有获得补偿，飞机噪声就具有负外部性。内蒙古开展植树造林活动，改善了当地环境，同时也减少了北京沙尘暴发生的概率、降低了北京沙尘暴的强度，内蒙古开展的植树造林活动对北京就具有正外部性。

关于外部性理论，有学者将其理论渊源追溯到亨利·西奇威克。[1] 亨利·西奇威克是剑桥学派的奠基人。在《政治经济学原理》一书中，亨利·西奇威克认为，并非所有个人对自己付出的劳务都能获得对应的劳务报酬，劳务和报酬之间可能存在差额。尽管亨利·西奇威克并未提出外部性的概念，但这种劳务和报酬之间存在的差额实质上就是外部性。1890年马歇尔提出"外部经济"和"内部经济"两个概念。尽管马歇尔没有提出负外部性的概念，但他对负外部性理论作出了巨大的理论贡献。马歇尔提出"外部经济"的目的是说明"看不见的手"的市场理论存在的瑕疵，即说明市场失灵的问题的存在。在涉及环境污染和噪声等问题上，马歇尔是第一个尝试通过引入外部性概念进行经济分析的人，他谈到了商人享有的那种没有为之支付市场外成本的利益。[2] 庇古提出，不仅第三方生产条件可能受市场外部性的影响，而且私人福利也可能受到市场外部性的影响，无论第三方生产条件还是私人福利都可以使用"成本—效益"的方法来进行分析。[3] 庇古提出了"社会边际净生产成本"与"私人边际净成本"概念，当前者与后者存在差异时，这个差异就是"外部性"，这个差异可能是正的，也可能是负的。针对不可再生能源使用问题、保护环境质量问题以及限制过度消费、推进节约问题，庇古提出了三项政策措施，即国家补贴、税收和立法。[4] 其中最著名的就是庇古税，它是我国的排污费、环境保护税的原始雏形。庇古税目的在于通过将污染行为的负外部性内部化来制止环境污染，它可以直接按照污染排放征收或按照污染释放

---

[1] 参见张宏军《西方外部性理论研究述评》，《经济问题》2007年第2期。

[2] 参见［英］E. 库拉《环境经济学思想史》，谢扬举译，世纪出版集团、上海人民出版社2007年版，第77页。

[3] 参见［英］E. 库拉《环境经济学思想史》，谢扬举译，世纪出版集团、上海人民出版社2007年版，第77页。

[4] 参见［英］E. 库拉《环境经济学思想史》，谢扬举译，世纪出版集团、上海人民出版社2007年版，第97页。

的物质来征收。卡普预见到了经济增长对环境具有深远的逆向后果,他将经济活动参与者强加给第三方或普通大众头上的直接或间接负担称为社会成本,污染就是经济活动参与者将社会成本强加给社会公众。①

在经济学领域,经济学家从不同视域进行研究,认为外部性产生的原因是基于以下几个方面:一是庇古从成本的视角认为外部性产生的原因在于生产活动的私人成本与生产活动的社会成本的差异;二是诺斯从收益的视角认为外部性产生的原因是经济活动主体的个人收益同社会收益的差异;三是奈特、布坎南和科斯从产权的角度认为负外部性产生的原因是产权界定不清晰,产权界定清晰将导致外部性的消灭;四是米德从竞争的角度认为在完全充分竞争的情况下是不存在任何外部性的,外部性是因市场竞争不完全、不充分造成的;五是奥尔森从公共物品的属性出发,认为外部性是公共物品的"不可分割性"与"非竞争性"造成的。②

(二) 污染的负外部性与损害担责原则的产生

环境作为公共产品不具有排他性。污染行为具有负外部性。污染行为的负外部性是指污染物的排放人通过排放污染的行为给排放人以外的社会公众强加了负担,同时污染物的排放者没有对这种负担给予补偿。污染行为的负外部性主要是生产外部性,即外部性是由生产行为产生而非分配、交换或消费行为产生的。与之对应的是消费外部性,指产生于消费领域的外部性。污染行为的负外部性乃是损害担责原则的经济基础。

有学者认为,在国际视域内,污染者负担原则最早产生于日本的环境法。③ 1970 年 12 月日本在修改《公害对策基本法》时,在第 22 条第 1 款规定了污染者付费原则。④ 日本的污染者负担原则以不同于 1972 年经合组织提出的概念发展而来,既适用于污染防治费用,也适用于环境恢复费

---

① 参见 [英] E. 库拉《环境经济学思想史》,谢扬举译,世纪出版集团、上海人民出版社 2007 年版,第 77 页。

② 参见胡元聪《外部性问题解决的经济法进路研究》,法律出版社 2010 年版,第 17—19 页。

③ 参见 [日] 大塚直《日本环境法的理念、原则以及环境权》,张震、李成玲译,《求是学刊》2017 年第 2 期。

④ 1970 年日本《公害对策基本法》第 22 条第 1 款:"其工业活动造成公害的企业,对国家或地方公共团体为防治此项公害而进行的工程,负担全部或者部分必需的费用。"

用、被害救济费用等事后性费用。① 在日本之外，污染者负担原则经历了从国际贸易的经济原则到政策倡导性的环境原则，再到环境法原则的嬗变。②

污染者负担原则最初设立的直接目的在于解决企业生产污染行为的负外部成本的问题，从而促进贸易和投资的公平竞争。由于污染者负担原则有利于通过经济手段来控制和消减污染，同时可以为治理污染筹集资金，为很多国家和国际组织所采用，迅速发展为环境法的一项基本原则。

通过考察损害担责原则雏形的污染者负担原则的产生和发展历程，可以清楚地看到，损害担责原则的经济基础就是污染行为的负外部性问题。

（三）法学的负外部性与污染负外部性的环境法解决进路

1. 个体主义法律观的负外部性"权利侵害论"

在对负外部性的认识上，个体主义的法律观和整体主义的法律观是存在差异的。个体主义法律观以个人权利为核心，其建立在个体主义学说基础之上。个体主义学说自西方文艺复兴以来一直持续不衰，其基本思想观点在于：社会是由单个个体社会成员组成，组成社会的单个人是独立的和意志自由的，社会成员之间是平等的，社会对社会成员个体来讲，只是实现社会个体成员的工具。③ 以个体主义学说为基础，个体主义法律观认为，个人是独立的和自由的，个人以权利为基础和核心，平等地享有权利和独立地承担权利行使的后果，国家的责任在于保障个人行使权利。这种法律观下的人的行为倾向于个人自由和行使个人权利而忽视社会公共福利，倾向于使个人利益最大化，在实践中利于促进外部性的发生。国家对个人的义务主要是使社会成员的个体的私人权利免受侵害，这种义务乃是一种消极义务，国家对社会成员个体不负有促进其个体利益发展的积极义务。④ 个体主义法律观认为，负外部性是对个体权利的一种侵害。⑤ 国家的任务在于保障个人行使权利，使个人权利免遭侵害，因此国家和政府的

---

① 参见［日］大塚直《日本环境法的理念、原则以及环境权》，张震、李成玲译，《求是学刊》2017 年第 2 期；汪劲《日本环境法概论》，武汉大学出版社 1994 年版，第 236 页。
② 参见柯坚《论污染者负担原则的嬗变》，《法学评论》2010 年第 6 期。
③ 参见于海《西方社会思想史》，复旦大学出版社 1993 年版，第 167 页。
④ 参见雷兴虎、刘水林《矫正贫富分化的社会法理念及其表现》，《法学研究》2007 年第 2 期。
⑤ 参见胡元聪《外部性问题解决的经济法进路研究》，法律出版社 2010 年版，第 32 页。

义务在于防止负外部性的发生。污染主要源自经济生产领域，杜绝污染负外部性的发生意味着现代生产活动的停止，这种为环保而环保的因噎废食的做法是行不通的，依照个体主义的法律观的方法是不可能解决污染的负外部性问题的。

2. 整体主义法律观的负外部性"权利与社会侵害论"

整体主义法律观以社会权利为核心，其建立在整体主义观念之上。整体主义观念肇始于古希腊时代柏拉图、亚里士多德的整体主义思想，在18世纪中叶，随着社会化大生产和社会大分工的出现才开始在理论层面趋于成熟，直到第二次世界大战以后，整体主义思想对社会产生重大影响。① 整体主义思想的主要观点为：社会本身是一种客观存在，是一个有机的统一整体，社会由个体组成但却不能简单地归于个体，社会个体之间是相互依存的。社会个体与社会之间也是相互依存的。在此整体主义思想基础上的整体主义法律观认为，"个人的主观权利产生于社会义务"，"人应该服从于社会规则"②。法律规则既具有个人性，也具有社会性，作为社会成员的个体不得实施损害社会的行为（即使这种行为是利己的）。国家是社会的代表，负有消极义务，既要保护社会个体成员的权利免受侵害，也要防止社会成员的个体实施危害社会的行为；国家是社会的代表，还负有积极义务，即利用公共资源和公共权力来促进社会和谐与社会公共福利。按照整体主义的法律观，污染行为的负外部性不仅是对社会成员个体权利的侵害，也是对社会本身的侵害。③ 污染的负外部性因侵害个人权利和社会而不被社会规则所允许，应当予以矫正。国家不仅负有保护个人权利免受污染负外部性的侵害的消极义务，而且对污染造成的负外部性也要有所作为，通过实施积极行为消减污染的负外部性，促进个人福利与利益的增加，促进公共福祉。通过以上比较我们可以看出，在解决污染的负外部性问题上，整体主义法律观比个体主义法律观更加有效：一方面，个体主义的法律观倾向于促进污染负外部性的发生，整体主义法律观倾向于限制和禁止污染负外部性；另一方面，在污染负外部性发生之后，个体主

---

① 参见雷兴虎、刘水林《矫正贫富分化的社会法理念及其表现》，《法学研究》2007年第2期。

② ［法］莱昂·狄骥：《宪法学教程》，王文利等译，辽海出版社、春风文艺出版社1999年版，第7页。

③ 参见胡元聪《外部性问题解决的经济法进路研究》，法律出版社2010年版，第34页。

义的法律观提供的救济方式乃是权利救济，即通过私法来救济个人受到侵害的权利和利益，而整体主义的法律观提供的救济方式就包括私法的权利救济方式，也包括公法的积极干预的方式，在救济手段上，整体主义法律观呈现得更为丰富多样化，另外整体主义的法律观提供的救济方式还出现了私法公法化和公法私法化的新的救济方式。

3. 法学中的负外部性与污染负外部性的整体主义环境法解决进路

负外部性理论滥觞于经济学领域，并扩展和影响到众多的学科领域。经济学领域的负外部性表现为一种"成本—效益"的对比关系。负外部性理论引入法学领域后，最初也显示出明显的"成本—效益"对比的痕迹（比如我国的排污费和环境保护税制度）。经济学中的"成本—效益"通过货币的方式来表达，法学中的负外部性就不能仅仅依靠货币来表达了。张守文认为，从某种意义上说，经济学中的成本就像法学中的义务，经济学中的收益就像法学中的权利一样。[①] 胡元聪也持和张守文同样的观点，他也将经济学中的成本转化为法学中的权利，将经济学中的收益转化为法学中的义务，从而尝试从权利和义务的角度来界定法学中的负外部性。胡元聪认为，外部性就是一种过程也是一种结果状态，即主体之间因权利义务的不对等而导致的利益失衡。[②] 胡元聪以权利和义务的视角来解读法律上的负外部性，是因为其认为法律是基于权利义务配置的方法来对社会关系进行调整的[③]，同时胡元聪也同意斯密德的观点，认为"负外部性的本质是权利的行使"[④]。笔者认为，这种观点有一定的创新性，但却无法与法学的基本理论契合。法律调整社会关系，除了通过权利和义务的配置之外，还通过责任的设定来加以进行。如果仅仅以权利和义务来界定法学中的负外部性问题，就无法对法律中针对具有负外部性的污染行为设定的惩罚性赔偿金、行政处罚、刑罚等责任给予合理化的解释。另外，认为负外部性的本质是行使权利的观点也无法为法学理论承认。具有负外部性的行为可能是合法行为，也可能是违法行为，甚至是具有严重社会危害

[①] 参见张守文《经济法理论的重构》，人民出版社2004年版，第166页。

[②] 参见胡元聪《外部性问题解决的经济法进路研究》，法律出版社2010年版，第52—53页。

[③] 参见胡元聪《外部性问题解决的经济法进路研究》，法律出版社2010年版，第53页。

[④] [美]斯密德：《财产、权力和公共选择：对法和经济学的进一步思考》，黄祖辉等译，上海三联书店、上海人民出版社2006年版，第14页。

性的违法犯罪行为，即具有外部性的行为可能是法律允许的行为，也可能是法律限制甚至严格禁止的行为。民法谚"法不禁止即自由"，反之，法律严格禁止的行为绝不会是什么"权利"行为。将外部性的本质界定为权利的行使的观点，只是简单地将经济学中的利益混同为法律上的权利，混淆了合法利益与非法利益的界限，混淆了合法性外部性行为和违法性外部性行为的界限。笔者认为，经济学上的外部性理论可以按照下述的方式表述为法律理论：法律上的负外部性是指行为人因合法或非法的行为损害了他人、社会的权利或利益而应承担的法律义务和（或）责任。损害担责的环境法原则实际上就是对污染环境破坏生态的合法的和（或）违法的污染行为的负外部性问题的法学回应。这种法学回应中，环境法的损害担责原则通过让污染人承担法律义务和法律责任的进路来解决污染人的污染的负外部性，即污染行为人可能要承担下列内容的一部分或全部：排污费或环境保护税的公法缴纳义务、对遭受人身财产损害的民事主体进行民事补偿的民事责任、行政处罚、刑罚、环境损害赔偿责任以及生态环境损害惩罚性赔偿责任等。

我国的损害担责原则经历了"污染者治理原则"到污染者负担原则再到损害担责原则的发展演进过程。损害担责原则的制度中包括排污费制度与环境保护税制度等公法义务性制度，也包括环境侵权民事赔偿制度等私法补偿性责任类制度，还包括行政法和刑法等公法类惩罚与制裁制度。另外，我国正在探索中的环境损害赔偿制度则呈现出公法与私法的杂糅，《民法典》侵权编中规定的生态环境损害惩罚性赔偿制度，则是带有惩罚和制裁性质的民事责任制度。显而易见，我国的损害担责原则采用了整体主义的法律观，通过私法、公法及公私混合法来解决污染行为的负外部性问题。

损害担责原则既将污染的负外部性行为看作对社会个体的私人权利的侵害，从而给予个体受害人以环境侵权民事责任的救济方式，允许私人个体通过提起民事诉讼的方式对个人因污染的负外部性行为而遭受的私人个体权利和利益予以保护和救济。损害担责原则又将污染的负外部性行为看作对社会的侵害。国家作为社会的代表，一方面用行政法、刑法规定对之加以禁止并对违反者给以行政处罚、刑罚等制裁与惩罚；另一方面又利用公共资源和公共权力对污染的负外部性进行积极的干预，如对生产经营者的生产排污行为征收排污费或环境保护税，对污染性生产行为进行经济性的宏观调控、预防和减少污染排放量,又为社会治理污染保护环境筹集资金。再如国家设立制度规范,要求损害生态和环境的行为的责任人负责恢复和治理受到损害的生态和环境。损害担责中的"责"既包括公法上税费缴纳的公法义务,又包括私法上的平等主体之间的补偿责任,还包括公法上的惩罚与制裁的公法责任。此外,损害担责原则还包含像生态环境损害惩罚性赔偿这样的公私混合的责任形态。

二 基于社会维度的损害担责原则法理基础

社会学法学认为,法扎根于社会,强调法与社会利益的关系,认为法根源于社会冲突,发生冲突的原因在于人们之间存在的利益差别。"不论是现在还是其他任何时候,法律发展的重心不在立法、法学,也不在司法裁决,而在社会本身。"[①] 法律是社会的产物,作为环境法基本原则的损害担责原则也是社会生活的产物。损害担责原则产生的社会基础与根源可以从以下几个方面加以考察。

(一) 严重的环境污染和生态破坏

环境问题分为原生环境问题和次生环境问题两类,前者是因自然原因而发生的环境问题,后者是因人类活动造成的环境问题。环境法调整和规范的是人的行为和活动,环境法上所称的环境问题也仅指次生环境问题,包括环境污染和生态破坏。环境问题随着人类的进化发展而不断演化。地学和生态学中的观点一致认为,地球环境的大部分变化是人为因素引起和造成的。自工业化大生产以来,工业国家的工业区遭受严重的环境污染,到20世纪五六十年代,以环境污染为突出表现的环境问题在主要工业国家达到顶峰。到20世纪60—80年代,环境问题开始从地域化向国际化发展,全球和人类面临环境问题。这一时期发生了诸多震惊世界的公害事件,如比利时马斯河谷烟雾事件、美国洛杉矶光化学烟雾事件、美国多诺拉烟雾事件、英国伦敦烟雾事件、日本熊本水俣病事件、日本四日市哮喘事件、日本爱知米糠油事件以及日本富山骨痛病事件等。当时的日本也被称为"公害大国"。各工业化国家自工业化大生产以来都出现了严重的环境污染和生态破坏问题,经济繁荣的同时带来了严重的环境危机,人口急

---

① [奥]尤根·埃利希:《法律社会学基本原理》,叶名怡、袁震译,九州出版社2007年版,"前言"第3页。

剧增长、城市化加速发展，空气、水体、土壤遭受严重污染，核事故也带来严重的环境污染和生态破坏，生物多样性急剧较少。受市场失灵、政策失误、科学不确定性以及国际投资和贸易的影响，环境污染问题已经危及人的健康、生命、财产，甚至人类的生存。因环境是公共产品，不具有排他性，生产者的污染行为导致环境污染和生态破坏而不需要支付代价和承担责任，这种状况实际上逆向鼓励了环境污染行为。损害担责原则产生的社会根源在于严重的环境污染和生态破坏的社会生活本身。

(二) 环境社会连带关系与作为公共产品的环境中的利益冲突

狄骥以社会连带关系作为逻辑起点来阐述国家理论和法律理论。狄骥认为，连带关系是人类的天赋，连带关系是构成社会的第一要素，乃意指在社会之中人与人之间的相互作用及相互依赖关系。国家和法律都源于社会连带的关系。狄骥认为，法是从社会诸关系中产生的客观规范，法是为社会目的服务的，即法的目的是维系和促进社会关系。[1] 狄骥认为，社会相互关联性是法的真正基础，法的存在离不开个体之间的相互关联性，客观法建立在社会相互关联的基础上。[2]

环境是公共产品，不能被私人排他性独占。环境的公共性决定了人和人之间必然不可避免地通过环境发生社会关联，人们基于环境相关联系、相互作用、相互依赖。环境质量和生态状况的好坏，如空气和水是否清洁、土壤是否被污染等，都会影响与环境和生态发生关联的任何个人。因此，环境污染和生态破坏都会直接或间接地影响每个人的利益，如健康、财产、生命等。环境社会连带关系会导致对环境和生态保护的法律规范，包括原则和规则。在埃利希看来"就法律的起源和一般形式而言，法律是社会以及社会联合的事务"[3]，"规范乃是从事实中演化而出"[4]，法律

---

[1] 张宏生、谷春德：《西方法律思想史》，北京大学出版社1990年版，第396页。

[2] 参见 [法] 莱昂·狄骥《宪法学教程》，王文利等译，辽海出版社、春风文艺出版社1999年版，第11—12页。

[3] [德] Hubert Rottleuthner、Matthias Mahlmann：《法律的基础》，张万洪、丁鹏主译，武汉大学出版社2010年版，第167页。

[4] [德] Hubert Rottleuthner、Matthias Mahlmann：《法律的基础》，张万洪、丁鹏主译，武汉大学出版社2010年版，第169页。

"从'关于法的事实'中发展而来"[1]。环境社会连带关系是损害担责原则产生的社会基础与根源。

耶林宣称"目的是全部法律的创造者",每条法律规则的产生都源自一种目的。在耶林看来,目的就是指利益,法律权利就是法律上被保护的利益。[2] 他认为"创造法律者,不是概念,而是利益和目的"[3]。法律的目的就是保护利益,人类的良知和实际的需要是法的最终源泉。利益法学主张,利益是法律产生之源。[4] 菲利普·黑克认为,法律制度作为一个整体,是由命令组成的,"各种法律命令的形成,是基于生活的实际需要及其评价,而不是基于被设计出来的一般概念的观念"[5]。立法中的斗争是为了满足各种利益,"从历史的角度看,法律是利益的产物"[6]。"每一个法律命令都决定着一种利益冲突,都建立在各种对立利益之间的相互作用之上,仿佛是这些对立力量(较力)的结果","一种利益的实现总是以牺牲其他的利益为代价","制定法的目的所展现的,则是获胜的利益。但是,法律规范的具体内容、目的满足的程度却取决于失败的利益的分量"[7]。环境涉及个人利益、公共利益和社会利益。环境中的个人利益、公共利益和社会利益有些情况下是一致的,有些情况下是不一致甚至相互冲突和矛盾的。损害担责原则的产生与环境涉及的利益息息相关。一方面,为了发展经济和谋取个体利益,个体具有利用环境进行生产排放污染物的需要和利益,在法律规制之前,环境是"免费"的;另一方面,社会的其他个体和社会公众希望良好的环境保障自己的健康、财产和生命免受损害,以及保有对环境的良好感受的利益,当排污导致环境污染和生态破坏时,个人利益、公共利益和社会利益就会发生冲突。损害担责原则就是这种利益的产物。按照耶林的目的论,法律是目的的产物,这个目的就是利益。质言之,在损害担责原则产生过程中,这一利益就是环境利益,

---

[1] [德] Hubert Rottleuthner、Matthias Mahlmann:《法律的基础》,张万洪、丁鹏主译,武汉大学出版社 2010 年版,第 171 页。
[2] 参见孙文恺《社会学法学》,法律出版社 2005 年版,第 39 页。
[3] [德] 菲利普·黑克:《利益法学》,傅广宇译,商务印书馆 2016 年版,第 17 页。
[4] 参见孙文恺《社会学法学》,法律出版社 2005 年版,第 43 页。
[5] [德] 菲利普·黑克:《利益法学》,傅广宇译,商务印书馆 2016 年版,第 15—16 页。
[6] [德] 菲利普·黑克:《利益法学》,傅广宇译,商务印书馆 2016 年版,第 16 页。
[7] [德] 菲利普·黑克:《利益法学》,傅广宇译,商务印书馆 2016 年版,第 18 页。

为了保护个体利益不因环境污染和生态破坏而遭受损失，就要求造成损害的人承担法律义务和（或）法律责任。损害担责原则所展现的是在环境利益冲突和斗争中获胜的环境利益，但是其具体内容、目的的满足程度却取决于失败的利益的分量，失败的利益乃是使用环境造成污染和生态破坏的"免费""免责"的利益。

（三）社会公共环境福利

本杰明·卡多佐说："法律的终极原因是社会的福利。"[1] 应该让社会福利作为标尺来决定现存的规则延伸、限制的方向与距离。[2] 本杰明·卡多佐认为，必须在冲突的利益之间进行权衡。[3] 环境和生态关乎社会公共福祉。维护良好的环境和生态会促进社会公共福利，可以使社会成员的健康、财产、生命免受被污染的环境和破坏的生态的侵害，能满足社会成员良好的环境体验、感受和审美需要。损害担责原则有利于让环境污染者和生态破坏者承担法律义务和（或）法律责任，有利于保护环境和生态，促进环境社会公共福利。社会公共环境福利也是损害担责原则产生的终极原因和社会基础。

（四）人类追求良好环境与生态以及追究污染环境与破坏生态违法行为责任的情感和欲求

沃尔德（Lester Frankward，1841—1913）认为，法律起源于人类的情感和欲求，但又不是简单地反映人的情感和欲求，他用社会力的理论来解释社会的发展或社会结构的出现，他认为："最根本的社会力是一切生物推动其行为的欲求的力……正是这种欲求决定着人的大部分行为的直接或间接的动机，所以是社会的主要起源和根本力量。法律同其他一切社会现象一样，都起源于人类的欲求和情感。"[4] 一方面，社会成员渴望获得良好的环境和生态，能喝到清洁的水、吃到安全的食品、呼吸清洁的空气，使自己的健康、财产甚至生命免遭环境污染和生态破坏的侵害；另一方

---

[1] ［美］本杰明·卡多佐：《司法过程的性质》，苏力译，商务印书馆1997年版，第38页。

[2] 参见［美］本杰明·卡多佐《司法过程的性质》，苏力译，商务印书馆1997年版，第39页。

[3] 参见［美］E.博登海默《法理学：法律哲学与法律方法》，邓正来译，中国政法大学出版社2004年版，第158页。

[4] 转引自孙文恺《社会学法学》，法律出版社2005年版，第98—100、118页。

面，社会成员对于污染环境和破坏生态的行为不满甚至深恶痛绝，希望杜绝那种"免费"的污染环境和破坏生态的行为，希望因环境污染和生态破坏遭受的损害获得赔偿，希望对违法污染环境和破坏生态的行为给予制裁与惩罚。这些希望的情感与欲求也是损害担责原则产生的社会基础与根源。

三 基于权力（意志）维度的损害担责原则法理基础

实证主义法学认为，法律的本质是国家权力的行使，法律的基础乃是占统治（优势）地位的人的意志。奥斯丁认为，实在法的最本质特征是其强制性和命令性，法律是主权者的一种命令。奥斯丁并不认为，任何命令都是法律，只有强制人必须为一定行为或不为一定行为的一般性的命令才具有法律的性质。

损害担责原则是全国人民代表大会常务委员会制定的《环境保护法》所规定的，其具体制度也是国家立法机关依照法定程序制定的。损害担责体现了全国人民的意志，也是国家权力的外在表现。让·布丹认为，主权是国家对公民和臣民的不受法律约束的绝对和永久的最高权力，"一种规则之所以是法律，那是因为它本身就是主权者意愿的产物"，"典型的法律是由主权者或主权机关所颁布的通告或法"[1]。让·布丹将制定法的基础归于国家主权权力。一般而言，"权力构成了法律与权威的基础"[2]。权力是法律的来源，政治权力可以将掌握权力的人的诉求浇铸到法律之中。

我国《宪法》第 2 条规定，我国的全部国家权力属于人民，人民通过全国人民代表大会以及各级地方人民代表大会行使国家权力。立法机关制定和颁布的法律本身就是人民意志和权力的外在表现。我国 1979 的《环境保护法（试行）》规定了"谁污染谁治理原则"。1989 年的《环境保护法》规定排污费制度，对从事有害环境活动的单位规定了采取措施预防和治理环境污染和破坏的义务，以及造成环境污染危害的责任人排除

---

[1] 参见［英］彼得·斯坦、约翰·香德《西方社会的法律价值》，王献平译，中国法制出版社 2004 年版，第 10 页。

[2] ［德］Hubert Rottleuthner、Matthias Mahlmann：《法律的基础》，张万洪、丁鹏主译，武汉大学出版社 2010 年版，第 179 页。

危害并赔偿损失的法律责任。① 2014 年的《环境保护法》规定了环境保护坚持损害担责原则。

第三节 损害担责与国家环境保护义务——兼析损害担责原则在常州毒地案中的适用

国家因国家职能而负有环境保护义务。国家的环境保护义务包括积极的和消极的两个方面。国家的环境保护义务具有宪法、法律以及国际法规范和国际文件方面的规范依据。一方面，损害担责原则要求环境污染者、生态破坏者对因自己的行为造成的环境污染和生态破坏进行治理与修复；另一方面，国家的环境保护义务要求作为国家代表的政府对已然的环境污染和生态破坏进行治理与修复。损害担责原则和国家环境保护义务之间是一种什么关系？两者的适用条件有何不同？两者之间冲突吗？2018 年 12 月，常州毒地案二审宣判。常州毒地案从一审到二审，一直备受环境法专业人士以及社会大众关注。对案件争论最大的就是上述几个问题。为把这些问题阐述清楚，有必要先考察关于国家环境保护的理论基础、规范依据、义务内容等问题。

一 国家环境保护义务

国家环境保护义务是一个重要的理论问题，它既是宪法学中研究的理论问题，也是政治学和管理学中研究的理论问题，还是环境法中研究的理论问题。在环境法视域内，对国家环境保护义务的研究主要集中在国家环境保护义务的理论基础、国家环境保护义务的内容、国家环境保护义务与公民环境权的关系，以及国家环境保护义务规范的研究上。

（一）国家环境法律责任的理论基础

在国家环境保护义务的理论基础问题的认识上，环境法理论界存在一元论与多元论的不同的观点。一元论认为国家环境保护义务的理论基础是单一的，多元论认为国家环境保护义务的理论基础不是单一的，两个以上的不同的理论同时是国家环境保护义务的理论基础。

---

① 参见 1989 年 12 月 26 日发布的《环境保护法》第 28、第 31 和第 41 条。

宪法学者蒋银华坚持多元论，认为国家义务的理论基础有：社会契约论、福利国理论、现代公共性理论。① 蔡守秋也坚持政府环境法律责任的理论基础多元化的观点，认为政府环境责任的理论基础包括：环境法治理论、政府职责本位理论、社会公共需求理论、生态化方法理论、"环境善治"理论，以及环境权和环境民主等理论。② 张建伟也认为，政府的环境法律责任的理论基础不是单一的而是多元的，认为政府的环境责任的理论基础要包括：环境法治理论、政府职责本位理论、公共政治需求和环境基本权利理论。③ 巩固认为，政府环境责任的理论基础不是多元的而是单一的，公众环境利益是政府环境责任之理论基础，它既是政府承担环境责任的道义基础，也是政府管理环境的权力之正当性来源。④

邓可祝在《政府环境责任研究》一书中对政府环境法律责任的理论基础的研究进行了梳理，其从政治、宪法、行政法治以及权利保障四个角度论述了政府环境法律责任的理论基础。⑤ 从政治角度看，保障社会成员的环境利益是政府取得合法性的前提，政府环境法律责任是涉及政府合法性的问题。当代社会，只有责任政府才能获得政治上的合法性，要获得政治上的合法性，政府必须是处于负责任的状态，包括对环境事务的负责任状态。传统的正当性要求权力通过正当规则获得与行使并获得公众同意⑥，现代的合法性"是指特定社会现象因其自身具有的特定价值而被公众普遍认同的那种属性或状态"，包括价值因素和认同因素。⑦ 政府为体现其合法性，应当向社会成员提供良好的环境，环境作为公共品具有私人提供不经济和无意愿的特征，政府向公众提供良好的环境公共品，保护居民的生命、健康与财产，就能更好地体现其合法性。政府为体现其合法

---

① 蒋银华：《论国家义务的理论渊源：现代公共性理论》，《法学评论》2010年第2期；《论国家义务的理论渊源：社会契约论》，《云南大学学报》（法学版）2011年第4期；《论国家义务的理论渊源：福利国理论》，《河北法学》2012年第10期。

② 参见蔡守秋《论政府环境责任的缺陷与健全》，《河北法学》2008年第3期。

③ 参见张建伟《政府环境责任论》，中国环境科学出版社2008年版，第45—55页。

④ 参见巩固《政府环境责任理论基础探析》，《中国地质大学学报》（社会科学版）2008年第2期。

⑤ 邓可祝：《政府环境责任研究》，知识产权出版社2014年版，第30—85页。

⑥ 参见［英］大卫·边沁《通往社会科学的合法性概念》，傅建奇译，《清华法治论衡》（第2辑），清华大学出版社2004年版。

⑦ 司久贵：《行政权正当性导论》，博士学位论文，武汉大学，2001年。

性，还应当提供价值选择证明并获得公众认可。环境问题涉及多重价值，当前环境问题中的价值冲突主要在于经济发展同环境保护之间的冲突与矛盾，为发展经济而牺牲环境的价值选择已经无法得到公众的认可与支持，政府必须在价值冲突中进行选择。"环保优先""推进生态文明建设，促进经济社会可持续发展"已经被写入《环境保护法》并得到广大人民的拥护与支持。从宪法角度看，在全球视域内，政府环境责任有的是在宪法中直接规定国家的环境保护义务，有的是从宪法规定的公民的权利中推导出国家的环境保护义务。美国宪法没有规定政府的环境保护责任，而是通过宪法性判例确定的公民的权利推导出政府的环境保护责任。

从行政法治角度看，行政法治要求政府承担保护环境的职责以及在未履行环境保护职责情况下承担责任。从权利保障角度看，环境权理论要求政府保证公民享有环境权，政府在采取行动保证和帮助公民实现环境权方面负有责任与义务。

张雷在《政府环境责任问题研究》一书中梳理了政府环境责任的理论基础，根据他的梳理，政府环境责任的理论基础主要包括以下六种理论：公民环境权理论、公共职能理论、福利行政理论、善治理论、环境法治理论及公众环境利益理论。[①] 张雷也坚持政府环境责任的理论基础的一元论，从"责任"理论基础出发，张雷认为，人类享有环境自由时应遵守的环境道德法则既是人类环境责任的理论基础，也是政府环境责任的理论基础。[②] 朱国华则认为，政府环境责任的理论基础包括公共物品理论、公共选择理论、委托代理理论（公共信托理论）、责任政府理论及环境权理论等。[③]

笔者认为，环境保护成为国家的法律义务，应当从国家职能理论中寻求其理论基础。从历史发展角度看，国家职能是个动态、发展变化的概念。不同的历史发展阶段，国家的职能会有所不同。国家职能理论最早源于国家主权理论，在传统国家主权理论下，国家应当为国民提供国防、治安和司法服务。古罗马的法学家创造了后来被称之为主权的公共权力理论，该理论直到20世纪仍然是欧美公法的基础。亚当·斯密在《国富论》一书中

[①] 参见张雷《政府环境责任问题研究》，知识产权出版社2012年版，第45页。
[②] 参见张雷《政府环境责任问题研究》，知识产权出版社2012年版，第50页。
[③] 参见朱国华《我国环境治理中的政府环境责任研究》，中国社会科学出版社2017年版，第75—82页。

认为，国家必须履行的职能包括：一是国防职能，即凭借军事力量免受其他独立社会的暴行与侵略；二是司法职能，即通过建立司法行政使个体社会成员免于其他社会成员的不公正和压迫行为的伤害；三是建立并维持那些不能期望个人或少数人创办或维持的公共机关和公共工程。奥里乌打破了传统国家主权理论的统治，提出公共服务是现代政治制度的适当的基础①，法国公法学家狄骥发展完善了这一理论。狄骥认为，"公法的基础不再是命令，而是组织"②，政府仅仅履行国家防御、维持国内安全与秩序、司法三项职能是不够的，还必须提供"公共服务"。③ 何谓"公共服务"？在狄骥的理论体系之中，"公共服务就是指那些政府有义务实施的行为"④。"无论对国家的事务以何种方式来进行管理，其基本观念都是明确的；政府必须履行某些确定的职能。结果，一项公共服务便成了关于某种严格的客观秩序的制度。"⑤ 随着工业化大规模生产、环境污染与破坏问题的严重，环境问题成为摆在各国政府面前的一项重大的公共事务。

（二）国家环境保护义务规范依据

国家环境保护义务，有些国家在宪法上加以规定，有些国家在法律中规定，有些国家在宪法和法律中都有规定。此外，在一些国家条约和其他国际性文件中也有规定。

1. 宪法规范依据

韩大元运用宪法解释方法来对国家义务开展规范化研究，他采取了一种从宪法文本找寻国家义务内容的宪法规范依据的研究进路。⑥ 参鉴韩大元的研究进路，我们可以发现，很多国家在宪法中都规定了国家的环境保护义务的条款。例如，荷兰的《宪法》第 21 条规定 "政府应致力于管理国家的可居住性和环境的保护及改善"。

有些国家虽然在宪法文本中没有直接规定国家的环境保护义务，但通过对宪法的解释可以推导出其宪法中的国家环境保护义务。通过对宪法进行解释的方法确立国家的环境保护义务的规范依据存在"环境权"和

---

① 参见 [法] 莱昂·狄骥《公法的变迁》，郑戈译，商务印书馆 2013 年版，第 41 页。
② [法] 莱昂·狄骥：《公法的变迁》，郑戈译，商务印书馆 2013 年版，第 41 页。
③ 参见 [法] 莱昂·狄骥《公法的变迁》，郑戈译，商务印书馆 2013 年版，第 41—50 页。
④ [法] 莱昂·狄骥：《公法的变迁》，郑戈译，商务印书馆 2013 年版，第 47 页。
⑤ [法] 莱昂·狄骥：《公法的变迁》，郑戈译，商务印书馆 2013 年版，第 55 页。
⑥ 参见韩大元《宪法文本中"人权条款"的规范分析》，《法学家》2004 年第 4 期。

"环境保护基本国策"两种进路。前者依据我国《宪法》第 33 条第 3 款"国家尊重和保护人权",视其为概括性人权保障条款,将环境权作为公民的基本人权进而确立国家的环境保护义务;后者依据《宪法》第 26 条第 1 款的规定①,视其为《宪法》的环境保护基本国策条款,并据此推导出国家的环境保护义务。②"环境权"进路的局限在于:第一,我国传统公民基本权利体系的权利保护基本上是事后保护,其保护的利益范围也无法完全涵盖环境公共利益。第二,"环境权"进路中的规范性不足,人权并非必然入宪,环境权在国际视域和国内视域内均未生长为一项具备独立规范含义并被广泛认可的人权,环境权也缺乏作为一项人权的实证法支撑。③ 从各国立法司法实践情况来看,环境权入宪的功能主要在于政治与社会宣示以及教育,并未形成成熟的环境权宪法规范含义。第三,环境权在道德层面的证立容易完成,但环境权在立法技术上仍然面临障碍。如环境概念的内涵、外延的界定差异会导致环境权权利内容的极大差异;环境权权利主体范围不确定,人类、未来的人可否作为环境权主体都存在极大的争议;权利主体的个体化要求与环境利益的公共性,以及一定程度上的不可分性间的对立与矛盾相对于当前的法律技术水平还无法得到解决;环境权无法司法化救济等。

传统宪法理论认为,宪法中基本权利的意义在于防止公民因国家权力滥用而受侵害,其对私人事务不具有调整的效力④,尽管这种传统理论正向宪法私法适用的方向调试。宪法中的公民基本权利之间往往存在冲突,基本权利直接适用于私人关系必然会导致不同性质间的权利碰撞。因此,一般情况下,基本权利只有在被立法权主体具体化之后方可适用于私人关系的调整。宪法基本权利的性质与功能迥异于私权利,这决定了"宪法权利不适于被当作私权利适用"⑤。宪法权利被私法适用会削弱其传统的防御国家公权力侵害的功能。因此,有学者得出结论,认为"环境权"

---

① 《宪法》第 26 条第 1 款:"国家保护和改善生活环境和生态环境,防治污染和其他公害。"
② 参见陈海嵩《国家环境保护义务论》,北京大学出版社 2015 年版,第 134 页。
③ 参见陈海嵩《国家环境保护义务论》,北京大学出版社 2015 年版,第 65 页。
④ Calr Sehmitt, Verfassungslehre, 1928, S. 126. D. Mert, Annerkung, Njw1972, 1799. 转引自刘志刚《宪法"私法"适用的法理分析》,《法学研究》2004 年第 2 期。
⑤ 刘志刚:《宪法"私法"适用的法理分析》,《法学研究》2004 年第 2 期。

进路无法推导出国家环境保护义务。①

自《魏玛宪法》以来，现代宪法中往往有国家政策宣示的条款，基本国策规定国家发展的方向与目标，对国家权力形成限制，故也被称为"第三种结构"。② 国家和公民之间的关系是宪法规范的内部结构，宪法中的基本国策条款则是宪法规范的外部结构。③ 宪法基本国策条款早前仅仅作为单纯立法原则，不被认为具有宪法规范之拘束力。这种观点现已被放弃。④ 宪法基本国策之规定或是方针规定，或是制度性保障，或是宪法委托，此外还有一些属于公法上权利的规定。⑤

我国宪法第一次对环境保护及国家的环境保护责任作出规定的是1978年《宪法》第11条第3款："国家保护环境和自然资源，防治污染和其他公害。"1983年我国第二次全国环境保护会议确定环境保护是我国一项基本国策。我国《宪法》第26条第1款⑥规定相类似的内容，尽管该内容没有规定在第二章"公民的基本权利和义务"中，但有学者认为，其显示出权利特征并从"环境权""生态权"的视角予以解读。⑦ 该内容也未规定在第三章"国家机构"文本中，该条规定在宪法的"总纲"部分，属于"基本国策"宣示条款。⑧ 传统宪法主要规定公民权利义务和国家权力，以确定公民和国家之间的权界为主要任务。

环境基本国策宣示条款本身仍然不具有司法强制性，但其也并非"不燃烧的火"或"不发亮的光"⑨，一方面，它对环境立法进行授权；另一方面，它对国家科以环境保护义务，尽管这种义务没有可诉性，而且

---

① 参见陈海嵩《国家环境保护义务论》，北京大学出版社2015年版，第65页。

② 参见许育典《宪法》，元照出版公司2008年版，第401页；陈新民《宪法学导论》，三民书局1996年版，第429页。

③ 参见张震《宪法环境条款的规范构造与实施路径》，《当代法学》2017年第3期。

④ 参见张震《宪法环境条款的规范构造与实施路径》，《当代法学》2017年第3期。

⑤ 基本国策之规定，应逐条做个别之判断，有些规定属于方针规定或制度性保障，其他多属对立法者之宪法委托性质，少数属于公法上权利之规定。

⑥ 《宪法》第26条第1款："国家保护和改善生活环境和生态环境，防治污染和其他公害。"

⑦ 参见韩敬《国家保护义务视域中环境权之宪法保障》，《河北法学》2018年第8期。

⑧ 参见张震《宪法环境条款的规范构造与实施路径》，《当代法学》2017年第3期。

⑨ 耶林强调法的强制性属性，宣称没有强制力的法律规则是"一把不燃烧的火，一缕不发亮的光"。参见 Jhering, The English Philosophers from Bacon to Mill, p.241。转引自［美］E. 博登海默《法理学：法律哲学与法律方法》，邓正来译，中国政法大学出版社2017年版，第123页。

不能通过司法来进行救济。① 基本国策除了起到"期待国家有所行为"的作用之外，还兼具对国家行为进行控制的功能。② 宪法环境条款对国家的拘束表现在国家权力要在政策决策、立法、执法、司法层面积极作为。③ 国家环境保护义务的内容包括：环境保护法律制度的供给、环境法律保护行政、环境保护的教育与宣传以及提供环境司法。

2. 法律规范依据

关于国家环境保护义务，我国除了在宪法层面具有规定外，在法律层面也有规定。1979 年《环境保护法（试行）》第 5 条对国家环境保护义务作出了规定④，规定中央人民政府、中央人民政府所属的各个部门以及各级地方政府的环境保护工作职责，而且要求其把环境保护和改善列入国民经济计划并组织实施，对已然的环境污染和公害要作出规划并加以解决。与其后不同的是，该次立法规定的义务机关不仅仅限于地方各级政府，而且包括中央人民政府及其所属各部门。

1989 年《环境保护法》修订时，分别在第 7 条第 2 款、第 16 条和第 20 条⑤规定了国家的环境保护义务。该次修订最大的变化在于国家环境保护义务主体范围的缩小，没有规定中央人民政府及其所属各部门对环境质量负责，对环境质量负责的主体仅仅剩下各级地方政府，只是在该法第 20 条关于农业环境保护的规定中要求各级政府加强对农业环境的保护，中央人民政府的国家环境保护义务在法律层面的规定上涉及事项范围已经大大减缩。中央人民政府所属各部门没有被规定在国家环境保护义务主体之内。

2014 年修订的《环境保护法》第 4 条明确规定："保护环境是国家的

---

① 参见吴卫星《环境权入宪的比较研究》，《法商研究》2017 年第 4 期。

② 参见林明锵《论基本国策——以环境基本国策为中心》，《现代国家与宪法——李鸿禧教授六秩华诞祝贺论文集》，月旦出版股份有限公司 1997 年版，第 1475 页。

③ 参见［日］黑川哲志《从环境法的角度看国家的作用及对后代人的责任》，王树良、张震译，《新华文摘》2016 年第 20 期。

④ 1979 年《环境保护法（试行）》第 5 条："国务院和所属各部门、地方各级人民政府必须切实做好环境保护工作；在制定发展国民经济计划的时候，必须对环境的保护和改善统筹安排，并认真组织实施；对已经造成的环境污染和其他公害必须作出规划，有计划有步骤地加以解决。"

⑤ 1989 年《环境保护法》第 7 条第 2 款规定："县级以上地方人民政府环境保护行政主管部门对本辖区的环境保护工作实施统一监督管理"。第 16 条规定："地方各级人民政府应当对本辖区的环境质量负责，采取措施改善环境质量"。第 20 条规定："各级人民政府应当加强对农业环境的保护，防治土壤污染、水土流失等生态失调现象的发生和发展。"

基本国策。"基本国策在不同的国家也被称为"国家目标"或"指导原则"等。基本国策条款在性质上属于宪法规范,尽管其并不产生赋予公民权利的宪法效果,但却对国家公权力具有拘束力,在内容上指示国家行为的方向与目标。① 此外,《环境保护法》在第 6 条第 2 款中保留了地方政府对辖区环境质量负责的内容。

除我国以外,美国、加拿大及日本等国家的法律中也规定了国家的环境保护义务。美国 1969 年制定的《国家环境政策法》第 1 条规定了美国的国家环境保护政策,其中包含国家环境保护义务的内容②,该条规定,美国联邦政府、各州及地方政府有义务采取包括财政与技术在内的手段、措施保护环境,第 2 条规定了美国联邦政府的环境保护责任。③

1999 年加拿大《环境保护法》第 2 条规定了"加拿大政府的义务",该条规定,"在本法的执行中,加拿大政府除应当遵守加拿大宪法和法律",依据第 1.1 款,还应当:"用某种方式行使其权利,以保护环境和人类健康","采取预防的和救济的措施,以保护、提高和恢复环境"。按照该规定,保护环境是加拿大政府的义务,恢复环境也属于加拿大政府保护环境义务的范畴。

日本 1967 年《公害对策基本法》第 1 条规定,明确"国家和地方政府对防治公害的职责"是制定《公害对策基本法》的目的之一。该法第 2 条规定了公害的概念,④ 第 4 条规定了国家的环保职责,⑤ 第 5 条

---

① 参见许育典《宪法》,元照出版公司 2008 年版,第 406 页。
② 美国《国家环境政策法》第 1 条规定了国家的环境保护政策,其中包含了国家环境保护义务的内容:"国会兹宣布:联邦政府将与各州和地方政府以及有关的公共和私人团体进行合作,采取一切切实可行的手段和措施包括财政和技术上的援助,发展和增进一般福利,创造和保持人类与自然得以在一种建设性和谐中生存的各种条件,实现当代美国人及其子孙后代对于社会、经济和其他方面的要求,这乃是联邦政府一如既往的政策。"
③ 美国《国家环境政策法》第 2 条规定:"为了贯彻执行本法规定的政策,联邦政府的责任一向是采取一切切实可行并与国家政策的其他基本考虑相一致的措施,改进并协调联邦的计划、职能、方案和资源",以达到保护环境的目的。
④ 《公害对策基本法》第 2 条第 1 款:"本法所称'公害'是指由于工业或人类其他活动所造成的相当范围的大气污染、水质污染(包括水质、水的其他情况以及江河湖海及其他水域的水底状况,以下同第 9 条第 1 款除外)、土壤污染、噪声、振动地面下沉(矿井钻掘所造成的塌陷除外,以下同)和恶臭气味,以致危害人体健康和生活环境的状况。"
⑤ "国家有责任保护国民健康和维护生活环境,因此,它有责任制定防治公害的基本对策和综合措施,并付诸实行。"

规定了地方政府的职责。① 这三项规定的内容结合共同体现出日本在法律层面的国家环境保护义务内容。

1993年11月19日日本颁布《环境基本法》。《环境基本法》第1条规定了该法的立法目的②，其中就包括明确国家环境保护的责任和义务，同1967年《公害对策基本法》相比，《环境基本法》删除了明确"地方政府对防治公害的职责"的立法目的，保留强调了规定国家责任与义务的立法目的。另外《环境基本法》第5条③增加、突出强调了日本政府在全球环境保护中的责任和义务，原因在于该法制定于全球环境问题新发展及1992年里约会议召开的背景之下，日本以此来适应和应对全球环境问题的新发展。

3. 国际规范依据

国家的环境保护义务除了在内国法、外国法中有规定外，在国际法律规范中也有规定与体现。

在国际条约与其他国际文件方面，1972年联合国人类环境会议全体会议通过的《联合国人类环境会议宣言》阐明了七点共同看法以及26项原则，以鼓舞和指导世界各国人民保护和改善人类环境。宣言中的第二点共同看法明确"保护和改善人类环境……是各国政府的责任"，"各地方政府和全国政府将对在他们管辖范围内的大规模环境政策和行动承担最大的责任"。联合国人类环境会议的召开及《联合国人类环境会议宣言》表明，保护和改善环境是政府的一项职能已经在全球范围内取得广泛一致的认识。

1972年联合国教育、科学及文化组织大会通过的《保护世界文化和自然遗产公约》（*Convention Concerning the Protection of the World Cultural and Natural Heritage*）不仅规定了文化遗产、自然遗产的定义，还规定了文化遗产、自然遗产的国家保护及国际保护措施。《保护世界文化和自然

---

① "为了保护本地区居民的健康和生活环境，地方政府应根据国家的对策采取措施，并且有责任制定适合于本地区自然和社会条件的公害防治措施，并且付诸实行。"

② "本法的目的是通过制定环境保护的基本理念，明确国家、地方公共团体、企（事）业者及国民的责任和义务，规定构成环境保护政策的根本事项，综合而有计划地推进环境保护政策，在确保现在和未来的国民享有健康的文化生活的同时，为造福人类作出贡献。"

③ "鉴于全球环境保护是人类的共同课题，而且日本的社会经济是在国际性的密切的相互关系中运营，日本有能力按照本国在国际中的地位，在国际的协调下积极推进全球环境保护。"

遗产公约》第 4 条规定[①]，缔约国均承认保护内国文化遗产、自然遗产主要是国家的责任。《保护世界文化和自然遗产公约》是缔约国加入最多的国际公约之一，自 1975 年公约正式生效后，在全球范围内，迄今共有 180 个国家和地区加入《保护世界文化和自然遗产公约》，成为缔约成员。我国于 1985 年 11 月 22 日由全国人大常委会通过了《关于批准〈保护世界文化和自然遗产公约〉的决定》，成为《保护世界文化和自然遗产公约》的缔约国。这就意味着上述国家认可本国政府在对公约提及的本国领土内的文化和自然遗产的确定、保护、保存、展出和遗传后代方面承担国家责任（或义务），而且这种责任（或义务）是主要的，而非次要的。

UNEP（联合国环境规划署）于 1985 年 3 月在维也纳召开的 "保护臭氧层外交大会" 上通过了《保护臭氧层维也纳公约》，该公约于 1988 年生效。公约第 2 条规定的是 "一般义务"，其第 1 款[②]规定了各缔约国在采取适当措施以消除与免受人类活动对臭氧层的不利影响，保护人类健康和环境的责任和义务。截至 2000 年 3 月，参加《保护臭氧层维也纳公约》的缔约国共有 174 个，我国政府于 1989 年 9 月 11 日正式加入该公约。

在国际法判例方面，1910 年 9 月 7 日海牙常设仲裁法庭在 "英国诉美国北大西洋海岸渔业案"、1928 年 4 月 4 日海牙常设仲裁法庭在 "荷兰诉美国帕尔马岛决议案" 中都确认，主权不仅包括权利，而且还包括义务。在 "英国诉美国北大西洋海岸渔业案" 中海牙常设仲裁法庭确认，主权不仅包括权利，还包括保护近海渔业的义务。

（三）国家环境保护义务的内容

在涉及国家环境保护义务的内容的问题上，陈慈阳主张国家环境保护义务包括国家积极保护义务和国家消极保护义务，前者指国家防卫或抵抗或排除环境危害或危险，以及因此造成的对社会成员的伤害，确保社会成

[①] "本公约缔约国均承认，保证第 1 条和第 2 条中提及的、该国领土内的文化和自然遗产的确定、保护、保存、展出和遗传后代，主要是有关国家的责任。该国将为此目的竭尽全力，最大限度地利用该国资源，必要时利用所能获得的国际援助和合作，特别是财政、艺术、科学及技术方面的援助和合作。"

[②] "各缔约国应依照本公约以及它们所加入的并且已经生效的议定书的各项规定采取适当措施。以保护人类健康和环境，使免受足以改变或可能改变臭氧层的人类活动所造成的或可能造成的不利影响。"

员赖以生存的环境最低品质;后者指国家必须在事实上尽其所能地减少、避免国家本身所造成的污染。①

自20世纪70年代以来,德国的环境保护从消极的排除污染发展为积极预防污染产生,逐步形成了"环境国"的理念,"环境国"陆续成为各国主要追求目标,环境永续经营成为各国首要的国家或社会任务。② 最早提出环境国概念的是Kloepfer,按照他的界定,环境国是指"环境保护具有同一性且将环境保护视为优先任务之国家"③。按照Kloepfer的观点,环境国须以环境保护为国家的目的;环境国须环境保护的国家目的在宪法之中予以描述;环境国中,环境保护并非部分的或个别的国家机构的任务,而是整体政治的一部分。

基本权和国家保护义务的作用都在于防卫,两者的区别在于,基本权的防卫指向是针对来自国家的侵害,国家保护义务的防卫指向是针对来自私人的侵害。这也是基本权理论无法解释国家环境保护义务的原因所在。基本权要求国家消极不作为,国家保护义务则要求国家积极作为。国家保护义务在环境与资源保护法领域更显重要。环境与资源是人类生存和发展的不可或缺的物质条件,关乎人类及人类个体的生存、生活、健康及生命,且人的行为造成的环境污染与环境破坏也往往具有不可预测的风险,甚至无法控制(例如核事故造成的污染)。国家保护义务不仅包括国家通过自身行为预防、排除环境污染生态破坏之积极义务,还包括国家对现存污染进行治理加以排除的义务,也包括使现有环境不变恶劣之维护义务。

二 "损害担责用尽"与"国家环境保护义务托底"——常州毒地案评析

常州毒地案已经经过了一审、二审审判,无论是一审审判结果还是二审审判结果,在环境法理论界与实务界甚至在社会公众层面都引起了极大关注。一审判决(以案涉地块被地方政府通过协议方式协议收储并且案涉地块已经实际交付,地方政府已经组织开展对案涉地块环境污染损害的

---

① 参见陈慈阳《环境法总论》,中国政法大学出版社2003年版,第194—196页。
② 参见陈慈阳《论环境政策与环境法中之污染者付费原则》,《中兴法学》1994年总第38期。
③ Vgl. Kloepfer, M, Umweltstaat als Zukunft, S 3 f. 转引自陈慈阳《二十一世纪宪法国家之新挑战——宪法解释与环境国家》,新学林出版股份有限公司2015年版,第137页。

修复工作，案涉地块的环境污染风险已得到有效控制，后续环境污染监测、环境修复工作仍在进行，两原告提起诉讼维护社会环境公共利益的诉讼目的已在逐步实现的理由）驳回原告要求被告消除危险或赔偿环境修复费用、赔礼道歉的诉讼请求。在二审审判中，二审法院一方面认为上诉人具有要求被上诉人承担环境污染风险管控和修复责任的请求权，另一方面（以地方政府组织实施的风险管控、修复范围已经涵盖被上诉人的侵权责任范围的理由）却驳回上诉人要求被上诉人承担污染风险管控和修复责任的诉讼请求。无论是一审的判决理由，还是二审的判决理由都涉及环境法中一个基本的理论问题，即损害担责原则和国家环境保护义务的关系与序位的问题。2020年3月19日，最高人民法院作出〔2019〕最高法民申1168号民事裁定书，认为常州毒地案"原判决、裁定适用法律确有错误"，对案件提审。该裁定再次引发理论界和实务界对土壤污染整治的行为责任、状态责任与土壤污染治理国家义务的请求权基础、适用条件及三者的适用序位问题的关注与讨论。廓清损害担责原则和国家环境保护义务的关系与序位的问题，即可对常州毒地案拨云见日。

（一）"损害担责用尽"与"国家环境保护义务托底"

在一般情况下，环境受到污染或损害由损害者担责，若环境受到污染或损害，却无法找到污染者，在这种情况下，一方面，环境损害的修复事项不能被置之不理；另一方面，因无法找到污染者而无法适用损害担责原则由污染者承担责任，环境污染或损害无法确定地归责于特定具体的污染者，就需要社会共同来负担这一成本。[①] 笔者认为，除环境受到污染或损害无法找到污染者的情况外，污染者没有能力承担环境污染损害，也不能置环境污染损害的状态而不顾，对环境污染损害修复的社会成本也应由社会公众承担。共同负担原则的适用应当包括污染者没有"担责"的客观能力的情况。有学者认为，各级政府负有保护公民健康维持舒适环境的法律义务，应当在特定情形下负担环保费用，此所谓公共负担原则，其中包括各级政府自身实施环保措施的情况。[②]

我国环境法没有明文规定共同负担（公众负担）原则，但《环境保

[①] 参见陈慈阳《环境法总论》，中国政法大学出版社2003年版，第187页。
[②] 参见［日］大塚直《日本环境法的理念、原则以及环境权》，张震、李成玲译，《求是学刊》2017年第2期。

护法》第 6 条①规定了各级地方人民政府对本辖区环境质量负责，第 8 条②规定了各级人民政府应当加大保护和改善环境、防治污染和其他公害的财政投入，《环境保护法》以规定政府环境法律责任（职责）的方式对共同负担原则进行了法律表达。公众负担（公共负担）原则要求社会公众共同对已然的环境污染承担损害修复的成本。国家环境保护义务中积极义务的履行——对已然的环境污染、生态破坏进行修复和恢复而使用的资金是公共资金。国家积极的环境保护义务是共同负担原则的具体制度表现。

损害担责原则和共同负担原则都是环境法的基本原则，当两者出现竞合或冲突时，哪个优先得到实现？我国《环境保护法》对此没有规定。《土壤污染防治法》第 45 条、第 46 条及第 71 条③对两者的顺序作出了规定：土壤污染责任人负有的实施土壤污染风险管控和修复的义务（责任）优先于地方人民政府及其有关部门组织实施土壤污染风险管控和修复的环境保护义务。2008 年的《德国环境法典草案》第 1 条第 2 款第 3 项规定了原因者负担原则优先于公共负担原则适用。④ 日本《环境基本

---

① 《环境保护法》第 6 条规定："地方各级人民政府应当对本行政区域的环境质量负责。"

② 《环境保护法》第 8 条规定："各级人民政府应当加大保护和改善环境、防治污染和其他公害的财政投入，提高财政资金的使用效益。"

③ 《土壤污染防治法》第 45 条："土壤污染责任人负有实施土壤污染风险管控和修复的义务。土壤污染责任人无法认定的，土地使用权人应当实施土壤污染风险管控和修复。地方人民政府及其有关部门可以根据实际情况组织实施土壤污染风险管控和修复。"

第 46 条："因实施或者组织实施土壤污染状况调查和土壤污染风险评估、风险管控、修复、风险管控效果评估、修复效果评估、后期管理等活动所支出的费用，由土壤污染责任人承担。"

第 71 条："国家加大土壤污染防治资金投入力度，建立土壤污染防治基金制度。设立中央土壤污染防治专项资金和省级土壤污染防治基金，主要用于农用地土壤污染防治和土壤污染责任人或者土地使用权人无法认定的土壤污染风险管控和修复以及政府规定的其他事项。

对本法实施之前产生的，并且土壤污染责任人无法认定的污染地块，土地使用权人实际承担土壤污染风险管控和修复的，可以申请土壤污染防治基金，集中用于土壤污染风险管控和修复。

土壤污染防治基金的具体管理办法，由国务院财政主管部门会同国务院生态环境、农业农村、自然资源、住房城乡建设、林业草原等主管部门制定。"

④ 2008 年《德国环境法典草案》第 1 条第 2 款第 3 项："对人类或环境造成危险、风险的人，要对危险、风险承担责任。不存在或无法确定责任者，抑或根据本法典的规定没有责任或只有限定责任的，由公共承担责任。"转引自［日］大塚直《日本环境法的理念、原则以及环境权》，张震、李成玲译，《求是学刊》2017 年第 2 期。

法》中也没有规定两者适用优先顺序，但从1976年日本中央公害对策审议会费用负担部门的批复可以推导出在日本原因者负担原则优先于共同负担原则适用。

大塚直认为，日本的原因者负担原则与公共负担原则两者之间是原则和例外的关系，即一般情况下适用原因者负担原则，共同负担原则适用是例外。[①] 陈慈阳也认为，共同负担原则是损害担责原则的例外，具有填补损害担责漏洞的功能。[②]

历史是一面镜子。考察损害担责原则的缘起与演变可以清楚地看到，1972年经合组织理事会提出污染者负担的原因就是要消弭"污染者污染环境、政府买单"的现象。只是单纯看到环境作为公共物品的一面，生产者污染环境而由政府买单（实质上是社会公众买单）会损害环境公平与环境正义。污染者负担原则的产生就是为了避免污染者不担责而由政府来负责治理和修复受到污染的环境。如果优先适用共同负担原则，即当出现环境污染和生态破坏时，首先由国家和政府来履行积极的环境保护义务对受到污染和破坏的生态进行修复治理与恢复的话，污染者负担原则就在逻辑上没有存在之必要。损害担责与国家的积极的环境保护义务之间应当采取"损害担责用尽"与"国家环境保护义务托底"的规则，即在已有的环境污染和生态破坏情形下，应首先适用污染者负担原则，由环境的污染者和生态的破坏者来负责治理修复与恢复受损的环境和生态。只有在污染者不明、污染者法律主体资格消灭及污染者客观上不具备承担责任的能力的情况下才适用公共负担原则，即才由国家来托底履行积极的环境保护义务，治理修复已然的环境污染，恢复受到破坏的生态。

（二）"损害担责原则用尽"与常州毒地案裁判

备受关注的常州毒地案已经经过了一审和二审审判。一审判决书没有判决三被告消除危险或赔偿环境修复费用、赔礼道歉的诉讼请求的理由主要在于：2009年案涉地块已经被常州市新北国土储备中心通过协议方式收储并且案涉地块已经实际交付；常州市新北区政府已经组织开展对案涉地块环境污染损害的修复工作，案涉地块的环境污染风险已得到有效控

[①] ［日］大塚直：《日本环境法的理念、原则以及环境权》，张震、李成玲译，《求是学刊》2017年第2期。

[②] 参见陈慈阳《环境法总论》，中国政法大学出版社2003年版，第187页。

制，后续环境污染监测、环境修复工作仍正在进行，两原告提起诉讼维护社会环境公共利益的诉讼目的已在逐步实现。

在二审审判中，关于被上诉人是否应当承担污染风险管控和修复责任问题，二审法院一方面认为，上诉人具有要求被上诉人承担案涉场地环境污染风险管控和修复责任的请求权，另一方面却驳回上诉人要求被上诉人承担污染风险管控和修复责任的诉讼请求。二审法院驳回上诉人要求被上诉人承担污染风险管控和修复责任的诉讼请求的理由是，地方政府在组织实施污染风险管控、修复。二审法院认为，地方政府组织实施的风险管控、修复范围已经涵盖被上诉人的侵权责任范围。新北区政府收储案涉地块后，根据不同时期的用地规划，先后以居住用地、绿化用地为标准制定了污染风险管控和修复方案，全面实施后可以保证与目前案涉地块规划用途相匹配的周边生态环境和公众健康安全。

一、二审判决的共同错误在于错置了损害担责与国家的积极环境保护义务的序位。地方政府对常州毒地案中污染地块制定了污染风险管控和修复方案并加以修复治理，乃是基于《环境保护法》第6条与第8条的规定，即履行国家的积极环境保护义务对已然的环境污染进行修复与治理。对于已然的环境污染，存在污染者的情况下，应当按照污染者担责用尽规则先由损害者来进行环境修复与治理，只有在找不到损害者，或损害者客观上没有能力进行修复和治理的情况下，才适用共同负担原则，由国家来履行积极的环境保护义务对受污染的环境进行修复和治理。国家的积极环境保护义务既不能替代损害者担责，也不能吸收或涵盖损害者担责。一、二审的判决适用法律错误，混淆了损害担责原则与国家环境保护义务的序位，损害了环境公平与环境正义。

当然，损害担责原则是法律原则，一般情况下不得直接作为案件的司法裁判依据。原则可以在司法中指导规则的适用，可以作为证成判决的理由。常州毒地案中存在判决被告人承担修复治理环境的法律规则，这些规则本身是损害担责原则的制度化内容。损害担责原则应当作为证成常州毒地案判决的理由。

另外，理论界在讨论该案件中还出现了另外一些观点：一是案涉地块已被政府收储，被告已经丧失土地使用权，因土地使用权是绝对权，被告不能支配该土地的使用权，已经丧失了对污染土地的控制权，无法对该污染土地进行修复与治理；二是案涉地块已被政府收储，案涉地块土地使用权发生转移，对该地块的修复与治理的责任随土地使用权一并转移。

对于第一种观点，土地使用权确实具有排他性的绝对权，对土地的使用和控制是需要土地使用权人的同意，但环境修复与治理对土地使用权人来讲是纯获利益的事情，心智正常的土地使用权人没有理由会拒绝和反对损害人进行修复与治理，是会同意损害人进行修复与治理的。另外，法律并不要求修复和治理污染必须是损害人亲力亲为。我国《土壤污染防治法》第45条、46条以及第71条就规定，可以由政府及其主管部门来实施或者组织实施土壤污染状况调查和土壤污染风险评估、风险管控、修复、风险管控效果评估、修复效果评估、后期管理，上述活动的费用由污染责任人承担。所以，承担实施或者组织实施土壤污染状况调查和土壤污染风险评估、风险管控、修复、风险管控效果评估、修复效果评估、后期管理的费用也是担责的责任方式之一，而无须污染责任人亲力亲为去修复和治理环境污染。第一种观点是错误的。

第二种观点也是错误的。污染者修复和治理污染的责任在法律上是一种强制性义务。众所周知，公法上权力也是职责，不能放弃；私法上权利按照意思自治原则是可以放弃的，放弃权利也是权利；义务，无论是公法义务还是私法义务均不得放弃。在私法领域，义务是可以转让的，但义务的转让不得根据义务人的单方意志或义务人与第三人的合意而为之，私法义务的转让必须要经得权利人同意方可。土地使用权的转移不发生对该污染土地修复和治理责任的转移。

小　结

本章考察了法的基础观，并在此基础上分析了损害担责原则的经济基础、社会基础和权力（意志）基础。不同时期不同法学流派对法律的基础的认识存在不同观念，神的意志、人性、自然、国家主权、功利原则、民族精神、权威（统治者意志）、自由、自由意志、社会冲突、利益、社会福利、社会连带关系、人的情感与欲求都曾经被认为是法的基础。马克思认为，法律应该以社会为基础。损害担责原则的经济基础在于生态环境的污染破坏行为的负外部性。个体主义法律观坚持污染行为负外部性的"权利侵害论"，整体主义法律观坚持污染行为负外部性的"权利与社会侵害论"。经济学上的外部性理论可以按照下述的方式表述为法律理论：即法律上的负外部性是指行为人因合法或非法的行为损害了他人、社会的权利或利益，因此而应承担法律义务和（或）责任。损害担责的环境法原则实际上就是对污染环境与破坏生态的合法的和（或）违法的行为的负外部性问题的法学回应。在这种法学回应中，环境法的损害担责原则通过让环境污染与生态破坏者承担法律义务和法律责任的进路来解决污染的负外部性问题，即环境污染与生态破坏者可能要承担下列义务与责任的一部分或全部：排污费或环境保护税的公法缴纳义务、对遭受人身财产损害的民事主体进行民事补偿的民事责任、行政处罚、刑罚、环境损害赔偿责任，以及生态环境损害惩罚性赔偿责任等。损害担责原则产生的社会基础与根源在于严重的环境污染和生态破坏社会现实、环境社会连带关系与作为公共产品的环境中的利益冲突、社会公共环境福利、人类追求良好环境与生态，以及追究污染环境与破坏生态违法行为的情感和欲求。国家职能理论是国家环境保护义务的理论基础，当损害担责与国家环境保护义务冲突时，损害担责优先适用，国家环境保护义务起到托底的作用。

第四章

损害担责原则的价值与功能

法的价值体现法的精神，损害担责原则的价值体现环境法的精神。对法的价值的研究为立法提供方向和原则指导，对损害担责原则的价值进行研究不是对环境法律现状的描述，而是对环境法应当具备的性质的描述，是对环境法的理想状态的研究。"法律是功能性的。"[①] 环境法律对人类社会生活影响的程度，在某种意义上决定于环境法律功能的状态与结果。法律功能体现为一种法律——社会关系，它指向法律价值，但有别于法律目的与法的作用，是基于法律结构属性而与社会发生关系的状态，表明法律对社会的一种适应性。对损害担责原则的价值与功能进行研究，有利于深入了解损害担责原则对社会的适应性的状态，以及深入了解和知悉环境法的理想状态与环境法治建设目标。

第一节 损害担责原则的价值

法的价值体现法的本质，损害担责原则的价值体现环境法的本质。损害担责原则的价值体现在环境正义和环境秩序两个方面。

一 损害担责原则的环境正义价值

"正义有着一张普洛透斯似的脸，变幻无常，随时可呈不同形状并具有极不相同的面貌。当我们仔细查看这张脸并试图解开隐藏其表面背后的秘密时，我们往往会深感迷惑。"[②] 何为正义，不同时期的诸多法学家对

[①] [美] 波斯纳：《法理学问题》，苏力译，中国政法大学出版社1994年版，第578页。

[②] [美] E. 博登海默：《法理学：法律哲学与法律方法》，邓正来译，中国政法大学出版社2004年版，第261页。

正义的认识存在差异。为更好地阐述损害担责原则的正义价值，首先要对不同的正义理论进行梳理。

(一) 法理中的正义论

"正义是社会制度的首要价值，正像真理是思想体系首要价值一样。"① 正义关注法律规范的制度性安排内容、对人类的影响以及在增进人的幸福文明建设方面的价值。正义，包含正当、合理、应然的意义，但对正义进行放之四海而皆准的准确界定，是件极其困难的事情。

1. 古希腊罗马的正义观

早在古希腊时期，学者就针对正义的含义进行激烈的争论。希腊哲学家最初视正义为个人德行。

古希腊学者斯拉雪麦格持一种相对主义的正义观，坚称"强权即公理"，认为法律乃是掌权者为增进掌权者自身利益而制定，"正义不外乎是对强者有利的东西"②。苏格拉底持绝对主义的正义观，认为"守法就是正义"③。

柏拉图认为，"正义存在于社会有机体各个部分间的和谐之中"④。他的正义观有两个层次：一是作为个人品德的含义，"正义"就是个人只做自己的事情而不做别人的事，即各守本分，各司其职，就是正义；二是国家正义或统治者的正义，这种正义要求执政者执政为公，并且合理分配各种人的工作，使其各守本分、各司其职而不干涉他人事务。

亚里士多德认为，正义是道德情操的最高境界，正义存在于"某种平等"之中，强调平等是正义的尺度，其主要含义是平等或公平，其价值指向是公共道德。亚里士多德认为，平等的衡量标准是价值与公民美德，相等的东西给相等的人，不相等的东西给不相等的人，正义的实质在于"平等的公正"。亚里士多德把正义分为分配正义与纠正正义，前者应坚持公平，后者乃是纠正私人之间的不正义从而恢复

---

① [美] 约翰·罗尔斯：《正义论》，何怀宏等译，中国社会科学出版社1988年版，第3页。

② 参见 [美] E. 博登海默《法理学：法律哲学与法律方法》，邓正来译，中国政法大学出版社2004年版，第7页。

③ 参见李龙《良法论》，武汉大学出版社2001年版，第79页。

④ 参见 [美] E. 博登海默《法理学：法律哲学与法律方法》，邓正来译，中国政法大学出版社2004年版，第262页。

公平。

西塞罗认为,智者的理性与思想应当是衡量正义与否的标准,正义乃是按照理性给予每个人应得的东西,正义是人类共同幸福的必要条件,绝不能与公用事业相分离。① 托马斯·阿奎那认为,正义乃是个人各得其所的一种习惯。② 他认为,分配正义观念中的平等并非机械的平等而是一种比例的平等,在分配正义中,个人之所以会得到某种东西,是因为属于整体的东西应当归于部分;在矫正正义中,必须使用计算的方法,使个人遭受他人的损害得到补偿,以及使损害人获得的不当得利得到矫正。③

2. 近当代西方法理学中的正义观

凯尔森在《法与国家的一般理论》一书中提出了"正义相对论"。"将法的概念从正义观念中摆脱出来是有困难的","这两者是不断被混淆的,而且因为这种混淆符合于使实在法看来合乎正义的意识形态倾向"④。"将法和正义等同起来的倾向是为了一个特定社会秩序辩护的倾向。这是一种政治的而不是科学的倾向。鉴于这种倾向,将法和正义当作两个不同问题来处理的努力,就会有完全拒绝要求实在法应该合乎正义的嫌疑。"⑤ 正义问题"不能用理性认识的方法来加以回答",正义"是一种取决于情感因素的价值判断(judgement of value),因而在性质上是主观的,它只对判断人有效,从而只是相对的"⑥。凯尔森主张正义应当建立在实在法的合法性基础之上。正义问题应从主观价值判断的不可靠领域里

---

① 参见[美]E. 博登海默《法理学:法律哲学与法律方法》,邓正来译,中国政法大学出版社 2004 年版,第 18—19 页。

② 托马斯·阿奎那认为正义乃是"一种习惯,依据这种习惯,一个人根据永恒不变的意志使每个人获得其应得的东西。"参见[美]E. 博登海默《法理学:法律哲学与法律方法》,邓正来译,中国政法大学出版社 2004 年版,第 33 页。

③ 参见[美]E. 博登海默《法理学:法律哲学与法律方法》,邓正来译,中国政法大学出版社 2004 年版,第 34 页。

④ [奥]凯尔森:《法与国家的一般理论》,沈宗灵译,中国大百科全书出版社 1996 年版,第 5—6 页。

⑤ [奥]凯尔森:《法与国家的一般理论》,沈宗灵译,中国大百科全书出版社 1996 年版,第 6 页。

⑥ [奥]凯尔森:《法与国家的一般理论》,沈宗灵译,中国大百科全书出版社 1996 年版,第 7 页。

撤回，而建立在一定社会秩序的可靠基础上。

在强调正义乃是平等问题上，美国社会学家莱斯特·沃德比亚里士多德的观点走得更远。莱斯特·沃德认为，正义存在于"社会对那些原本就不平等的社会条件所强行施予的一种人为的平等之中"①。他主张平均主义的正义观，其核心内容乃是正义在于机会平等。马克思和恩格斯则强调经济上的平等，反对收入水平差距悬殊，主张以生产资料公有制作为手段来克服和纠正经济上的不平等。

同以上将正义理解为平等不同，斯宾塞与康德从自由角度来解释正义，认为正义的最高价值不在于平等，而在于自由。斯宾塞的正义观概括来说就是，任何人，只要他没有侵犯他人所享有的自由，都可以自由地去干他想干的事情，个人的自由只受所有人都平等享有的自由的限制。在康德眼中，正义乃是一个人的意志能够按照普遍的自由法则同另一个人的意志结合起来的条件之和。

霍布斯与边沁则是从安全的角度来考量正义。霍布斯从人性本恶的角度出发，阐述了人类进入社会状态前处于一种相互竞争与伤害的人人互害的原始战争状态。② 摆脱自然状态的方式是订立契约，其目的在于维护公共和平与安全。③ "法律就是关于正义与不义问题的法规，被认为不义的事没有一种不是和法律相冲突的。"④ 霍布斯认为，法律有序化的首要任务是维护安全，包括生命的安全、财产的安全和契约的安全，自由与平等应当服从安全这一目标追求。⑤ 边沁也认为，通过法律对社会进行控制的主要和首要的目的乃是安全，同安全这一目的相比，自由与平等都应处于从属地位。⑥

罗尔斯的正义论则将平等和自由结合在一起。罗尔斯的正义论包含两

---

① Lester F. Ward, Applied Sociology (Boston, 1906), p. 22. 转引自 [美] E. 博登海默《法理学：法律哲学与法律方法》，邓正来译，中国政法大学出版社 2004 年版，第 263 页。
② 参见 [英] 霍布斯《利维坦》，黎思复等译，商务印书馆 1985 年版，第 94 页。
③ 参见 [英] 霍布斯《利维坦》，黎思复等译，商务印书馆 1985 年版，第 131 页。
④ [英] 霍布斯：《利维坦》，黎思复等译，商务印书馆 1985 年版，第 206 页。
⑤ 参见 [美] E. 博登海默《法理学：法律哲学与法律方法》，邓正来译，中国政法大学出版社 2004 年版，第 267 页。
⑥ 参见 [美] E. 博登海默《法理学：法律哲学与法律方法》，邓正来译，中国政法大学出版社 2004 年版，第 267 页。

个原则。① "这两个原则是按照先后次序安排的,第一个原则优先于第二个原则。这一次序意味着对第一个原则所要求的平等自由制度的违反不可能因较大的社会经济利益而得到维护或补偿。财富和收入的分配及权力的等级制必须同时符合平等公民的自由和机会的自由。"②

制度法学派法学家奥塔·魏因贝格尔认为,关于正义的哲学理论旨在客观地确定什么被认为是公正的,他对以往的传统正义理论进行了梳理并把其归纳为以下几种:作为一个形式原则的正义、作为一种先验的实质的正义、人类学上假定的正义、衡量正义的功利主义、作为公平的正义及按照规范性秩序的标准来看的正义六种。③ 在奥塔·魏因贝格尔看来,"作为一个形式原则的正义"被理解为一个现实的原则,是客观的和普遍有效的,诸如把正义视为平等的观点、康德的绝对命令学说及佩雷尔曼的正义观。④ 奥塔·魏因贝格尔认为,纯粹的形式上的主张从定义上来说就是空洞和没有确定价值的,故对任何试图纯粹从形式上给正义定义的努力的主张不能区分公正与不公正而作出它们自己的决定。⑤ "作为一种先验的实质的正义"的学说中,正义被看成是一种可以由直觉、分析发现的"先验的实质"。"人类学上假定的正义"学说从人类的本质推论出一些决定什么必然是客观的公正的原则,其理由在于这些原则本身含有人类学上永恒不变的东西,故是人类学上必要的"应当是这样"的原则。尽管某些人类学上的必要的关于正义的约定俗成的规则和信念具有某些必要的功

---

① 罗尔斯的正义论包含两个原则:"第一个原则:每个人对其他人所拥有的最广泛的基本自由体系相容的类似自由体系都应有一种平等的权利。第二个原则:社会的和经济的不平等应这样安排,使它们①被合理地期望适合于每一个人的利益;并且②依系于地位和职务向所有人开放。"参见 [美] 约翰·罗尔斯《正义论》,何怀宏等译,中国社会科学出版社 1988 年版,第 61—62 页。

② [美] 约翰·罗尔斯:《正义论》,何怀宏等译,中国社会科学出版社 1988 年版,第 62—63 页。

③ 参见 [英] 尼克·麦考密克、[澳] 奥塔·魏因贝格尔《制度法论》,周叶谦译,中国政法大学出版社 2004 年版,第 176—183 页。

④ Ch. Perelman, The Idea of Justice and the Problem of Argument (trans, by. JPetrie, London, 1963), p.29. "形式上的正义被界定为这样的行动原则,按照这一原则,属于同一阶层的人应当受到同样的对待。"转引自 [英] 尼克·麦考密克、[澳] 奥塔·魏因贝格尔《制度法论》,周叶谦译,中国政法大学出版社 2004 年版,第 177 页。

⑤ 参见 [英] 尼克·麦考密克、[澳] 奥塔·魏因贝格尔《制度法论》,周叶谦译,中国政法大学出版社 2004 年版,第 179 页。

能,但建立客观上正确的规定仍然在很大程度上是可能选择的,且为任何真正的绝对提供的选择并非唯一而是多样的。功利主义的正义观认为,正义就是为最大多数人带来最大利益的事物。对此,奥塔·魏因贝格尔认为,功利主义的正义观的缺陷在于它不允许把某个决定所具有的正义方面同它的一般的有益的性质加以区别。① 对于罗尔斯的正义论,奥塔·魏因贝格尔认为,其理论的前提是假设的,"试图用对在虚构的环境中相对的效用的判断来决定正义的标准"②。

"按照规范性秩序的标准来看的正义"是传统的实证主义的正义论,认为正义是行为符合规则或者符合有效的规则的形式上的平等。奥塔·魏因贝格尔认为,这种观点的优点在于,关于实证的规范体系的相对化能使正义问题客观化,这种观点的缺陷在于,处于核心地位的存在与本质被排除在对正义进行分析的考量因素之外。③ 奥塔·魏因贝格尔提出了自己的"分析—辩证的正义论"④,"分析—辩证的正义论"关注正义在"作为指导人类行为的因素上起什么作用",认为正义既指导个人生活,又指导社会关系。⑤ "分析—辩证的正义论"的出发点是"形式的—目的论的行动论",把正义准则视为一种实践理性的因素,"个人没有现成的关于正义的固定的判断,正义的正确性是由客观保证的,但是另一方面,个人常常发现自己只是在追求正义。关于正义的判断不是事实的结论,这种结论可以单纯从联系行动或联系人们的态度或联系假定的标准予以证实。正义不是一个事实,而是一项任务:给我们的头脑和我们的心灵规定的一项任务"⑥。

---

① 参见[英]尼克·麦考密克、[澳]奥塔·魏因贝格尔《制度法论》,周叶谦译,中国政法大学出版社2004年版,第180页。

② [英]尼克·麦考密克、[澳]奥塔·魏因贝格尔:《制度法论》,周叶谦译,中国政法大学出版社2004年版,第183页。

③ 参见[英]尼克·麦考密克、[澳]奥塔·魏因贝格尔《制度法论》,周叶谦译,中国政法大学出版社2004年版,第184页。

④ [英]尼克·麦考密克、[澳]奥塔·魏因贝格尔:《制度法论》,周叶谦译,中国政法大学出版社2004年版,第174页。

⑤ 参见[英]尼克·麦考密克、[澳]奥塔·魏因贝格尔《制度法论》,周叶谦译,中国政法大学出版社2004年版,第185页。

⑥ [英]尼克·麦考密克、[澳]奥塔·魏因贝格尔:《制度法论》,周叶谦译,中国政法大学出版社2004年版,第204页。

拉德布鲁赫是对相对主义理论作出最全面系统论述的法哲学家。相对主义否定绝对的原则、绝对的标准或绝对的价值。拉德布鲁赫认为，法律作为一种现实，其意义在于为价值即"法的理念"服务，正义分为"客观正义"和"主观正义"。拉德布鲁赫主要关注作为人与人之间相互关系的主观正义，并将平等置于其正义理论的核心位置。正义与法的确定性、法的功效之间不可避免地存在张力与冲突。当正义与法的确定性冲突时，是法的确定性要求即使不正义的法也要被遵守和执行还是正义要求牺牲法的确定性？对于这个问题，拉德布鲁赫在第二次世界大战前坚持"宁愿不正义也不要无秩序"。战后，拉德布鲁赫修正了自己的观点，主张完全不正义的法律逊位于正义，提出了著名的拉德布鲁赫公式。

　　斯通将正义问题作为他终其一生的研究主题，并对正义问题的研究作出了重大理论贡献。斯通对正义问题理论贡献在于他认为正义是发展着的理念，正义在具体的历史环境中形成，存在斗争和内部冲突，并在代际认知上存在差异。[1]

　　在正义问题上，斯通对希腊以来的正义观念进行了考察，认为该正义观念存在的问题在于其陷入一种要么绝对要么相对的既定框架中，而要真正理解正义问题，必须超越"绝对"及"相对"的既定框架，采取一种实用主义的正义观。斯通认为，并没有所谓绝对的正义标准，正义无非是"此时此地"的正义，他得出了九个"准绝对"的正义标准，并认为人类争取正义的过程也就是争取"正义飞地"（enclaves of justice）的过程。[2] 按照斯通的观点，正义既非绝对的，也非抽象的，而是具体的。斯通将正义界定为一种"实证伦理社会价值（positive ethical social value）"[3]。斯通认为，正义是人们追求的价值，也是一种人们用以判断理性行为伦理价值。[4] 斯通从亚里士多德的正义是一种社会价值这一立场出发，认为"正义与人们相互关系中的行为有关"[5]。正义既可以指涉行为人的特征，也

---

[1] 参见薄振峰《斯通：法的综合解读》，黑龙江大学出版社2009年版，第39页。

[2] 参见薄振峰《斯通：法的综合解读》，黑龙江大学出版社2009年版，第2—3页。

[3] Julius Stone, *Human Law and Human Justice*, Maitland Pubilications Pty Ltd., Sydney, 1965, p.31.

[4] 参见薄振峰《斯通：法的综合解读》，黑龙江大学出版社2009年版，第40页。

[5] Julius Stone, *Human Law and Human Justice*, Maitland Pubilications Pty Ltd., Sydney, 1965, p.31. 转引自薄振峰《斯通：法的综合解读》，黑龙江大学出版社2009年版，第40页。

可以指涉行为的特征，或同时指涉行为人与行为的特征。斯通认为，先验主义者将正义归结为一个永恒的理想或理念，实证主义者则试图从可科学观察的社会事实中获得正义的标准；将正义理论归入绝对主义原则，既面临难以克服的巨大的哲学困难，也面临实施上的困境。

（二）损害担责原则的环境正义价值

从上文的论述我们可以得出结论，正义包含自由、安全，以及对不正义的矫正与惩罚。损害担责原则承载和体现环境正义价值，它维护环境自由、环境安全，以及对环境不正义的矫正与惩罚。

1. 损害担责原则维护环境自由

斯宾塞与康德认为，正义的最高价值不在于平等，而在于自由。斯宾塞认为，任何人，只要他没有侵犯他人所享有的自由，都可以自由地去干他想干的事情，个人的自由只受所有人都平等享有的自由的限制。康德认为，正义乃是一个人的意志能够按照普遍的自由法则同另一个人的意志结合起来的条件之和。损害担责原则从字面上是设定法律义务和法律责任，是对自由的限制。而实际上，损害担责原则限制和禁止的是污染环境和破坏生态的"自由"，限制和禁止的是生产经营者"免费"使用环境容量排污的"自由"，限制和禁止的是污染环境侵害他人人身和财产权利的"自由"。"事情一到对于个人或公众有了确定的损害或者有了确定的损害之虞的时候，它就被提在自由的范围之外而被放进道德或法律的范围之内了。"① 损害担责原则限制和禁止上述的所谓"自由"，恰恰是保证社会成员的环境自由。只有禁止和限制污染环境与破坏生态的行为，才能保障良好的环境和生态，天才蓝、水才清、食物才安全卫生，人们才能获得和行使环境自由，才能呼吸清洁的空气，喝上清洁的水，吃上安全卫生的食物，才能享受对环境的审美等。

2. 损害担责原则维护环境安全

霍布斯从人性本恶的角度出发，阐述了人类进入社会状态前处于一种相互竞争与伤害的人人互害的原始战争状态。② 摆脱自然状态的方式是订立契约，其目的在于维护和平与安全。③ 霍布斯认为，法律有序化的首要

---

① ［英］约翰·密尔：《论自由》，许宝骙译，商务印书馆1959年版，第97页。
② 参见［英］霍布斯《利维坦》，黎思复等译，商务印书馆1985年版，第94页。
③ 参见［英］霍布斯《利维坦》，黎思复等译，商务印书馆1985年版，第131页。

任务是维护安全，包括生命的安全、财产的安全和契约的安全，自由与平等应当服从安全这一目标追求。[1] 边沁也认为，通过法律对社会进行控制的主要和首要的目的乃是安全，同安全这一目的相比，自由与平等都应处于从属地位。[2] 损害担责原则目的之一也是保障环境安全，进而保护人的财产、健康和生命的安全。

我国《环境保护法》第1条规定"保护和改善环境，防治污染和其他公害，保障公众健康，推进生态文明建设"是该法的目的。耶林说，目的是一切法律的创造者。作为环境法规范的损害担责原则也是这一立法目的创造的。损害担责原则及其具体化制度一方面设定了污染者的义务，如缴纳排污费、环境保护税，建立环境保护制度，重点排污单位应当主动公开信息的义务等；另一方面还规定了环境污染者和生态破坏者的法律责任，如环境污染侵权民事责任、损害环境赔偿责任、环境违法的行政处罚责任，以及环境违法的刑事处罚责任等。这些义务和责任都依靠国家的强制力保证实施，从而维护良好的环境和生态，保证环境安全。损害担责原则通过为环境污染者和生态破坏者设定强制性的法律义务和惩罚性、制裁性的法律责任来保障环境安全，从而保障社会成员的财产安全、健康和生命安全。

3. 损害担责原则实现环境矫正正义

矫正正义的观念是亚里士多德提出的。在亚里士多德看来，矫正正义是对违法行为予以惩罚而对非正义进行矫正。损害担责原则规范和调整的行为中既有合法的排污行为，也包括违法的污染环境和破坏生态的行为。对合法污染行为的规制是分配正义的问题，主要涉及环境利益的分配以及环境义务的设定。对违法的污染环境和破坏生态的行为的调整涉及环境矫正正义。损害担责原则中的法律责任主要包括：环境污染民事侵权责任、环境损害赔偿责任、生态环境损害惩罚性赔偿责任、环境违法的行政处罚责任以及环境犯罪的刑事责任。上述责任制度的共同特征是其都针对环境违法行为，都是为了恢复和矫正被破坏的环境分配正义，目的都是对非环境正义行为的矫正。例如，环境污染民事侵权责任指向的调整对象是环境

---

[1] 参见［美］E. 博登海默《法理学：法律哲学与法律方法》，邓正来译，中国政法大学出版社2004年版，第267页。

[2] 参见［美］E. 博登海默《法理学：法律哲学与法律方法》，邓正来译，中国政法大学出版社2004年版，第267页。

污染造成受害人的人身、财产权利损害,其目的在于补偿受害人因加害人的环境污染侵权行为造成的损害,它矫正环境污染侵权非正义行为,并对这种非正义行为破坏的环境分配正义进行回复。惩罚性赔偿责任制度除了补偿因加害人造成的环境损害之外,还给予加害人超出基础赔偿金之外的惩罚性赔偿责任的惩罚,从而对具有重大主观恶性的环境损害行为进行惩罚与制裁,矫正非正义的重大主观恶性的环境损害行为。行政处罚和刑罚处罚的惩罚性和制裁性质更加强烈,对加害人的影响结果更大,它们针对的是违法人的严重污染环境和破坏生态的环境违法行为,这种行为对环境分配正义的破坏更大,需要适用更为严厉的手段来加以矫正。

二 损害担责原则的环境秩序价值

损害担责原则除了具有环境正义价值外,还具有环境秩序价值。损害担责原则的秩序价值主要表现在两个方面:一是通过分配环境利益和环境义务建立环境秩序,二是通过"担责"维护环境秩序,修复受到破坏的环境秩序。

(一) 法律的秩序价值

"与法律永相伴随的基本价值便是社会秩序。"[1] 奥里乌也认为法律规范"最重要的实际目的是稳定社会秩序"[2]。博登海默认为,法律是秩序和正义的综合体,将法律界定为"旨在创设一种正义的社会秩序"[3]。奥里乌与其具有相同的观点,他认为:"法是一种行为准则,旨在同时实现社会秩序和正义。"[4] 秩序的概念是相对于"无序"的,"无序"往往代表和象征着混乱、偶然性、不可预知与变幻无常,秩序则代表着连续性、一致性和确定性。

秩序具有消极和积极两方面的功能,从消极方面讲,秩序可以缓和与

---

[1] [英]彼得·斯坦、约翰·香德:《西方社会的法律价值》,王献平译,中国法制出版社2004年版,第45页。

[2] [法]莫里斯·奥里乌:《法源:权力、秩序和自由》,鲁仁译,商务印书馆2015年版,第62页。

[3] [美] E. 博登海默:《法理学:法律哲学与法律方法》,邓正来译,中国政法大学出版社2004年版,第330页。

[4] [法]莫里斯·奥里乌:《法源:权力、秩序和自由》,鲁仁译,商务印书馆2015年版,第62页。

消解社会矛盾，法律建立秩序可以防止原始的同态复仇和私人报复。从积极方面讲，秩序为社会成员提供了一个追求社会理想状态的模板。① 关于秩序，西方法学界的实证法学派和社会学法学派之间存在"制度论"和"结果论"之争。实证法学派的凯尔森认为，法体系即为秩序，"法律秩序是一个规范体系"②。社会法学派则认为，秩序是法型塑社会的结果。③ 姚建宗认为，法律秩序以法律规则作为纽带而产生与运行，以法律权利和法律义务为内容，且具有确定性、连续性、一致性与普遍性的特征，靠国家的强制力来保证。④ 法对秩序的意义主要表现在三个方面：一是法为秩序提供预定的理想模式；二是法为秩序提供调节机制；三是法为秩序提供强制性的保证。⑤

（二）损害担责原则的环境秩序价值

损害担责原则的秩序价值主要表现在两个方面：一是通过分配环境利益和环境义务建立环境秩序，二是通过"担责"维护环境秩序，修复受到破坏的环境秩序。

1. 通过分配环境利益和环境义务建立环境秩序

尽管有观念反对法律规制社会生活，但历史表明，有序的生活比无序的生活更占优势。法律试图将秩序和规则引入私人交往和公权力的运作中。规范意指着标准和尺度。阿奎那将法律视为"有关行为的标准和规则"⑥。奥里乌也认为，法律规范"最重要的实际目的是稳定社会秩序"⑦。姚建宗认为，建立社会秩序是法的首要目标。⑧ 损害担责原则的基

---

① 参见姚建宗《中国特色社会主义法的价值论》，《辽宁大学学报》（哲学社会科学版）2013年第2期。

② ［奥］凯尔森：《法和国家的一般理论》，沈宗灵译，中国大百科全书出版社1996年版，第110页。

③ 参见周旺生《论法的秩序价值》，《法学家》2003年第5期。

④ 参见周旺生《论法的秩序价值》，《法学家》2003年第5期。

⑤ 参见卓泽渊《法的价值论》，法律出版社2018年版，第340页。

⑥ 转引自［美］E. 博登海默《法理学：法律哲学与法律方法》，邓正来译，中国政法大学出版社2004年版，第248页。

⑦ ［法］莫里斯·奥里乌：《法源：权力、秩序和自由》，鲁仁译，商务印书馆2015年版，第62页。

⑧ 参见姚建宗《中国特色社会主义法的价值论》，《辽宁大学学报》（哲学社会科学版）2013年第2期。

础价值在于建立环境秩序。损害担责原则建立环境秩序是通过分配环境利益和环境义务,损害担责原则通过对利益的分配确定了社会成员的群己权界,划定了环境自由的界限,明确了各自环境行为的界限和标准,知悉哪些行为可为,哪些行为不可为,明确了哪些环境利益受法律保护。损害担责原则及其制度化内容通过设立和明确上述的标准和尺度,为社会建立了环境秩序。在这一秩序中,个体社会成员的合法财产、健康和生命不受污染行为侵害,生产经营者的污染物排放行为需要依照法律的规定缴纳排污费或环境保护税,不得免费使用环境容量,不得使用法律禁止的方法和方式排放污染物等。损害担责原则及其制度化的规则通过对环境利益的分配,确立了环境社会关系中主体的环境法律权力、受法律保护的环境利益及环境行为主体的义务。有观点认为,从自由和秩序的运行趋势看,两者呈现反比例关系,自由越宽泛,秩序则倾向于难于建构,自由越受限制,秩序则越倾向于容易建立。[①] 笔者认为,环境秩序是环境自由的底线,环境秩序的建立不是限制自由而是更好地保证环境自由,只有对污染环境破坏生态的"自由"予以严格限制甚至禁止,才能保证社会成员享有良好的环境利益,才能喝上清洁的饮用水,呼吸上清洁无霾的空气,吃上安全无污染的食品,个人的财产、健康、生命才能不受环境污染和生态破坏的侵害。

2. 通过"担责"维护环境秩序,修复受到破坏的环境秩序

法除了建立社会秩序外,还要维护社会秩序。"维持基本的社会秩序是实现其他法的价值的先决条件。"[②] 损害担责原则及其具体化制度一方面建立了环境秩序,另一方面还要维护这个环境秩序:一是保证使该环境秩序处于一种正常状态;二是当这种正常的环境秩序受到破坏时,通过强制性的方法与措施使该秩序恢复到正常状态。损害担责原则中除了给污染者设定法律义务外,还有环境污染者和生态破坏者的法律责任。当环境污染者和生态破坏者违反了法律义务时,要承担法律责任。这种法律责任包括民事赔偿责任、环境损害赔偿责任、环境生态损害惩罚性赔偿责任、行政责任及刑事责任。民事赔偿责任、环境损害赔偿责任的主要功能在于填补损失。当民事主体的财产和人身权利受到污染行为的侵害时,加害人应

[①] 参见龙敏《秩序与自由的碰撞——论风险社会刑法的价值冲突与协调》,《甘肃政法学院学报》2010 年第 5 期。

[②] 周旺生:《论法的秩序价值》,《法学家》2003 年第 5 期。

当对受害人遭受的损失予以补偿。环境损害赔偿的主要功能也在于填补损害。环境生态损害惩罚性赔偿除了具有填补环境利益损失外，还具有制裁和惩罚的功能。针对污染环境者和破坏生态者的行政处罚和刑罚处罚，其作用在于惩罚与制裁，从而实现特殊预防和一般预防的目的。法律义务和责任具有强制性，是法秩序得以维护的保证。法律义务和责任的实施，一方面使损害担责原则及其具体化制度建立的环境秩序在受到破坏后恢复到正常状态；另一方面，法律责任的一般预防功能也使得社会成员因法律责任的强制力的威慑而选择遵守法律，遵守损害担责原则建立的环境秩序。

第二节　损害担责原则的功能

环境法律对人类社会生活影响的程度，在某种意义上决定于环境法律功能的状态与结果。功能低下的环境法律难以形成真正的环境法治，不对环境法律功能进行充分挖掘，便无法营造功能完善的环境法律制度，也不可能充分发挥环境法律的作用。

"功能"一词，英文中对应词为"function"，在不同的学科语境中有不同的含义。"function"在数学中译为"函数"，意指一个变量的值取决于另一变量的值的两个变量之间的关系。生物学科上，功能意指机体的某个组成要素的贡献。在系统科学上，功能是指系统与外部环境相互联系和作用过程的秩序与能力。斯宾塞最早提出社会是个有机体，把人或事物引起的社会后果称为功能。拉德克里夫·布朗认为，功能是指社会制度对社会需求的贡献。马林诺斯基则认为，功能这个概念是描述性的，应利用这一概念来观察分析社会文化的共同特质，并发展社会法则，通过对社会制度的功能进行分类，可以分析社会制度的结构。[①]

法律功能体现为一种法律——社会关系，它指向法律价值，但有别于法律目的与法的作用，是基于法律结构属性而与社会发生关系的状态，表明法律对社会的一种适应性。涂尔干认为，法律具有从正面组织社会与恢复社会秩序两种功能。帕森斯认为，法律具有模式维持功能、整合功能、达致目的功能与适应性调节功能四项功能。庞德把法律视为社会控制的工

[①] 参见赵振江《法律社会学》，北京大学出版社1998年版，第203—205页。

具,从法律的作用及任务上研究法律功能,认为法律并不创造利益,只是承认、确定和实现利益。① Hubert Rottleuthner、Matthias Mahlmann 认为,法具有社会控制与管理功能、宣告功能、合法化功能、限制政治权利功能、冲突解决功能、形构功能与确保(规范)预期功能七项功能。② 环境法学界对环境法功能的深入研究较少,汪劲从环境立法角度研究了环境法的功能,认为环境立法具有调整社会各部门的既得利益、公平地分配人类世代间的利益、重申环境的美学价值、保护生态系统与生物多样性、影响传统法律价值观、转变公民传统消费模式及转变社会生产方式七项功能。③

一 损害担责原则的社会伦理判断规则性表达功能

损害担责原则承担环境法的社会伦理判断功能,是社会伦理判断的规则性表达。一方面,损害担责原则在创设上受命于政治的及社会的伦理;另一方面,损害担责原则又体现和反映国家与社会的环境伦理判断。环境税费制度对达标排污行为给予中性社会伦理判断,对超标排污行为给予否定性社会伦理判断;损害环境的行政责任与刑事责任对违法排污行为、环境损害赔偿法律责任对环境损害都给予否定性社会伦理评价。环境侵权民事责任的伦理判断导致合法界限与环境正义界限的混乱,这种社会伦理判断应该予以革新。

(一) 损害担责原则承担环境法社会环境伦理判断功能

法律为人提供规范和行为界限的标准,但法律并不仅仅是规范和行为标准。"法律并不仅是行为的一个尺度,还是关于行为之价值的宣告。法律是关于何者为善、何者为恶的一种指示。"④ 耶利内克则认为:"法律是最低限度的伦理。"⑤ "简约说,现代所有趋势倾向于一种主张,即谓:法

---

① 参见 [美] 罗斯科·庞德《通过法律的社会控制》,沈宗灵译,商务印书馆 2010 年版,第 38—40 页。
② 参见 [德] Hubert Rottleuthner、Matthias Mahlmann《法律的基础》,张万洪、丁鹏主译,武汉大学出版社 2010 年版,第 32—34 页。
③ 参见汪劲《环境法律的解释:问题方法》,人民法院出版社 2006 年版,第 155—163 页。
④ [意] 登特列夫:《自然法:法律哲学导论》,李日章等译,新星出版社 2008 年版,第 94 页。
⑤ 参见 [美] 罗斯科·庞德《法律与道德》,陈林林译,商务印书馆 2015 年版,第 81 页。

学与立法绝不能以截然划清的界限而分离，而两者又各须受命于政治的及社会的伦理。"① "道德和不道德的一般观点都是成立在意志主观性这一基础之上的。"② "伦理性的东西是主观情绪，但又是自在地存在法的情绪。"③ 环境法建立在意志主观性这一基础之上，又须受命于政治的及社会的环境伦理。在这一过程中，环境社会伦理及价值判断被整合进了环境法律之内而使环境法律本身具有了社会伦理判断功能。环境法律既是环境行为的尺度与圭臬，也是关于环境行为之价值判断的宣告；环境法律是关于何者为环境善、何者为环境恶的一种指示，它指示了最低限度的环境伦理。损害担责原则作为我国环境法的构成部分，在环境法律实践中承担和实现环境法的社会伦理判断功能，损害担责原则乃是社会环境伦理的一种规则化表达，正如本杰明·卡多佐所述：规则所给予的启示乃是一种正义的情感。④

（二）环境税费制度对超标排污行为给予否定性社会伦理判断

征收排污费和环境保护税制度是损害担责原则的重要具体制度。我国的排污费包括超标排污费和达标排污费。我国环境法律最早规定的排污费制度是征收超标排污费制度。对环境噪声污染征收噪声超标排污费，从始至终都仅仅限于超标排放噪声污染物。向大气、水体及海洋排放污染物征收排污费制度则经历了从超标排污征收排污费到排放污染物征收排污费的演变。我国在排污费制度早期，对排放大气污染物、水污染物和噪声征收排污费都只针对超标排污行为，对达标排放的不征收排污费。我国在排污费制度中后期，对排放大气污染物、水污染物的制度则转变为对达标排放大气污染物、水污染物征收排污费，对超标排放大气污染物、水污染物加倍征收排污费。这也是排污费制度对排污行为进行社会伦理判断的结果。超标排放大气污染物、水污染物和噪声的行为是为社会反对和抵制的行为，不为社会所接受，环境法律对之作出了否定性的社会伦理判断，对达标排放的噪声不征收排污费，对超标排放的噪声征收排污费，对超标排

---

① ［美］罗斯科·庞德：《庞德法学文述》，雷宾南、张文伯译，中国政法大学出版社2005年版，第47页。

② ［德］黑格尔：《法哲学原理》，范扬、张企泰译，商务印书馆1961年版，第130页。

③ ［德］黑格尔：《法哲学原理》，范扬、张企泰译，商务印书馆1961年版，第185页。

④ 参见［美］本杰明·卡多佐《司法过程的性质》，苏力译，商务印书馆1997年版，第24页。

放大气污染物、水污染物加倍征收排污费。相较于超标排放大气污染物、水污染物和噪声的行为，达标排放大气污染物、水污染物和噪声的行为受到鼓励。排放大气污染物、水污染物和噪声的行为是正常生产生活不可避免的，达标排放大气污染物、水污染物和噪声则可为社会接受，不受社会反对和抵制，环境法律对之作出了中性的社会伦理判断。对达标排放大气污染物、水污染物征收排污费，仅仅是为了实现污染者付费的目的，而不是一种否定性的社会伦理判断。

2018年1月1日《环境保护税法》生效后排污费生成、发展为环境保护税。该法第13条规定，以税收减免的方式逆向对超标大气污染物或者水污染物加重征收环境保护税[①]，但环境保护税制度同排污费制度相比，在对排污行为的社会伦理判断方面并未发生变化。

（三）环境侵权民事责任的伦理判断导致合法界限与环境正义界限的混乱

《环境保护法》第64条规定了实施污染环境、破坏生态行为应当承担侵权责任，第65条规定，因污染环境而造成损害的污染者应承担侵权责任。环境侵权承担赔偿责任也是损害担责原则的内涵之一。环境污染侵权适用无过错归责原则。无过错责任原则是以已然的损害后果作为价值判断标准，无论行为人是否存在过错，都确定行为人承担侵权责任的归责原则。[②]

对于环境侵权责任是否具有惩罚和教育的功能存在不同的认识。王利明认为，侵权责任作为一种法律责任，具有制裁违法行为人的职能，因为制裁性是法律责任的固有属性。[③] 杨立新认为，侵权行为人承担财产责任，支付金钱，对受害人而言是补偿损失，对行为人而言是一种财产性惩罚，体现着法律对侵权行为的非难与谴责，对侵权行为人而言是一种制裁。惩罚意指应为行为付出代价，刑罚属于"代价"，私法中的金钱赔偿

[①] 《环境保护税法》第13条："纳税人排放应税大气污染物或者水污染物的浓度值低于国家和地方规定的污染物排放标准百分之三十的，减按百分之七十五征收环境保护税。纳税人排放应税大气污染物或者水污染物的浓度值低于国家和地方规定的污染物排放标准百分之五十的，减按百分之五十征收环境保护税。"

[②] 参见杨立新《侵权行为法专论》，高等教育出版社2005年版，第82页。

[③] 参见王利明《侵权行为法归责原则研究》，中国政法大学出版社1992年版，第54页。

也是"代价"。①

否定论认为，因排污行为为社会生产生活和社会进步与发展所必需而具有价值性和社会正当性，故因环境侵权行为承担侵权责任不具有非难性。正如"无过错责任的产生，所包含的正义与过错责任是相同的，只是表达的方式不同而已"。

"过错责任是谴责应受谴责的人，无过错责任则是不谴责不应谴责的人。"② "无过错责任不具有法律责任所应有的教育和预防作用，它在本质上已不具有法律责任的性质。"③ 适用无过错归责原则，旨在填补受害人所受损害，不在于对不法行为的制裁。④

因我国环境民事法律侧重于对环境侵权受害人的补偿，在环境侵权归责原则上采用了无过错归责原则，故我国的损害担责原则对污染行为的环境侵权责任没有作出否定性的社会伦理判断，导致环境侵权责任的惩罚和教育功能在一定程度上的弱化甚至丧失，阻碍了加害人和社会公众在思想上认识到环境侵权行为的非难性，最终导致民事环境法律责任制度无法规范与约束排污者的行为，合法与非法界限不清，环境正义与环境非正义分野不明。这也是我国环境侵权多发的主观原因之一。

笔者认为，为减少环境侵权，同时又不致影响受害人受偿的实现，一方面要坚持环境侵权的无过错归责原则；另一方面要革新环境侵权民事责任的社会伦理判断标准，以使加害人和社会公众认识到环境侵权行为的非难性，从而明晰合法与非法的界限，环境正义与环境非正义的分野，让环境民事法律对排污人切实起到规范约束作用。应当认识到，环境侵权尽管可能没有包含"过错"，但其一定侵害了法律所保护的人身权和财产权，造成了损害，这本身就具有非难性。

（四）损害环境的行政责任与刑事责任彰显强烈的环境伦理非难色彩

"污染者付费原则之起源有法学上的恢复原状责任，以及经济学上之

---

① 参见［美］迈克尔·D. 贝勒斯《法律的原则——一个规范的分析》，张文显等译，中国大百科全书出版社1996年版，第249页。
② 麻昌华：《21世纪侵权行为法的革命》，《法商研究》2002年第6期。
③ 何勤华：《西方民法史》，北京大学出版社2006年版，第408页。
④ 参见王泽鉴《侵权行为法》，中国政法大学出版社2001年版，第16页。

使用者付费原则,亦有行政法学中之警察法及秩序法"①,污染者负责原则涵盖民法、刑法、行政法三大传统法领域,"由于环境法所涉及的不仅是行政法规上对环境产生影响之人为行为的引导及管制措施,另外还扩及至民法及刑法上对污染者之惩罚。此亦对污染者负责原则之内涵有其重大意义"②。

法律责任的前提是违法,没有违法即无法律责任。"责任的本质特征是非难可能性,只有在具有非难可能性的情况下,行为人才能对不法行为承担责任。"③ 环境污染者与生态破坏者污染环境和破坏生态的行为违反行政法律,就会招致行政法律责任。我国《环境保护法》《水污染防治法》《大气污染防治法》《海洋环境保护法》等环境法律中均有相应的规定。损害担责原则对环境污染者与生态破坏者违反行政法律的污染环境的行为设定行政处罚,是因为违反行政法律的污染环境、破坏生态的行为损害了环境这样一个社会公共利益,对国家保护的强制性环境公共秩序造成损害。对环境污染者与生态破坏者违反行政法律的污染环境、破坏生态的行为给予行政处罚,既是对该行为的一种制裁与惩罚,同时也是从社会伦理角度对该行为的一种否定性评价,彰显了国家与社会对违反行政法律污染环境行为的强烈非难色彩。

污染环境、破坏生态的行为达到了刑法非难的程度会被确定为犯罪而承担刑事责任。例如,我国 1997 年修订的《刑法》第 338 条规定了重大环境污染事故罪。重大环境污染事故罪是结果犯,要求污染行为造成重大环境污染事故,致使公私财产遭受重大损失或者人身伤亡的严重后果才构成犯罪。2011 年 2 月 25 日《刑法修正案(八)》将刑法第 338 条修改为污染环境罪,污染环境罪是行为犯,不是结果犯,在构成要件上也不再需要"造成重大环境污染事故,致使公私财产遭受重大损失或者人身伤亡的严重后果"。加罗法洛从通过分析人类的情绪的研究进路来给犯罪定义,"人类存在这个非常广泛的领域中某种情感具有同一性,我们也将知

---

① VE. Bender, B./Sparwasser, R/Engel, R, Umweltrecht, 2000, Heidelberg, Rdnr 51, S.17. 转引自陈慈阳《环境法总论》,中国政法大学出版社 2003 年版,第 175 页。
② 陈慈阳:《环境法总论》,中国政法大学出版社 2003 年版,第 178 页。
③ 陈兴良:《刑法中的责任:以非难可能性为中心的考察》,《比较法研究》2018 年第 3 期。

道，犯罪就在于其行为侵犯了这些同样的情感"①。约翰·列维斯·齐林认为，犯罪"是社会中有势力推行他们信仰的团体所认为有害于社会的行为"，犯罪的原因是："（一）团体畏惧它的损害；（二）支配阶级希望有社会保障以免社会标准被破坏，这些标准就是产生；（三）一种具保护性的道德面具。"②"刑罚是对于损害的本能的反动"③，被刑法规定为犯罪的污染行为具有道德非难性，它不但侵犯了保护环境、享受美好环境的生活的社会共同的情感，而且它还对社会造成严重损害，对之给予刑罚制裁表明社会对该种污染环境的违法行为是完全不能容忍的，在社会实践层面，被判定有罪也会导致犯罪人名誉的受损。

（五）环境损害赔偿法律责任通过语言对环境损害给予否定性社会伦理评价

生态环境损害是指因污染环境、破坏生态造成环境要素和生物要素的不利改变，以及生态系统功能的退化。④ 党的十八届三中全会明确提出，对造成生态环境损害的责任者严格实行赔偿制度。党的十九大报告提出，要"提高污染排放标准，强化排污者责任，健全环保信用评价、信息强制性披露、严惩重罚等制度"。

《生态环境损害赔偿制度改革方案》规定，在全国范围内试行生态环境损害赔偿制度。《生态环境损害赔偿制度改革方案》中使用了"有下列情形之一的，按本方案要求依法追究生态环境损害赔偿责任"的表述，以及"对公民、法人和其他组织举报要求提起生态环境损害赔偿的，赔偿权利人及其指定的部门或机构应当及时研究处理和答复"的表述。雅各·布克哈特说过："人有多少语言，就有多少心灵。"⑤ "在语言的织布

---

① ［意］加罗法洛：《犯罪学》，耿伟、王新译，中国大百科全书出版社1996年版，第29页。
② ［美］约翰·列维斯·齐林：《犯罪学及刑罚学》，查良鉴译，中国政法大学出版社2003年版，第15页。
③ ［美］约翰·列维斯·齐林：《犯罪学及刑罚学》，查良鉴译，中国政法大学出版社2003年版，第308页。
④ 参见2017年12月中共中央办公厅、国务院办公厅印发的《生态环境损害赔偿制度改革方案》。
⑤ Jakob Burckhard, a. a. O. S. 276, N. 3. 引自 Lasaulx, Neuer Versuch, S. 92, 转引自［德］格罗斯菲尔德《比较法的力量与弱点》，孙世彦、姚建宗译，清华大学出版社2002年版，第152页。

机厂,所有的法律被编织了出来。"① "语言影响着我们的情绪和欲求。"② "语言评估着世界而且通过评估使心理结成一体。"③ 语言具有"世界观的性质",是一种"成形的世界观"。④ "语言不仅构成了推理的过程,还表达了价值判断。"⑤ "一个人从语言中得到的不仅是对世界的现象进行有序排列的方式,而且是价值的尺度和感觉的范围。"⑥ 方案文本中使用的"追究"和"举报"的字眼,这是在通过语言表达出生态环境损害赔偿责任对污染环境行为的强烈否定、反对、抵制和打击,其中饱含浓郁的社会环境伦理否定评价。

二 损害担责原则的社会宣告功能

揆诸世界各国成文法典编纂历史,一切国家在未有法典以前,大抵都经历了一个秘密法时期。这一时期,法律仅为极少数人所掌握,绝不令一般人民知悉法的内容。我国西周以前的"法"基本上属于习惯法,成文法的兴起和公布经历了一个过程,在此之前,各诸侯国的贵族根据传统,掌握着法律和礼制,老百姓无权知道法律,所谓"刑不可知,则威不可测",法律规范始终保持高度的神秘性。直到春秋晚期郑国子产"铸刑书"才打破这一局面。⑦ 在古代欧洲,许多国家"到处都把法律铭刻在石碑上,向人民公布,以代替一个单凭有特权的寡头统治阶级的记忆的惯例",古罗马的《十二表法》的"价值不在于其分类比较匀称或用词比较简洁明了,而在于它们为众所周知,以及它们能使每个人知道应该做些什

---

① Weeremantry, The Law in Crisis, London1975, S. 133. 转引自 [德] 格罗斯菲尔德《比较法的力量与弱点》,孙世彦、姚建宗译,清华大学出版社 2002 年版,第 146 页。
② [德] 格罗斯菲尔德:《比较法的力量与弱点》,孙世彦、姚建宗译,清华大学出版社 2002 年版,第 158 页。
③ [德] 格罗斯菲尔德:《比较法的力量与弱点》,孙世彦、姚建宗译,清华大学出版社 2002 年版,第 157—158 页。
④ [德] 格罗斯菲尔德:《比较法的力量与弱点》,孙世彦、姚建宗译,清华大学出版社 2002 年版,第 154 页。
⑤ [德] 格罗斯菲尔德:《比较法的力量与弱点》,孙世彦、姚建宗译,清华大学出版社 2002 年版,第 157 页。
⑥ [德] 格罗斯菲尔德:《比较法的力量与弱点》,孙世彦、姚建宗译,清华大学出版社 2002 年版,第 158 页。
⑦ 参见黄源盛《中国法史导论》,广西师范大学出版社 2014 年版,第 149—154 页。

么和不应该做些什么的知识"①。成文法公布的最大意义不在于立法技术的提高和法律体例的发展与成熟，而在于法的秘密状态的打破，即法向社会公开，向社会宣告，使每个人知道什么可为，什么应为，什么不可为。成文法的公布，使法具有了社会宣告功能。

损害担责原则作为环境法的基本原则，承担和体现着环境法的社会宣告功能，它宣告环境行为的群己权界、宣告政治伦理与社会价值判断、宣告公众的环境正义情感与愿望、宣告对环境义务设定的预期，以及对设定制裁的预期。

（一）损害担责原则宣告环境行为的群己权界

蔡守秋认为，环境是一种公众共用物。公众可以自由、直接、非排他性地享用公众共用物。② 企业与个人为生产生活可以使用环境，但对环境的使用的权利是有界限的。损害担责原则向社会公众宣告了环境使用人的环境行为的群己权界。环境行为越过了群己权界，要承担相应的法律责任。法律责任的前提是有违法行为，"责任的本质特征是非难可能性，只有在具有非难可能性的情况下，行为人才能对不法行为承担责任"③。损害担责原则中的"责"并非完全是指法律责任，还包括法律义务，这就意味着环境使用人的环境使用行为即使没有超过群己权界也要承担法律义务。例如，达标向大气或水体排放污染物的行为并不违反环境公法中的强制性规定，属于公法上的合法行为，即使其没有违反私法对他人的人身、财产造成损害（即也属于私法上的合法行为），环境使用人仍然需要担"责"而缴纳排污费或环境保护税。

"对于每个人而言，一切使他活得有尊严的东西都依赖于对他人行为有所限制。"④ 群己之间必须存在权利的界限。在公法领域，我国1979年《环境保护法（试行）》第6条第2款是损害担责原则最早以法律的形式表达⑤，同时该法第18条第3款规定对超标排放污染物的要征收排污费。

---

① ［英］梅因：《古代法》，沈景一译，商务印书馆1959年版，第1页。
② 蔡守秋：《环境公益是环境公益诉讼发展的核心》，《环境法评论》2018年第1期。
③ 陈兴良：《刑法中的责任：以非难可能性为中心的考察》，《比较法研究》2018年第3期。
④ ［英］约翰·斯图加特·密尔：《论自由》，鲍容译，中华书局2016年版，第6页。
⑤ 1979年《环境保护法（试行）》第6条第2款："已经对环境造成污染和其他公害的单位，应当按照谁污染谁治理的原则，制定规划，积极治理，或者报请主管部门批准转产搬迁。"

这些规定宣告了对环境使用者环境行为划定的群己权界：企业"免费"使用环境权利界限是在污染物排放标准之内，超过污染物排放标准排放污染物的环境使用行为要缴纳排污费。1984年11月1日生效的《水污染防治法》第15条规定：向水体排放污染物要缴纳排污费，超污染物排放标准排放污染物要缴纳超标准排污费并负责治理。企事业单位即使没有超过污染物排放标准向水体排放污染物也需要缴纳排污费，不能再"免费"使用环境向水体排放污染物。2000年4月29日修订的《大气污染防治法》生效后，单位"免费"使用环境向大气排放污染物的历史宣告结束。我国《环境保护法》《海洋环境保护法》《水污染防治法》《噪声污染防治法》《大气污染防治法》《固体废物污染环境防治法》及《放射性污染防治法》规定了很多禁止造成环境污染的强制性规定，这些规定对环境行为人划定了禁止逾越的界限，环境行为人越过界限的行为将会被限制生产停产整治等，并给予罚款、责令停业、关闭等处罚，构成犯罪的还要追究刑事责任。

在私法领域，我国《民法典》规定，因污染环境损害自然人、法人等民事主体的人身、财产权利的，应当承担民事侵权责任。这实际上是向社会宣告，不得违反国家保护环境、防止污染的规定损害他人的人身权利和财产权利。

在环境政策领域，《生态环境损害赔偿制度改革试点方案》和《生态环境损害赔偿制度改革方案》都规定了试行生态环境损害赔偿制度，要求依法追究生态环境损害赔偿责任。

无论在公法领域、私法领域还是在环境政策领域，损害担责原则及其具体制度都为环境行为利用和使用环境划定和宣告了群己权界。

(二) 损害担责原则宣告环境政治伦理与社会价值判断

"法律并不仅是行为的一个尺度，还是关于行为之价值的宣告。法律是关于何者为善、何者为恶的一种指示。"[①] 环境法的产生受命于政治的及社会的环境伦理，在这一过程中，环境政治伦理及社会价值判断被整合进了环境法律之内，而使环境法律本身具有了宣告政治伦理与社会价值判断的功能。损害担责原则在环境法律实践中承担环境法宣告政治伦理与社

---

① ［意］登特列夫：《自然法：法律哲学导论》，李日章等译，新星出版社2008年版，第94页。

会价值判断的功能，损害担责原则乃是政治伦理与社会价值判断的一种规则化表达，它既是环境行为的尺度与圭臬，也是关于环境行为之价值判断的宣告，还是关于何者为环境善、何者为环境恶的一种指示，它指示了最低限度的政治环境伦理。

党的十八大报告要求"加强生态文明制度建设"，要完善最严环境保护制度，要"加强环境监管，健全生态环境保护责任追究制度和环境损害赔偿制度"。党的十八届三中全会提出，建设生态文明必须实行最严格的损害赔偿制度，完善环境治理和生态修复制度，用制度保护生态环境。中共中央办公厅、国务院办公厅印发的《建立国家公园体制总体方案》提出，要完善责任追究制度，严厉打击各类环境违法犯罪行为。2015年3月24日中共中央政治局会议审议通过《关于加快推进生态文明建设的意见》，该意见指出"坚持把节约优先、保护优先、自然恢复为主作为基本方针"。党的十八届四中全会通过的《中共中央关于全面推进依法治国若干重大问题的决定》指出，要"用严格的法律制度保护生态环境"，"强化生产者环境保护的法律责任，大幅度提高违法成本"。《环境保护法》第59条、2015年8月29日修订的《大气污染防治法》第123条及2017年6月27日修订的《水污染防治法》第95条规定的按日连续处罚制度，目的就是解决长期存在的污染环境违法行为成本过低的问题，这也是政治环境伦理与价值判断的法律规则性表达。

《民事诉讼法》第55条规定了公益诉讼制度，《环境保护法》第58条规定了环境公益诉讼制度。环境公益诉讼制度确立后，环境公益诉讼案件被告的涉及范围并不广泛，被起诉要求承担法律责任的污染企业所占比例很小。环境公益诉讼制度确立的意义主要不在于在司法实践的现实中适用该制度去追究污染企业的损害污染环境法律责任，而在于该制度作为损害担责原则的具体制度向社会宣告了这样一种政治环境伦理和价值判断，那就是污染损害环境的行为是被国家和社会所抵制和反对的，污染损害环境要承担法律义务和法律责任。

泰州市环保联合会诉泰兴锦汇化工有限公司、江苏常隆农化有限公司、江苏施美康药业股份有限公司、泰兴市申龙化工有限公司环境污染侵权赔偿纠纷环境公益案是2014年《环境保护法》修订后环保社会团体提起的第一个环境公益诉讼案件，该案判决赔偿金额巨大，合计达到了160666745.11元，被称为"天价环保公益诉讼案"，备受社会关注。吕忠梅认为，案件涉及三大审理焦点：一是原告是否适格；二是被告以买卖方式处分涉案污染物的行为性质及其行为与损害后果之间的因果关系；三是损害后果的认定以及救济方式的选择。吕忠梅在肯定该案积极意义的同时，特别强调环境司法的理性。[①] 但笔者认为，泰州市环保联合会诉泰兴锦汇化工有限公司、江苏常隆农化有限公司、江苏施美康药业股份有限公司、泰兴市申龙化工有限公司环境污染侵权赔偿纠纷环境公益案的最大意义不在于对上述三大审理焦点的实践探索与法理探究，而在于该案中"损害担责"的社会宣告的强烈效果。案件审理结果向社会宣告了国家对污染行为的环境伦理判断与社会对污染行为的价值判断，使全社会意识到环境保护的重要性，使广大企业和全社会确定地意识到损害污染环境是要承担法律责任的。最高人民法院和诸多省高级人民法院也陆续公布了很多典型环境案例。这些典型案例和"泰州天价案"一样起到了强大的环境政治伦理与社会价值判断社会宣示效果。从这个层面上说，损害担责原则宣告环境政治伦理与社会价值判断功能实现的意义要远远大于适用损害担责原则及其具体制度对个案进行审理的案件处理结果本身的意义，因为"所有的规范颁布行为都已实行性地暗示着某种正义主张"[②]，它已经实现了"统一思想，统一价值标准"[③]的环境法的作用和目的。一方面，损害担责原则在创设上受命于政治的及社会的伦理；另一方面，损害担责原则又体现和反映国家和社会的环境伦理判断。

（三）损害担责原则宣告"环境公意"——公众的环境正义情感与愿望

卢梭认为，"法律乃是公意的行为"，它"结合了意志的普遍性与对象的普遍性"[④]。公意是人们订立社会契约而产生的理性实体，是不受个人意志变化的影响的一种精神，是公共利益的体现，是衡量正义与非正义的标准。根据陈端洪对卢梭笔下的"公意"的理解，"公意是指每个人对于共同体客观地存在的共同的利益的意识，以及对这种共同利益和自己的

[①] 参见吕忠梅《环境司法理性不能止于"天价"赔偿：泰州环境公益诉讼案评析》，《中国法学》2016年第3期。

[②] [瑞典]亚历山大·佩岑尼克：《法律科学：作为法律知识和法律渊源的法律学说》，桂晓伟译，武汉大学出版社2009年版，第130页。

[③] 范忠信：《中西法文化的暗合与差异》，中国政法大学出版社2001年版，第46页。

[④] [法]卢梭：《社会契约论》，何兆武译，商务印书馆2003年版，第47页。

相关性的意识"①。"使意志得以公意化的，与其说是投票的数目，倒不如说是把人们结合在一起的共同利益"，"公意永远以公共利益为依归"②。意志成为公意，乃是因人们有共同利益。

人类对环境有着共同利益。人类的生存与生活、健康与发展须臾离不开环境。环境为人类社会的发展提供了外部条件，为人类的健康和繁衍奠定生存的基础；环境维持着人类经济发展的外部条件，为人类福利的持续增长奠定物质基础；同时，环境还为人类寻求心灵宁静提供自然场景。一方面人类为了生存和生活，就必须要利用环境；另一方面过度、不恰当地对环境进行利用会导致环境质量下降从而影响人类的生存、生活、健康与发展。社会成员对于环境，既存在共同利益，也存在公众利益，还存在个体的私人利益。这三者利益之间既有一致的一面，又有对立冲突的一面。三种利益对立冲突会导致严重的环境污染和生态破坏。随着工业革命的兴起，工业化与城市化出现，人口向城市急剧集中，环境破坏加剧；工业化生产排放了大量有毒有害废气、废水和废渣，严重污染环境。第二次世界大战以后，工业化飞速发展，化石燃料消耗猛增，化工业迅猛发展，排放了大量二氧化碳、烟尘、酸、碱、氯、汞等有毒有害物质，环境污染日趋严重，公害事件频繁发生，加上化肥、农药、放射性物质大量使用，出现了持久性有机污染物和放射性的污染危害。另外环境噪声、震动、地面沉降、电磁波辐射等危害也相继出现。20世纪90年代以来，酸雨、温室效应、光化学烟雾、臭氧层破坏、化工污染等环境污染不断加剧，环境受到污染，生态受到破坏，清洁的空气、洁净的饮用水、明朗的天空、安全的食物都成了一种奢望。社会公众对环境日益重视，环境保护意识不断增强，开始反对和否定不加限制和没有节制地利用环境，以确保环境免受污染，生态免受破坏，个人的健康、财产和自然环境不受侵害，这导致了环境公意的产生和环境法律的创制。环境公意就是社会公众针对存在公共利益环境事项其自身标准在伦理和价值判断基础上形成的情感与内心倾向，诸如支持或反对，喜爱或憎恶。作为环境法基本原则的损害担责原则及其具体制度就是这种环境公意的一种宣告与宣示：生产者不能免费无偿地使

---

① 陈端洪：《政治法的平衡结构——卢梭〈社会契约论〉中人民主权的建构原理》，《政法论坛》（中国政法大学学报）2009年5期。

② ［法］卢梭：《社会契约论》，何兆武译，商务印书馆2003年版，第35、40页。

用环境，污染者要付费，污染者要承担治理修复环境的义务与责任，污染环境造成他人人身、财产损害的要给予赔偿，对违反环境公意严重污染环境、破坏生态行为要给予制裁与惩罚。

(四) 损害担责原则宣告环境义务与制裁设定的预期

"法律的功能与期望有关"[①]，卢曼认为，法律"是通过标志而一般化的期望的结构"，"行为的自由即使实际上没有受到限制，但是在期望层面上预先受到了限制，那些——不管是出于何种个人的、境遇的或物质的原因——想要违反期望的人从一开始就处于不利地位"[②]。损害担责原则作为环境法的基本原则宣告了环境义务与制裁设定的预期。

1. 损害担责原则宣告环境义务设定的预期

张文显将法律义务划分为第一性法律义务和第二性法律义务，第二性法律义务是违反第一性法律义务而招致的一种法律责任。[③] 损害担责原则向社会公众宣告一种环境义务设定的预期。在损害担责原则确立的前提下，这种被公众期望设定的环境义务主要包括以下几个方面：一是生产者排放特定污染物要缴纳环境税费而不能不受节制地无偿使用环境。我国从20世纪70年代末开始制定和执行排污费制度，除噪声排污费外，排污费制度经历了从超标排污征收排污费到达标排污也要征收排污费的发展和变化。从2018年1月1日起，环境保护税制度取代了排污费制度，直接向环境排放应税污染物的企业事业单位和其他生产经营者应当根据应税大气、水污染物的污染当量数、应税固体废物的排放量或应税噪声超过国家规定标准的分贝数确定的计税数额缴纳环境保护税。二是环境行为人使用环境不得造成对他人人身、财产的损害，无论这种环境使用行为是否违反强制性的环境标准。三是环境行为人应当遵守国家对环境管制控制的环境行政法强制性规定与环境刑法的强制性规定，诸如不得超标排放污染物、不得采用逃避监管的方式排放污染物。四是不得污染环境、破坏生态，损害社会公共利益，或者具有损害社会公共利益重大风险。

2. 损害担责原则宣告制裁设定的预期

奥斯丁认为："人们所说的准确意义上的法和规则都是一类命令。"

[①] [德] 卢曼：《社会的法律》，郑伊倩译，人民出版社2009年版，第63页。

[②] [德] 卢曼：《社会的法律》，郑伊倩译，人民出版社2009年版，第65页。

[③] 参见张文显《法哲学范畴研究》，中国政法大学出版社2001年版，第122、319页。

"因此，一个命令就是一个意愿（desire）的表达。"① 卢曼从社会系统的角度来研究法律的功能问题，他认为法律的功能与期望有关，法律的功能乃在于一种制裁的期望。"制裁期望当然也起着作用"，"规范的功能不在于对动机的指令（否则会有太多的偶然和太多的有同等功能的机制参与），而在于恰恰要预防这种现象的对抗现实的稳定化。规范并不允诺符合规范的行为，但是它保护抱有这种期望的人，同时在互动中给他提供有利条件，尤其在对规范本身无可争议的情况中。它通过很多方法促使自己得到贯彻"②。

损害担责原则作为环境法的基本原则，向社会宣告了对违法的环境污染行为的制裁与惩罚的预期。这种制裁的预期依赖于损害担责原则的具体法律制度所规定的罚则。法律制裁是以违反法律义务为前提的。对法律义务的违反会招致对制裁的预期。第一，排污者不履行缴纳环境税费法律义务的，将被期待科处行政处罚的制裁。第二，环境行为人不履行国家对环境管制控制的环境行政法强制性规定所规定的法律义务，将被期待科处行政处罚的制裁。第三，环境行为人未履行国家对环境管制控制的环境刑法的强制性规定的法律义务的，将会被期待定罪量刑。

制裁规则是为法律这个体系的主要目的受挫或失败时所做的准备，尽管它不可或缺但仅作为辅助之用，法律作为社会控制方法的主要功能，不在于私人的诉讼或是刑事的追诉，法律的主要功能在法院之外，法律以各种各样的方式被用来控制、引导和计划人们的生活。③ 法律会通过制裁本身对社会产生规制效果，对制裁的期待本身也会对社会产生规制效果。损害担责原则对环境法律义务和制裁的预期的宣告，对在实际环境社会生活的人们起着控制、引导和计划人的环境行为和环境生活的作用。

我国的损害担责原则在立法上经历了"谁污染谁治理"到"污染者治理"，再到"损害担责"的转变。这种立法语言的变化，进一步强化了损害担责原则的社会宣告功能，它宣告环境行为的群己权界、宣告政治伦理与社会价值判断、宣告公众的环境正义情感与愿望、宣告对环境污染人

---

① ［英］约翰·奥斯丁：《法理学的范围》，刘星译，北京大学出版社2013年版，第20—21页。

② ［德］卢曼：《社会的法律》，郑伊倩译，人民出版社2009年版，第68页。

③ 参见［英］哈特《法律的概念》，许家馨、李冠宜译，法律出版社2011年版，第3—37页。

环境义务设定的预期，以及对环境污染人制裁的预期。这种社会宣告功能统一思想，统一价值标准，在环境保护实践中发挥着越来越大的积极作用。

三 损害担责原则的司法适用功能

德沃金认为，法律不仅包括规则，还包括原则，原则是指法律规则以外的准则。[①] 损害担责原则作为环境法律规范，因可以作为案件司法裁判依据而具有司法适用的功能。

法律原则的适用包括法律原则的直接适用和间接适用。法律原则的间接适用是指法律原则具体化为法律制度，存在与原则一致化的确定性的法律规则，通过法律规则的适用，法律原则被间接适用。法律原则多数情况下是通过指导法律规则适用而被间接适用。法律原则的直接适用是法律原则不通过原则具体化的规则而直接适用于案件的处理与裁判。本节所讨论的重点不在于损害担责原则的间接适用，而在于损害担责原则的直接适用。

（一）穷尽法律规则——损害担责原则与其他法律原则冲突下的适用

1. 原则和规则的一般关系

法治的核心在于是规则之治。然而规则在规治社会方面存在局限性：一是规则往往偏离价值，规则制定后，其适用具有一定的刚性约束，规则的适用后果可能在个案的处理中背离法的价值与目的，出现个案的不正义结果；二是规则和社会实践生活的需要相比往往滞后，这样可能导致没有规则的法律漏洞现象的出现或法律规则不能适应社会生活需要的情况出现。

原则与规则之间存在以下区别：原则不预设具体的、确定的事实状态，原则也不直接导出实体判决，而只是证立、说明规则准用性、合理性之依据[②]，原则"提供（判决）的基础"[③]；规则预设具体的、确定的事实状态，规则可以直接导出判决。德沃金也认为，原则和规则之间存在逻

[①] 参见［美］德沃金《认真对待权利》，信春鹰、吴玉章译，中国大百科全书出版社2002年版，第40页。

[②] 参见陈林林《基于法律原则的裁判》，《法学研究》2006年第3期。

[③] ［德］罗伯特·阿列克西：《法 理性 商谈：法哲学研究》，朱光、雷磊译，中国法制出版社2011年版，第175页。

辑差异，这种逻辑差异在于，规则被全有或全无地适用，即当两个规则发生碰撞时，规则要么有效要么无效，而原则间发生碰撞时，具有相对重要分量的原则起到决定性作用，但与之对应的不具有相对重要的分量的原则并不因此无效。① 阿列克西认为，原则和规则的区别主要在于三个方面：一是原则是一种最佳化命令，因为"原则是一种要求某事在事实上和法律上可能的范围内尽最大可能实现的规范"②。原则可以以不同的程度（即可或多可或少）被实现。③ 规则是确定的要求某事的规范，只能被遵守或不被遵守，和原则作为最佳化命令不同，规则是确定性命令。④ 二是，规则具有确定性特征，即规则规定构成要件，当规则的构成要件符合时，规则适用的法效果是确定的。原则具有初显性特征而不具有确定性特征，原则和规则具有不同的初显性特征。三是原则的适用方式是权衡，规则适用的方式是涵摄。⑤ 何为初显性特征？李鑫认为，初显性特征是个关涉规范是否适用及适用程度的概念，初显性特征指规范起初具有适用可能性，但该适用可行性可能因其他理由而被否定。⑥

2. 规则穷尽与法律漏洞填补

在一般情况下，规则优先于原则适用。规则存在的情况下，原则不能直接适用，而只能通过指导规则适用的方式来实现法律原则的间接适用。这是法律原则的性质和特点决定的。同法律规则相比，法律原则具有模糊性和不确定性，它是一种价值的宣称、最佳化的命令。法律原则不像法律规则具有确定性，在事实构成要件得到满足时会有确定的法律效果。法律原则的价值维度和模糊性决定了如果将法律原则直接适用于案件的处理，一是因为缺乏确定性而影响法律的具体执行，二是执法官也会在案件处理

---

① 参见［德］罗伯特·阿列克西《法 理性 商谈：法哲学研究》，朱光、雷磊译，中国法制出版社2011年版，第176—177页。

② ［德］罗伯特·阿列克西：《法：作为理性的制度化》，雷磊编译，中国法制出版社2012年版，第132页。

③ 参见［德］罗伯特·阿列克西《法：作为理性的制度化》，雷磊编译，中国法制出版社2012年版，第132页。

④ 参见［德］罗伯特·阿列克西《法：作为理性的制度化》，雷磊编译，中国法制出版社2012年版，第132—133、149页。

⑤ 参见［德］罗伯特·阿列克西《法 理性 商谈：法哲学研究》，朱光、雷磊译，中国法制出版社2011年版，第211页。

⑥ 参见李鑫《法律原则适用的方法模式研究》，中国政法大学出版社2014年版，第35页。

过程中享有巨大的自由裁量权。

　　法的正义包括法的形式正义和实质正义。法的形式正义侧重追求秩序、安全、程序和法的安定性，法的实质正义重在追求法的目的和内容的正义性。一般情况下，法的形式正义与法的实质正义是一致的。在极端情况下，法的形式正义与法的实质正义会出现不一致的情况。法的形式正义要求规则的严格适用，这影响着法秩序、法的预测性与法的安定性。拉德布鲁赫认为，法由安定性、合目的性和正义三部分组成，法的首要任务是保证安定性，正义与合目的性排在安定性之后作为法的首要任务之后的任务。① 故此，除规则的适用导致个案的严重不正义的情况之外，在规则未穷尽情况下，法律原则不得被直接适用作为案件裁判的依据。法律漏洞是指法律规则应当规定但却没有规定的情况。对一种需要法律调整的社会现象来讲，缺乏法律规则对之加以规定，那么我们就说在此问题上存在法律漏洞。法律漏洞可以通过适用法律原则来加以弥补和填充。一方面，除规则的适用导致个案的严重不公的情况之外，规则穷尽是法律原则适用的前提条件；另一方面，在规则穷尽的情况下适用法律原则，也是对法律漏洞的填充。

　　3. 冲突的法律原则的适用方法——衡量

　　在穷尽法律规则的情况下，法律原则是可以直接适用作为裁判案件的依据。在穷尽法律规则的情况下，如果只有一个待用的法律原则，则直接适用该法律原则。在穷尽法律规则的情况下，如果有两个以上待用的法律原则，则需要对这些冲突的原则进行衡量来选取适用的法律原则。在法律原则的适用上，一方面，法律原则是最佳化命令，可以或多或少地实现，法律原则在案件中的冲突不像规则之间的冲突那样是非此即彼的，在没有规则存在的情况下，原则和原则在案件中的冲突是竞争性的冲突和优先选择的问题。② 另一方面，传统的法律适用的推理方法已经不能满足法律原则适用的要求。传统规则的适用方式是涵摄，涵摄不能适用于法律原则的适用推理过程。衡量的适用方法乃是解决法律原则适用推理的方法。衡量的方法是指，因为法律原则都具有高度的抽象性，无法直接对其重要性进行比较，而是在同一法律体系内，在具体到个案的案件事实中，对不同的

---

① 参见［德］拉德布鲁赫《法哲学》，王朴译，法律出版社2005年版，第73—74页。
② 参见王夏昊《法律规则与法律原则的抵触之解决：以阿列克西的理论为线索》，中国政法大学出版社2009年版，第99页。

相互冲突的原则的重要性进行比较，重要性占优的原则得到优先适用。

4. 损害担责原则在规则穷尽下的适用

我国的损害担责原则是环境法的基本原则，这已经成为部门法学界的共识。损害担责原则具有向下演绎创制环境损害法律义务与责任规则的功能。① 因环境损害设定的法律义务与责任规则也存在规则的弊端的一般情况，比如背离价值、法律漏洞及规则滞后等。法治要求法的安定性，法治的安定性要求法的规则的严格适用。一般情况下，规则优先适用，在规则穷尽的情况下再适用法律的原则，这样可以降低适用法律原则给法的安定性带来的损害。②

在环境损害法律义务与责任规则穷尽的情况下，损害担责原则在私法领域具有适用的空间，若无其他原则同损害担责原则竞争，直接适用损害担责原则。在有其他原则与损害担责竞争的情况下，就需要在具体个案的案件事实中，对损害担责原则和其他与之冲突竞争的原则的重要性进行比较，若损害担责原则的重要性较其他原则的重要性更大，就适用损害担责原则。因损害担责原则兼具公法属性和私法属性，故而损害担责原则的适用会复杂一些。需要指出的是，损害担责在内容上是环境污染者和生态破坏者承担环境法律义务和（或）环境法律责任，这些义务和责任有些属于私法的范畴，有些属于公法的范畴。其中属于公法范畴的就是环境行政处罚与刑罚处罚。笔者认为，即使在规则穷尽的情况下，损害担责原则在公法领域不能直接作为裁判依据对环境污染者和生态破坏者科处行政处罚或刑罚。原因在于，损害担责原则在公法中表现为对环境污染者和生态破坏者的行政处罚与刑罚处罚，而我国的实定法中规定了行政处罚法定原则和罪刑法定原则。同行政处罚法定原则或罪刑法定原则相比，损害担责原则不处于更加重要的地位，原则衡量的结果排除损害担责原则的适用，故不能以损害担责原则为直接裁判依据对环境污染者和生态破坏者科处行政处罚或刑罚。

（二）个案正义实现的损害担责原则的适用

原则具有价值性、模糊性和缺乏确定性，一般情况下，规则的适用优

---

① 参见王江《环境法"损害担责原则"的解读与反思——以法律原则的结构性功能为主线》，《法学评论》2018年第3期。

② 参见杨德群《公序良俗原则比较研究》，中国社会科学出版社2017年版，第130页。

先于原则并且排除原则的适用。这是一个涉及法的形式正义与实质正义冲突的问题。

1. 法的形式正义与实质正义

法的正义包括法的形式正义和实质正义。法的形式正义侧重追求秩序、安全、程序和法的安定性，法的实质正义重在追求法的目的和内容的正义性。一般情况下，法的形式正义与法的实质正义是一致的。在极端情况下，法的形式正义与法的实质正义会出现不一致的情况。法的形式正义要求规则的严格适用，这影响着法秩序、法的预测性与法的安定性。

拉德布鲁赫认为，法律作为一种现实，其意义在于为价值，即"法的理念"服务，正义分为"客观正义"和"主观正义"。拉德布鲁赫主要关注作为人与人之间相互关系的主观正义，并将平等置于其正义理论的核心位置。正义与法的确定性、法的功效之间不可避免地存在张力与冲突。当正义与法的确定性冲突时，是法的确定性要求即使不正义的法也要被遵守和执行，还是正义要求牺牲法的确定性？对于这个问题，拉德布鲁赫在第二次世界大战前的观点分为，当正义与法的确定性发生不可调和的冲突与矛盾时，实在法要执行从而确保法的确定性，当时拉德布鲁赫认为，正义是法的第二任务，而法律的第一个任务是法律的确定性，"宁愿不正义也不要无秩序"。战后，拉德布鲁赫修正了自己的观点，主张完全不正义的法律逊位于正义，提出了著名的拉德布鲁赫公式。

罗尔斯认为，形式正义可以称为"作为规则性的正义"，它是指公共规则的执行。[①] 他指出，形式正义在不同语境中所指不同，并将形式正义在不同语境中的含义作了界定。其中个案中的实质正义又叫作特殊正义或具体正义，是指对于具体的人、行为及事件而具有具体内容的正义；与个案中的实质正义相对应的乃是形式正义（也被称为抽象正义），是指没有具体内容的一般正义。[②] 孙笑侠认为，法治在某种意义上首先表现为形式

---

① 参见孙笑侠《法的形式正义与实质正义》，《浙江大学学报》（人文社会科学版）1999年第5期。

② 参见孙笑侠《法的形式正义与实质正义》，《浙江大学学报》（人文社会科学版）1999年第5期。

正义。① 所罗姆则认为，法治不应只是规则的统治，规则统治的概念不说明司法塑造法律理念的作用，存在严重的缺陷。②

有学者认为，形式正义与实质正义冲突的根本原因在于前者的外来性和后者的本土性特征，两者呈现传统礼教和西方法律之间的冲突；形式正义与实质正义冲突的直接原因在于前者的规范性和后者的灵活性；形式正义与实质正义冲突的另外一个重要原因是前者的滞后性和后者的现实性。③

2. 为实现个案正义适用损害担责原则

规则和原则都属于法律规范的范畴。原则注重法的价值属性和正当性，是最佳化命令。规则注重法的确定性和安定性，是确定化命令。当两者发生冲突时，一般情况下按照规则优先的法则予以适用，以确定法的安定性，确保法秩序之稳定。当规则与原则冲突，适用原则会造成严重个案不公的情况下，可以适用法律原则来排斥法的规则的适用吗？

拉德布鲁赫认为，法包括正义、合目的性和确定性三大要素，正义是一种形式性的理念，法作为文化现象与价值有关，旨在实现正义，法的三个要素之间应相互补充，正义在形式上的性质不能离开目的的观念，法的三大要素之间既相互需要又相互矛盾。④ 拉德布鲁赫进一步指出，正义同法的确定性之间存在无法调和的矛盾，一方面确定性要求法必须具有实在性，而实在法要求其自身效力不受正义的影响，故正义和法的确定性之间存在决定性的对立。⑤ 法的确定性是法的正义的形式，故正义与法的确定性之间的矛盾实质上是形式正义与实质正义之间的矛盾。拉德布鲁赫认为，这个问题不可能是唯一的解，一方面他强调没有确定性法就不能正确存在，即使不正当的实在法的确定性是正义的较为低劣的形式，因其是实在法为保证法的确定性而其效力得以正当化；另一方面他指出，当实在法的不正义到达极端的程度，该实在法的确定性对于这种极端不正义已经丧

---

① 参见孙笑侠《法的形式正义与实质正义》，《浙江大学学报》（人文社会科学版）1999年第5期。
② 参见高鸿钧《现代西方法治的冲突与整合》，《清华法治论衡》2000年第1期。
③ 参见刘小庆等《实质正义与形式正义冲突的根源探究》，《湖北警官学院学报》2012年第7期。
④ 参见刘建伟《新康德主义主义法学》，法律出版社2007年版，第108—113页。
⑤ 参见刘建伟《新康德主义主义法学》，法律出版社2007年版，第113—114页。

失了任何意义。① 简而言之，拉德布鲁赫的观点主张，当规则和原则突出时，即使适用规则会导致一般不正义，规则仍应适用，这样做的目的是维护实在法的确定性；若当规则和原则冲突时，即使适用规则会导致极端不正义，规则不应适用而应适用原则，因为在此情况下，不能因法的确定性而导致极端不正义。

笔者赞同这种观点。在一般情况下，规则优先于原则适用，但适用规则会导致个案的极端不正义时，应当考虑法的正义价值而适用原则，排除法的规则的适用。损害担责原则的适用也莫过于此。在损害担责原则和规则冲突的情况下，如果适用规则不会导致个案的严重不公，即极端不正义的情况下，为维护法的确定性，即法的形式正义而适用规则；如果使用规则会导致个案中严重不公即极端的不正义，就应适用损害担责原则。需要指出的是，在公法领域内，这种情况下的损害担责原则的适用只能用来排斥规则的适用，不能作为处罚与制裁环境污染者和（或）生态破坏者的处罚依据，原因如前文所述，损害担责原则在公法领域不得优于行政处罚法定原则或罪刑法定原则。

小　结

本章论述了损害担责原则的价值与功能。损害担责原则具有环境正义与环境秩序的价值。损害担责原则具有环境正义价值，它维护环境自由，维护环境安全，实现环境矫正正义。损害担责原则具有环境秩序价值，它通过分配环境利益和环境义务建立环境秩序，通过环境污染者和生态破坏者"担责"维护环境秩序和修复受到破坏的环境秩序。

损害担责原则具有社会伦理判断规则性表达功能、社会宣告功能及司法适用功能。损害担责原则的社会伦理判断规则性表达功能表现在，损害担责原则承担环境法社会环境伦理判断功能，环境税费制度对超标排污行为给予否定性社会伦理判断，环境侵权民事责任的伦理判断导致合法界限与环境正义界限的混乱，损害环境的行政责任与刑事责任彰显强烈的环境伦理非难色彩，以及环境损害赔偿法律责任通过语言对环境损害给予否定

---

① 参见刘建伟《新康德主义主义法学》，法律出版社2007年版，第114页。

性社会伦理评价。损害担责原则的社会宣告功能表现在，损害担责原则宣告环境行为的群己权界，损害担责原则宣告环境政治伦理与社会价值判断，损害担责原则宣告"环境公意"——公众的环境正义情感与愿望，以及损害担责原则宣告环境义务与制裁设定的预期。损害担责原则司法适用功能表现在，在规则穷尽的情况下，损害担责原则可以通过原则之间衡量的方式在私法领域得到司法适用；在规则与损害担责原则冲突的情况下，若适用规则导致个案的极端不公与非正义，应当适用损害担责原则来排除规则的适用从而实现个案正义。

第五章

基于义务进路的损害担责原则的制度化表达——税费缴纳的公法义务

损害担责原则具有制度创设功能。损害担责原则向上归纳表现为环境法的价值，向下演绎表现为"担责"的法律制度与规则①，具体表现为环境污染者和生态破坏者的环境义务与法律责任的制度和规则，包括费税缴纳的排污费、环境保护税制度、环境污染侵权，以及污染环境破坏生态的赔偿制度、对环境污染和生态破坏的惩罚与制裁的行政处罚刑罚制度以及环境生态损害惩罚性赔偿制度等。损害担责原则基于法律义务的制度化表达，主要体现为排污费和环境保护税。

第一节 排污费

排污费，是国家环境保护主管部门根据环境保护法律法规的规定，对直接向环境排放污染物的企事业单位和其他生产经营者征收一定数额的费用。② 征收排污费是依法管理保护环境的经济手段，是损害担责原则中污染者付费的具体表现。征收排污费有利于筹集环境污染治理的资金，有利于对排污者予以经济刺激以使其减少污染物排放量，有利于促进生产经营者开展技术改造升级实现综合治理，淘汰落后生产技术和工艺，推进清洁化生产，提高资源和能源利用率。我国从20世纪70年代末开始创建和实施排污费制度，2016年12月制定了《环境保护税法》。2018年1月《环境保护税法》生效后，我国的排污费被环境保护税所替代。

---

① 参见王江《环境法"损害担责原则"的解读与反思——以法律原则的结构性功能为主线》，《法学评论》2018年第3期。

② 参见韩德培主编《环境保护法教程》，法律出版社2015年版，第99页。

一 我国排污费制度的创设与演变

排污费制度源于西方的污染者付费制度，1976年，原联邦德国《污水收费法》在全球范围内首次规定了排污收费制度，开创了排污费国家法制度的先河。其后，欧洲的法国、亚洲的日本以及澳洲的澳大利亚等国也在本国开始实行征收排污费的制度。我国的排污费制度的建立滥觞于地方的规章制度，1978年8月14日吉林省革命委员会发布《松花江水系保护暂行条例》，该条例第15条规定了征收排污费制度。在中央层面，1978年10月，在中共中央批转原国务院环境保护领导工作小组办公室《环境保护工作要点》中，首次明确提出了要对排放污染物的工业企业实现排污收费制度。[1] 1979年9月13日颁布的《环境保护法（试行）》第18条第3款首次以国家法律的形式规定了征收排污费的制度。[2] "国家规定的标准"是指1973年颁布并于1974年1月试行的《工业"三废"排放试行标准》，"污染物"是指工业污染源排出的废气、废水和废渣。从该规定看，征收的排污费属于超标排污费，对没有超过国家标准排放污染物的排污者是不征收排污费的。当时的排污费是具有惩罚性的，这种惩罚性在1982年8月23日颁布的《海洋环境保护法》第41条规定中表现得更加明显。在该法律规定中，责令缴纳排污费被规定为一项法律责任。[3] 需要说明的是，缴纳排污费并不免除排污者的治理环境的义务，以及需要承担的民事、行政和刑事法律责任。

排污费制度在单行法中也有规定。我国1984年《水污染防治法》第15条[4]、2008年2月28日修订的《水污染防治法》第24条[5]、1987年9

---

[1] 参见汪劲主编《环保法治三十年：我们成功了吗——中国环保法治蓝皮书（1979—2010）》，北京大学出版社2011年版，第97页。

[2] 参见1979年9月13日颁布的《环境保护法（试行）》第18条第3款："超过国家规定的标准排放污染物，要按照排放污染物的数量和浓度，根据规定收取排污费。"

[3] 参见1982年8月23日颁布的《海洋环境保护法》第41规定："凡违反本法，造成或者可能造成海洋环境污染损害的，本法第五条规定的有关主管部门可以责令限期治理，缴纳排污费，支付消除污染费用，赔偿国家损失；并可以给予警告或者罚款。"

[4] "企业事业单位向水体排放污染物的，按照国家规定缴纳排污费；超过国家或者地方规定的污染物排放标准的，按照国家规定缴纳超标准排污费，并负责治理。"

[5] "直接向水体排放污染物的企业事业单位和个体工商户，应当按照排放水污染物的种类、数量和排污费征收标准缴纳排污费。"

月5日颁布的《大气污染防治法》第11条（1995年8月29日该法修正时，该条文予以保留，变更为第12条）、①2000年4月29日修订的《大气污染防治法》第14条第1款②、1989年9月26日发布的《环境噪声污染防治条例》第13条③、1996年10月29日颁布的《环境噪声污染防治法》第16条第1款④、1982年8月23日颁布的《海洋环境保护法》第41条⑤、1999年12月25日修订的《海洋环境保护法》第11条⑥、2016年11月7日修正的《海洋环境保护法》第12条第1款⑦等都规定了征收排污费制度。

我国最初的排污费是针对超标排污行为征收的，后逐渐向排污征收排污费转变。我国1979年《环境保护法（试行）》规定的排污费就是超标排污费。噪声污染物排放征收的排污费在2022年6月5日前一直是针对超标排放的行为，原因在于我国的《环境噪声污染防治法》规定的噪声污染是指环境噪声超过国家规定的环境噪声排放标准，并干扰他人正常生活、工作和学习的现象。2022年6月5日，《噪声污染防治法》生效，该法第2条第2款的规定，"本法所称噪声污染，是指超过噪声排放标准或者未依法采取防控措施产生噪声，并干扰他人正常生活、工作和学习的现象"。

除噪声污染之外，对其他污染物排放征收的排污费经历了从超标排放征收排污费到排污征收排污费的转变。1984年的《水污染防治法》第15

---

① "向大气排放污染物的单位，超过规定的排放标准的，应当采取有效措施进行治理，并按照国家规定缴纳超标准排污费。征收的超标准排污费必须用于污染防治。"

② "国家实行按照向大气排放污染物的种类和数量征收排污费的制度，根据加强大气污染防治的要求和国家的经济、技术条件合理制定排污费的征收标准。"

③ "凡超过环境噪声排放标准的，应当采取有效措施进行治理，并按照国家规定缴纳超标准排污费。"

④ "产生环境噪声污染的单位，应当采取措施进行治理，并按照国家规定缴纳超标准排污费。"

⑤ "凡违反本法，造成或者可能造成海洋环境污染损害的，本法第5条规定的有关主管部门可以责令限期治理，缴纳排污费，支付消除污染费用，赔偿国家损失；并可以给予警告或者罚款。"

⑥ "直接向海洋排放污染物的单位和个人，必须按照国家规定缴纳排污费。向海洋倾倒废弃物，必须按照国家规定缴纳倾倒费。"

⑦ "直接向海洋排放污染物的单位和个人，必须按照国家规定缴纳排污费。依照法律规定缴纳环境保护税的，不再缴纳排污费。"

条就规定了超标排污费和达标排放水污染物的排污费，企事业单位只要向水体排放污染物，就要缴纳排污费；超过排放标准排放水污染物的，缴纳超标准排污费。根据2000年4月29日修订的《大气污染防治法》第14条第1款的规定①，向大气排放污染物的，无论是否超过排放标准，都要缴纳排污费。2003年1月3日颁布的《排污费征收使用管理条例》第2条第1款规定，直接向环境排放污染物的，应当缴纳排污费。该条例第12条第2款还规定，缴纳排污费不免除排污者防治污染、赔偿污染损害责任，以及行政法律责任和刑事法律责任等其他责任。

尽管排污费制度对减少污染物排放和保护环境起到了积极作用，排污费制度的弊端仍然在理论界和实务界遭受质疑。一是排污费的征收的强制性较弱，造成排污费征收的状况不理想；二是排污费征收中未严格执行征收标准，协议征收情况普遍，容易滋生腐败与不公；三是排污费征收方式与征收排污费的标准确定不甚合理；四是排污费资金的管理与使用不甚规范，容易异化为部门利益等。② 针对这些问题，我国2016年12月制定了《环境保护税法》，该法于2018年1月1日生效，从此环境保护税替代了排污费，排污费制度在我国已经成为历史。

二 排污费的性质

关于排污费的性质，在理论上和实务中曾经存在争论。关于排污费的性质，主要有以下这些观点：一是补偿说，该观点认为排污费是排污者因排放污染物而支付的环境污染补偿费用③；二是互助筹金说；三是税收说；四是赔偿说；五是罚款说。④ 有学者将排污费性质的观点梳理为三种观点：行政事业性收费说、行政代履行说与行政罚款说。⑤ 金瑞林和汪劲

---

① 2000年4月29日修订的《大气污染防治法》第14条第1款："国家实行按照向大气排放污染物的种类和数量征收排污费的制度，根据加强大气污染防治的要求和国家的经济、技术条件合理制定排污费的征收标准。"

② 参见李慧玲《我国排污收费制度及其立法评析》，《中南林业科技大学学报》（社会科学版）2007年第2期。

③ 参见肖隆安、胡保林《环境保护法新论》，中国环境科学出版社1990年版，第216—218页。

④ 参见金瑞林、汪劲《20世纪环境法学研究评述》，北京大学出版社2003年版，第236—238页。

⑤ 参见史海涵《论排污费的法律性质》，《企业家天地》2005年第12期。

认为，排污费"是运用法律手段，使污染者承担一定的经济责任，目的在于促使污染的治理"①。蔡守秋认为，排污费具有部分经济补偿的性质，另外还有罚款的性质。② 冯忠秋认为，排污费具有补偿和惩罚的双重性质：一是因为排污费用于补助企业治理污染的费用，二是因为对超标排污要提高排污费的征收标准故而具有惩罚性质。③ 还有观点认为排污费的性质是准目的税。④ 史海涵认为，排污费在性质上属于行政事业性收费。⑤ 在立法层面，2005年原国家环境保护局给福建省环境保护局《关于排污费性质以及相关问题的请示》的复函中规定指出，排污费的性质属于行政事业性收费。

第二节　环境保护税

2016年12月我国制定了《环境保护税法》，2018年《环境保护税法》生效后，环境保护税替代了排污费。我国的《环境保护税法》中的环境保护税是狭义的环境税，由排污费移转而来。《环境保护税法》对噪声污染物超标排放征收环境保护税，对水污染物和大气污染物排放，无论达标排放还是超标排放都征收环境保护税。超标排污行为违反了污染物排放标准。污染物排放标准是强制性环境标准，既有法律事实属性也有法律规范属性。违反污染物排放标准的超标排污行为具有公法上的违法性，不应为其设立纳税的法律义务，而应为其设立法律责任。对超标排放的公法排污行为设立公法上的纳税义务，损害了环境法的整全性。对此应摒弃功能主义立法而采用规范主义的主题式立法加以矫正。⑥

---

① 金瑞林、汪劲：《20世纪环境法学研究评述》，北京大学出版社2003年版，第238页。
② 参见蔡守秋《论排污收费的性质及其发展方向》，《环境污染与防治》1981年第4期。
③ 参见冯忠秋《排污收费法律制度的性质》，《政治与法律》1993年第3期。
④ 参见任丽璇《排污费的法律性质之辨》，《中南林业科技大学学报》（社会科学版）2015年第2期。
⑤ 参见史海涵《论排污费的法律性质》，《企业家天地》2005年第12期。
⑥ 参见刘志坚《环境保护税创制：功能主义和规范主义之辨——以超标排污行为可税性问题为中心》，《甘肃政法学院学报》2018年第5期。

一　环境保护税的创制

环境税又称庇古税、生态税、绿色税、环境保护税等。环境保护税又有广义与狭义之分，狭义的环境税是针对排放的污染物征收的环境税，即排污税，我国《环境保护税法》中规定的环境保护税就是排污税。广义的环境税除了包括排污税，还包括自然资源税以及税收优惠政策等。从广义上讲，国外的环境税主要包括污染税、资源税、生态税，以及其他相关的税收政策。其中污染税包含排污税和污染产品税，排污税又包括废气污染税、水污染税、固体废物排放税与噪声污染税；污染产品税又包括能源燃料税、化肥农药税以及特种污染产品税。资源税包括开采税、水资源税与林业税。生态税包括二氧化碳税、臭氧损耗物质税以及环境收入税等。其他的环境税收措施包括消费税、机动车税、土地税、增值税，以及所得税等方面的政策优惠。

国外关于环境税的研究最早可追溯至20世纪20年代的庇古税理论。在涉及环境污染和噪声等问题上，马歇尔是第一个尝试通过引入外部性概念进行经济分析的人，他谈到了商人享有的那种没有为之支付市场外成本的利益。[1] 庇古提出，不仅第三方生产条件可能受市场外部性的影响，而且私人福利也可能受到市场外部性的影响，无论第三方生产条件还是私人福利都可以使用"成本—效益"的方法来进行分析。[2] 庇古提出了"社会边际净生产成本"与"私人边际净成本"概念，当前者与后者存在差异时，这个差异就是"外部性"，这个差异可能是正的，也可能是负的。针对不可再生能源的使用、环境质量的保护以及限制过度消费以及推进节约，庇古提出了三项政策措施，即国家补贴、税收和立法。[3] 尽管庇古很早就提出征收庇古税的主张，但对环境税的广泛研究开始于20世纪六七十年代"污染者付费"理论提出之后，环境税体现"污染者付费原则"，

---

[1] 参见［英］E. 库拉《环境经济学思想史》，谢扬举译，世纪出版集团、上海人民出版社2007年版，第77页。

[2] 参见［英］E. 库拉《环境经济学思想史》，谢扬举译，世纪出版集团、上海人民出版社2007年版，第77页。

[3] 参见［英］E. 库拉《环境经济学思想史》，谢扬举译，世纪出版集团、上海人民出版社2007年版，第97页。

又不同于传统的命令控制式的环境管制手段,被很多国家研究与使用。① 如英国于1972年在全球范围内首次开征二氧化碳税,美国于1972年开始征收二氧化硫排放税,丹麦于1978年开征电能税。

经济学界常将环境税视为替代环境保护法律手段的经济手段。李传轩认为,环境税本身也是法律手段,是经济手段和法律手段的融合。② 环境保护税具备税收的一般特征,具有法定性和强制性。关于环境保护税的理论基础,主要包括外部性理论、公共物品理论、自然资本理论以及可持续发展理论等。③

2011年,国务院批准执行的《"十二五"节能减排综合性工作方案》明确提出:"积极推进环境税费改革,选择防治任务重、技术标准成熟的税目开征环境保护税,逐步扩大征收范围。"同年,国务院发布《关于加强环境保护重点工作的意见》,提出要积极推进环境税费改革,研究开征环境保护税。党的十八届三中、四中全会提出"推进环境保护费改税""用严格的法律制度保护生态环境"。《环境保护税法》于2016年12月25日第十二届全国人民代表大会常务委员会第二十五次会议通过,自2018年1月1日起施行。我国《环境保护税法》中规定的环境保护税实际上就是排污税,具体包括大气污染物税、水污染物税、固体废物税和噪声税四类。

二 污染物排放标准的性质与超标排污行为可税性

我国的环境保护税创制,对达标排放污染物和超标排放污染物都征收环境保护税,对大气污染物和水污染物排放者,排放的上述污染物浓度值低于污染物强制性标准30%的,减征收环境保护税的25%;排放的上述污染物浓度值低于污染物强制性标准50%的,减征收环境保护税的50%。对噪声污染物排放征收环境保护税的,仅仅限于对排放的噪声超过国家标准的情况。关于是否应当对超标排污行为征收环境保护税,理论界对此存在争议。超标排污行为是否具有可税性,这个问题取决于污染物排放标准的性质和效力问题。为把这个问题论述清楚,笔者拟先对污染物排放标准

---

① 参见李传轩《中国环境税法律制度之构建研究》,法律出版社2011年版,第2页。
② 参见李传轩《中国环境税法律制度之构建研究》,法律出版社2011年版,第23页。
③ 参见韩德培主编《环境保护法教程》,法律出版社2018年版,第92页。

的性质和效力予以论述。

(一) 污染物排放标准的性质与效力

污染物排放标准属于强制性环境标准。环境标准的法律属性以及法律效力问题是我国环境法学界非常关注的问题，对环境法理论研究与法律实践都具有重要意义，大多数环境法教材和大量学术文章、论著都直接或间接考察研究这个问题，各种理论观点纷呈。

1. 环境标准法律属性的理论争论

强制性环境标准是环境监管起点，环境立法与政策、环境规划与环境计划、环境监测与环境影响评价都离不开环境标准。环境标准是各级环保行政主体行使环境管理职能的主要依据之一，是排污申报登记、污染源限期治理等各环境保护制度的基础，环境标准还是处理环境事故及环境纠纷的依据之一。

本书关于环境标准的法律效力涉及以下问题：环境标准是法律规范吗？环境标准是否为环境法律体系的组成部分？环境标准具有法律强制力吗，这种强制执行力是来自环境标准本身抑或环境标准以外？

(1) 国外环境标准法律地位考察

关于环境标准的法律地位问题，有的国家通过立法直接规定了环境标准的法律地位。如加拿大的《环境保护法》第 67 条规定，委员会主席可以在部长的建议下制定关于为分析、测试或测量性质、特征应遵循的条件、测试程序和实验准则为内容的规章。上述内容属于环境标准，有学者据此认为加拿大的环境标准属于环境规章的范围。[1] 有的国家虽然没有通过立法直接规定环境标准的法律地位，但环境标准是立法机关加以制定的。有学者根据美国的《清洁水法》第 1 条第 5 款、俄罗斯《联邦环境保护法》第 5 条的规定认为，在美国和俄罗斯，环境标准是属于一类独立法律渊源。[2] 关于美国的环境标准还存在以下观点：美国的环境标准"不是简单的统一技术要求而是法规"[3]。美国《清洁空气法》规定其具有法律效力。[4] 美国联邦环保局颁布的标准属于联邦法规，违反排放标准

---

[1] 参见常纪文《环境标准的法律属性和作用机制》，《环境保护》2010 年第 9 期。
[2] 参见常纪文《环境标准的法律属性和作用机制》，《环境保护》2010 年第 9 期。
[3] 周扬胜、安华：《美国的环境标准》，《环境科学研究》1997 年第 1 期。
[4] 参见陈海嵩《国家环境危险防御义务的二元制度结构》，《北方法学》2015 年第 3 期。

要受法律处罚。① 欧盟的环境标准属于法规,具有法规的效力,其制定程序也与法规相同。② 日本的环境标准③由内阁会议决定,"在日本,环境标准被视为一种行政目标"④。日本的环境标准只是环境行政的努力目标,对于日本国民来说不具有法律约束力。⑤ 原田尚彦认为,环境标准"有作为公害行政目标值的性质",其法律性质同行政计划一样,"至多只不过是表示行政努力目标的一个指标",并不具有法规的性质。⑥ 日本的排放标准"是对公害发生设施的设置者课以直接遵守义务的标的,因此它具有法规的性质,这一点,与环境标准的性质完全不同"⑦。

（2）国内关于环境标准法律属性的理论争论

关于我国环境标准的法律属性,理论界争论非常激烈,争论关注点主要集中在环境标准是否属于环境法律体系的组成部分、环境标准是否属于独立的法律渊源、环境标准是否属于法规,以及环境标准是否具有法律属性等方面。

在环境标准是否属于环境法律体系的组成部分问题上许多学者认为,环境标准是环境法律体系的组成部分。我国早期的环境法教材和学术著作很多都认为环境标准是环境法律体系的组成部分。⑧ 蔡守秋认为,"在法律上,环境标准与有关环境标准的法律规定结合在一起共同形成环境法体系的一个组成部分"⑨。《环境标准与环境法律责任之间的关系探析》一文

---

① 参见曹金根《环境标准法律制度的困境与出路》,《河南社会科学》2015年第11期。
② 参见曹金根《环境标准法律制度的困境与出路》,《河南社会科学》2015年第11期。
③ 日本的环境标准类似于我国的环境质量标准,日本的环境标准不包括排放标准（日本的排放标准类似于我国的污染物排放标准）。在日本,环境标准不具有法规的性质,排放标准具有法规的性质。
④ 冯丹阳：《环境标准制定过程中的政府责任与科学家角色——以四日市公害为例》,《科学与社会》2014年第4期。
⑤ 参见[日]交告尚史等《日本环境法概论》,田林、丁倩雯译,中国法制出版社2014年版,第190页。
⑥ 参见[日]原田尚彦《环境法》,于敏译,法律出版社1999年版,第69—73页。
⑦ [日]原田尚彦：《环境法》,于敏译,法律出版社1999年版,第79页。
⑧ 参见韩德培主编《环境保护法教程》,法律出版社1991年版,第47—50页；金瑞林、汪劲《20世纪环境法学研究述评》,北京大学出版社2003年版,第64页；金瑞林主编《环境法学》,北京大学出版社1999年版,第63—64页；吕忠梅《环境法教程》,中国政法大学出版社1996年版,第30—32页。
⑨ 蔡守秋：《论环境标准与环境法的关系》,《环境保护》1995年第4期。

也认为环境标准具备法的特征,是环境法的重要组成部分。① 《中国环境法原理》一书没有把环境标准列入环境法体系,该书认为环境标准只服务于环境污染防治法律,把环境标准划归为环境污染防治行政法的组成部分。②

关于环境标准法律属性的理论争议的另外的关注点是环境标准是否属于法律以及环境标准的效力来源问题。金瑞林认为,环境标准是具有法律性质的技术法规,既具有规范性,也具有法律约束力。③ 常纪文认为,环境标准不属于环境法律、环境条例或者环境规章,也不是经济技术政策,而是环境法律与政策之外的环境法律渊源,其具有独立的法律效力;强制性环境标准具有法律效力,主要在于其具有比照性效力与导向性的效力,即环境标准之中指标内容、技术要求可作为判断行为合法抑或违法的标准。④ 谭启平以构成要素观之,认为强制性标准属标准化法范畴,具有规章的法的固有强制效力。⑤ 陈伟认为,对污染物排放标准的法律效力应从公法与私法两个层面进行分析考察,污染物排放标准可以作为公法上承担行政责任乃至刑事责任的依据,不宜直接作为私法上判断排放者是否承担侵权责任的依据。⑥ 《我国环境标准的历史与现状》一文从环境标准的制定机关角度分析,认为环境标准具有行政法规的效力,环境标准的法规约束性由环境保护法规所赋予。⑦

施志源对此持相反的观点,认为环境标准作为一种技术规范,由法律授权相关部门制定,其作用在于控制污染和保护环境,环境标准本身并非法的渊源,环境标准认定的应是一种法律上的事实,强制性环境标准不是法律规范。⑧ 尤明青认为,环境质量标准核心功能是为提供环境质量状况比对依据,并同援引环境质量标准的法律规范、行政规划一并共同发挥目

---

① 参见廖建凯、黄琼《环境标准与环境法律责任之间的关系探析》,《环境技术》2005年第2期。

② 参见汪劲《中国环境法原理》,北京大学出版社2000年版,第67—78、128—133页。

③ 参见金瑞林、汪劲《20世纪环境法学研究述评》,北京大学出版社2003年版,第77页。

④ 参见常纪文《环境标准的法律属性和作用机制》,《环境保护》2010年第9期。

⑤ 参见谭启平《符合强制性标准与侵权责任承担的关系》,《中国法学》2017年第4期。

⑥ 参见陈伟《环境质量标准的侵权法适用研究》,《中国法学》2017年第1期。

⑦ 参见吴邦灿《我国环境标准的历史与现状》,《环境监测管理与技术》1999年第3期。

⑧ 参见施志源《环境标准的法律属性与制度构成——对新〈环境保护法〉相关规定的解读与展开》,《重庆大学学报》(社会科学版)2016年第1期。

标设定、考核激励以及督政问责的作用,其既有技术属性又兼有法律属性,但其并非规章也非规范性文件,环境标准的约束力来自援引他的法律规范。① 《我国环境标准制度存在的问题及对策》一文认为,环境标准是在科学认知基础上制定而成的技术性规范,不属于法的规范,具体适用需要依附于法定环境行政决定即公法上的判断。② 杨朝霞认为,环境标准既异于环境标准法律规范,也异于环境标准法律制度,环境标准在形式上欠缺法律规范构成所需全部构成要素,故其也无独立法律效力,环境标准在属性上归于行政规范性文件,但其并非环境法之渊源,环境标准法律效力和法律意义来源于法律规范对环境标准援引而使得环境标准成为构成该规范的组成部分。③

2. 对环境标准法律属性的理论争议的辨析

关于环境标准法律属性的问题,我国环境法学术界进行了长期的争论,至今尚未形成统一的认识与看法。在这一理论争论中见仁见智,既有深刻的真知灼见,也有一些不够合理与正确的认识和看法,需要对之加以甄别与辨析。

(1) 强制性环境标准和推荐性环境标准在法律上具有不同的性质

环境标准包括环境质量标准、污染物排放标准(或控制标准)、环境监测方法标准、环境标准样品标准和环境基础标准。我国《标准化法》第10条规定,对生态环境安全应制定强制性国家标准。在我国,强制性环境标准包括三类:环境质量标准、污染物排放标准以及被强制性环境标准引用的推荐性环境标准。④ 1989年4月1日起施行的《标准化法》在第三章——"标准的实施"(第14条)中规定,"强制性标准必须执行"。

---

① 参见尤明青《论环境质量标准与环境污染侵权责任的认定》,《中国法学》2017年第6期。

② 参见张晏、汪劲《我国环境标准制度存在的问题及对策》,《中国环境科学》2012年第1期。

③ 参见杨朝霞《论环境标准的法律地位——对主流观点的反思与补充》,《法学论坛》2008年第1期。

④ 参见原国家环境保护总局令第3号《环境标准管理办法》第5条:"环境标准分为强制性环境标准和推荐性环境标准。环境质量标准、污染物排放标准和法律、行政法规规定必须执行的其他环境标准属于强制性环境标准,强制性环境标准必须执行。强制性环境标准以外的环境标准属于推荐性环境标准。国家鼓励采用推荐性环境标准,推荐性环境标准被强制性环境标准引用,也必须强制执行。"

"推荐性标准，国家鼓励企业自愿采用。"2017年11月4日第十二届全国人大常委会修订的《标准化法》在第一章——"总则"（第2条）中规定："强制性标准必须执行。国家鼓励采用推荐性标准。"对环境标准法律属性的理论争论中大多没有把环境标准按照强制性环境标准和推荐性环境标准的分类来进行分析和解释。"导致范畴得以确立的根据已经被遗忘了。然而，范畴本身还一直存在着，并或准确或牵强地被应用在某些新的观念上。"① 强制性环境标准和推荐性环境标准在法律上具有不同的性质，不可一概而论。不把环境标准按照强制性环境标准与推荐性环境标准的分类进行分析和解释，无论对理论研究还是对环境法律实践，其危害都是极大的。

（2）对环境标准的研究呈现"规范性"考虑有余而"事实属性"考虑不足

环境标准属于技术规范，这是理论和实践领域所共认的观点，对环境标准法律属性的理论争议的其中一个焦点就在于环境标准是否属于法律规范，在这一理论争议中各方均对环境标准的规范性给予了充分的考虑，但对环境标准的事实属性分析严重不足甚至完全缺乏。"理论争议和实践混乱……最关键的原因是没有区分事实与规范，没有注意到环境质量标准兼具技术属性和法律属性，因此应当从事实角度和规范角度分别研究。"②《环境保护法》第15条和第16条规定了环境治理标准和污染物排放标准的制定的事项③，无论环境质量标准还是污染物排放标准，其本身就是执行这两条法律规定的结果，具有法律事实的属性，属于法律执行之结果事实。此外，环境质量标准还是环境管制行为的基础事实，污染物排

---

① ［法］爱弥尔·涂尔干、马塞尔·莫斯：《原始分类》，汲喆译，商务印书馆2012年版，第24页。
② 尤明青：《论环境质量标准与环境污染侵权责任的认定》，《中国法学》2017年第6期。
③ 《环境保护法》第15条："国务院环境保护主管部门制定国家环境质量标准。省、自治区、直辖市人民政府对国家环境质量标准中未作规定的项目，可以制定地方环境质量标准；对国家环境质量标准中已作规定的项目，可以制定严于国家环境质量标准的地方环境质量标准。地方环境质量标准应当报国务院环境保护主管部门备案。国家鼓励开展环境基准研究。"第16条："国务院环境保护主管部门根据国家环境质量标准和国家经济、技术条件，制定国家污染物排放标准。省、自治区、直辖市人民政府对国家污染物排放标准中未作规定的项目，可以制定地方污染物排放标准；对国家污染物排放标准中已作规定的项目，可以制定严于国家污染物排放标准的地方污染物排放标准。地方污染物排放标准应当报国务院环境保护主管部门备案。"

放标准还是判断排污人排污是否合法的基础性事实标准。

(3) 环境标准不是行政法规、部门规章或地方规章

环境标准不是行政法规,这个判断仅在形式上进行考察分析就非常容易得出。根据《立法法》的规定,行政法规的制定机关是国务院。环境标准中的强制性标准(包括环境质量标准和污染物排放标准)的制定机关是国务院环境保护主管部门以及省级人民政府,非强制性的其他环境标准的制定机构也不是国务院。仅依据环境标准的制定机关这一外在形式特征,即可得出环境标准不是行政法规的判断。非强制性环境标准的制定机构不是部门规章或地方规章的制定机关,从非强制性环境标准制定机构这一外在形式特征进行判断可以将非强制性环境标准排除在部门规章或地方规章之外。但强制性标准(包括环境质量标准和污染物排放标准)制定机关——国务院环境保护主管部门以及省级人民政府具有制定规章的权力,单从强制性标准制定机构这一外在形式特征还无法得出强制性标准不是行政规章或部门规章的判断。

环境质量标准与污染物排放标准是否属于规章?对这个问题可以从以下三个方面加以考察:第一,环境质量标准与污染物排放标准在以下方面不符合规章的外在形式特征:其一,环境质量标准与污染物排放标准制定的程序不同于规章的制定程序。[①] 其二,公布公开的要求不同。《立法法》要求规章要公布,《标准化办法》要求标准的文本要免费公开;规章之公布要求制定规章的机关的行政首长签署方可为之,环境质量标准的公布以及污染物排放标准的公布则无此程序性要求。其三,环境质量标准与污染物排放标准的名称同规章的名称不同,环境质量标准与污染物排放标准的名称中往往带有"标准"的字眼,规章的名称往往使用"规定""办法""规则"之类的字眼。第二,从实质性内容上看,环境质量标准与污染物排放标准不符合规章可以通过本身直接影响行政主体或相对人权利义务这一法律规范特征判断。环境质量标准与污染物排放标准的内容不是权利与义务而是技术参数、技术指标,不直接对行政主体和行政相对人的权利义务构成影响,环境质量标准与污染物排放标准必须被法律援引后嵌入法律规范之内后才能对行政主体和行政相对人的权利义务构成影响。尽管环境

[①] 参见宋华琳《论技术标准的法律性质——从行政法规范体系角度的定位》,《行政法学研究》2008年第3期。

质量标准与污染物排放标准具有强制性，但这种强制性同法律规范具有的强制性来自规范本身仍然存在本质性的差别。第三，从法律规范构成要素的逻辑结构来看，环境质量标准与污染物排放标准均不具备完整的法律规范构成要素。沈宗灵认为，法律规范的构成要素包括假定、行为模式和法律后果三个部分。① 假定是法律规范适用之条件，即行为发生的时空、各种条件等事实状态的预设；行为模式是关于权利和义务的规定，即关于哪些行为可为、哪些行为不可为、哪些行为应为以及如何行为的规定；法律后果包括否定性后果和肯定性后果。无论是环境质量标准抑或污染物排放标准都不具有法律规范的构成要素中的第三部分——法律后果部分。综合以上三点，环境质量标准与污染物排放标准，尽管由国务院环境保护主管部门或者省、自治区、直辖市人民政府制定，其仍然不属于行政规章或部门规章。

3. 污染物标准兼具规范属性与事实属性

污染物排放标准属于环境标准。环境标准有广义和狭义之分。我国采用广义说，即环境标准指为了保护人体健康、社会财富与维护生态平衡，就环境质量、污染物排放、环境监测方法与其他相关事项，依法定程序制定的各种技术指标、规范的总称。狭义的环境标准仅指规定保障公众健康、公共福利与环境安全的环境质量标准，西方国家多采用狭义说。② 原城乡建设环境保护部1983年10月11日颁布实施的《环境保护标准管理办法》第3条规定了环境标准的立法概念。③ 自2021年2月1日起施行的《生态环境标准管理办法》第3条规定："本办法所称生态环境标准，是指由国务院生态环境主管部门和省级人民政府依法制定的生态环境保护工作中需要统一的各项技术要求。"

环境标准是随着现代环境问题的发生、环境科学的发展进步以及环境资源法建立发展而逐步发展起来的。20世纪60年代，许多国家都制定了环境标准。

强制性环境标准和推荐性环境标准在法律上具有不同的性质，不可一

---

① 参见沈宗灵《法理学》，高等教育出版社1994年版，第36页。
② 汪劲：《环境法学》，北京大学出版社2014年版，第123页。
③ 1983年10月11日颁布实施的《环境保护标准管理办法》（该办法已废止）第3条："环保标准是为了保护人群健康、社会物质财富和维持生态平衡，对大气、水、土壤等环境质量，对污染源、监测方法以及其他需要所制订的标准。"

概而论，应分类考察分析。污染物排放标准属于强制性环境标准。强制性环境标准既有法律事实属性，也有法律规范属性。强制性环境标准本身是执行法律产生的法律结果事实，同时也是环境规划等环境行政行为的基础事实根据。强制性环境标准作为参考性规范内嵌入空白环境法律规范而使其具有法律规范属性。环境标准本身不是法律，强制性环境标准的强制性一方面源于法律的规定，另一方面源于其法律规范属性，但均非源于其自身效力。

4. 污染物排放标准作为强制性环境标准的法律事实属性

强制性环境标准本身不是环境法律，但具有法律事实属性。其一，强制性环境标准本身是法律的执行。我国《环境保护法》第15条、第16条规定了环境质量标准、污染物排放标准制定事项。铃木武夫认为"标准是法律规制下的行政行为"①。国务院环境保护主管部门与省级人民政府按照该规定制定环境质量标准和污染物排放标准，本身就是对我国《环境保护法》第15条、16条的执行，环境质量标准和污染物排放标准是执行环境法律产生的法律上的结果事实。

其二，强制性环境标准中的环境质量标准是环境行政的目标期值。原田尚彦认为，环境质量标准"至多只不过是表示行政努力目标的一个指标"②。环境质量标准制是在综合考虑国家和地区之技术水平、社会经济的承受能力，以及保护人体健康和改善环境质量的目标预定期值基础上制定出的环境保护行政的目标期值，环境质量标准制作为法律事实是环境规划、环境计划的基础事实，也是制定污染物排放控制总量的基础性法律事实。

其三，强制性环境标准是空白环境法律规范适用先决条件的判断事实根据或判断排污行为是否符合环境法律规范"行为模式"的事实根据。"标准"会涉及、牵扯出行为，但一般不会针对行为本身直接作出规定。相反，它是围绕行为而来的，它所指向的是行为的"附带或伴随成分"，如行为的性质、数量、条件、时间、地点等方面。③ 一方面，强制性环境标准通过内嵌入环境法律规范或成为环境法律规范的构成的"假定"的

---

① 转引自冯丹阳《环境标准制定过程中的政府责任与科学家角色——以四日市公害为例》，《科学与社会》2014年第4期。
② [日]原田尚彦：《环境法》，于敏译，法律出版社1999年版，第70页。
③ 具体而言，如主体、对象、范围、数量、质量、程度、幅度、频率、条件、原因、目的、结果、方式、途径、渠道等。参见[古希腊]亚里士多德《范畴篇解释篇》，方书春译，商务印书馆1959年版，第6—8章。

组成部分，成为环境法律规范适用的条件事实；另一方面，强制性环境标准可以作为环境法律规范"行为模式"的组成部分，成为判断排污行为是否符合环境法律规范"行为模式"的根据事实。

5. 污染物排放标准作为强制性环境标准的法律规范属性

强制性环境标准除了具有法律事实属性外，还具有法律规范属性。1988年和2017年的《标准化法》只规定了强制性环境标准的法律效力，但未明确规定其法律地位。2000年的《立法法》既没有对强制性环境标准的法律地位作出规定，也没有对强制性环境标准的法律效力作出规定。强制性环境标准本身不是法律规范，前文已经从外在形式、内在实质以及法律规范构成要素的逻辑结构三个方面论证了强制性环境标准本身不是法律规范，此处不再赘述。既然强制性环境标准本身不属于法律规范，它的强制性从何而来？它的法律规范属性又体现为什么？强制性环境标准的强制性并非源自其自身。它一方面源于环境法律关于强制性环境标准强制力的规定。[①] 强制性环境标准的强制性乃是上述《标准化法》与《环境标准管理办法》中的法律规范的效力，并非强制性环境标准本身的效力。另一方面，强制性环境标准的强制性源于强制性环境标准的法律规范属性。强制性环境标准具有法律规范属性是指，尽管强制性环境标准本身不是法律规范，但其内嵌入环境法律规范，作为环境法律规范的"假定"的组成部分或"行为模式"的组成部分而成为环境法律规范的组成部分，并最终成为环境法律体系的组成部分。强制性环境标准作为环境法律规范的组成部分，从而依靠环境法律规范而对环境法律主体具有了法律约束力。

三 超标排污行为的可税性与环境法的整全性

综上所述，作为强制性标准的污染物排放标准具有法律的强制力，是必须遵守的，无论从《标准化法》的强制性规定来看，还是从污染物排放标准的法律规范属性来看，违反污染物排放标准的行为都具有违反公法的性质。遵守污染物排放标准乃是一项公法义务，超标排污行为违反了具有强制性标准性质的污染物排放标准，故也具有公法上的违法性，属于公法违法行为。

---

① 参见《标准化法》第2条："强制性标准必须执行"；《环境标准管理办法》第5条："强制性环境标准必须执行"，"推荐性环境标准被强制性环境标准引用，也必须强制执行"。

张文显将义务分为第一性义务和第二性义务,即法律责任,法律责任是违反法律义务的后果,法律责任只能指向和适用于违法行为,第一性义务只能指向合法行为。纳税是第一性法律义务,不是法律责任。对于具有公法违法性质的超标排污行为,应当给予公法上惩罚与制裁,即设定法律责任,而不是给予设定纳税这样一个第一性的法律义务。我国的法律对于超标排污行为一方面设定了惩罚制裁的法律责任,另一方面又设定了纳税的法律义务,违反了法的融贯性,会导致逻辑和认识上的混乱。

另外,从排污费的发展历史演变看,排污费最初在我国设立时具有惩罚性,最初的排污费征收仅限于超标排污行为。在排污费区分为达标排放的排污费和超标排放排污费后,达标排放的排污费不具有惩罚性,超标排放排污费的惩罚性仍然存在。这是因为:一是噪声排污费仍然只向超标排放噪声污染的排污行为征收,没有超过国家标准的噪声排放是不收排污费的;二是对大气污染物和水污染物超标排放的,要较没有超标排放的情况加倍征收排污费。税收是中性的,不具有惩罚性。将超标排污费转化为环境保护税会出现不兼容的排异现象,会遇到逻辑上困难和法律上的障碍,将超标排污费强行移转为环境保护税会破坏法的整全性。

小　结

本章基于义务进路论述损害担责原则的制度化表达论述了税费缴纳的公法义务。排污费和环境保护税是污染者负担原则的具体表现。我国的排污费经历了超标收费到排污收费的演变,排污费分为达标排污费和超标排污费。《环境保护税法》2018年1月1日生效后,我国的排污费转化为环境保护税。《环境保护税法》规定对超标排污行为征收环境保护税,在理论和实践中存在异议。污染物排放标准是强制性的环境标准,既具有法律事实属性,也具有法律规范属性。污染物排放标准内嵌于法律规范而成为法律规范的组成部分,违反污染物排放标准的行为具有公法上的违法行为的性质,对之应当给予法律制裁与惩罚,为其设定法律责任,而不应为其设定缴纳环境保护税的法律义务。超标排污行为不具有可税性,对超标排污行为课税违反和破坏了环境法的融贯性与整全性,对此应当采取规范主义进路加以矫正。

第六章

基于责任进路的损害担责原则制度化表达——赔偿与惩罚

损害担责原则制度化除了法律义务的进路之外，还有另外一个重要的制度化进路，就是法律责任的制度化进路。损害担责中的"责"在外延上包括法律义务和法律责任两大类。法律义务进路的"责"的指向为污染环境的合法行为，法律责任进路的"责"的指向为污染环境破坏生态的违法行为。

第一节 损害担责原则的环境法律责任

损害担责原则制度化中的法律责任包括环境民事责任、环境行政法律责任、环境刑事法律责任以及生态损害赔偿责任。

一 损害担责原则中的环境民事责任

（一）环境民事责任规范

损害担责原则在环境法中的制度化，除了排污费、环境保护税制度，环境侵权民事责任制度也是损害担责原则在环境法中的制度化的具体内容。环境侵权民事责任是指自然人、法人、其他组织因污染环境或破坏环境损害其他自然人、法人或其他组织人身、财产权利和利益而承担的民事法律责任。因人的行为引起的环境污染造成自然人、法人或其他组织人身、财产权利和利益损害的，应当承担侵权责任。我国《民法通则》第124条规定了环境侵权应当承担民事责任。[①]《民法典》第七编"侵权责

---

① 《民法通则》第124条："违反国家保护环境防止污染的规定，污染环境造成他人损害的，应当依法承担民事责任。"

任"的第七章"环境污染和生态破坏责任"共计 7 个法条（从第一千二百二十九条到第一千二百三十五条），分别规定了环境生态无过错责任、环境生态侵权抗辩事由的举证责任、数人环境生态侵权责任份额的确定、环境生态侵权惩罚性赔偿责任、第三人过错的环境生态侵权的不真正连带责任、生态环境损害修复义务与生态环境损害赔偿范围等事项。

另外，我国的环境保护法律与污染防治法律以及司法解释的文件中也对环境侵权的民事责任作出了规定。我国 1979 年 9 月 13 日颁布的《环境保护法（试行）》第 32 条[①]、1989 年 12 月 26 日通过并颁布的《环境保护法》第 41 条[②]、2014 年 4 月 24 日修订通过的《环境保护法》第 64 条[③]、2017 年 6 月 27 日修正的《水污染防治法》第 96 条[④]、2015 年 8 月 29 日修订的《大气污染防治法》第 125 条[⑤]、2016 年 11 月 7 日修正的

[①] 1979 年 9 月 13 日颁布的《环境保护法（试行）》第 32 条："对违反本法和其他环境保护的条例、规定，污染和破坏环境，危害人民健康的单位，各级环境保护机构要分别情况，报经同级人民政府批准，予以批评、警告、罚款，或者责令赔偿损失、停产治理。

对严重污染和破坏环境，引起人员伤亡或者造成农、林、牧、副、渔业重大损失的单位的领导人员、直接责任人员或者其他公民，要追究行政责任、经济责任，直至依法追究刑事责任。"

[②] 1989 年 12 月 26 日通过并颁布的《环境保护法》第 41 条："造成环境污染危害的，有责任排除危害，并对直接受到损害的单位或者个人赔偿损失。

赔偿责任和赔偿金额的纠纷，可以根据当事人的请求，由环境保护行政主管部门或者其他依照本法律规定行使环境监督管理权的部门处理；当事人对处理决定不服的，可以向人民法院起诉。当事人也可以直接向人民法院起诉。

完全由于不可抗拒的自然灾害，并经及时采取合理措施，仍然不能避免造成环境污染损害的，免予承担责任。"

[③] 2014 年 4 月 24 日修订通过的《环境保护法》第 64 条："因污染环境和破坏生态造成损害的，应当依照《中华人民共和国侵权责任法》的有关规定承担侵权责任。"

[④] 2017 年 6 月 27 日修正的《水污染防治法》第 96 条："因水污染受到损害的当事人，有权要求排污方排除危害和赔偿损失。

由于不可抗力造成水污染损害的，排污方不承担赔偿责任；法律另有规定的除外。

水污染损害是由受害人故意造成的，排污方不承担赔偿责任。水污染损害是由受害人重大过失造成的，可以减轻排污方的赔偿责任。

水污染损害是由第三人造成的，排污方承担赔偿责任后，有权向第三人追偿。"

[⑤] 2015 年 8 月 29 日修订的《大气污染防治法》第 125 条："排放大气污染物造成损害的，应当依法承担侵权责任。"

《固体废物污染环境防治法》第 84 条与第 85 条①、2018 年 8 月 31 日制定通过的《土壤污染防治法》第 96 条①、2017 年 11 月 4 日修订的《海洋环境保护法》第 89 条②、2018 年 12 月 29 日修正的《环境噪声污染防治法》第 61 条③以及 2017 年 9 月 1 日制定通过的《核安全法》第 90 条④都规定了环境污染造成损害的，应当承担民事责任。这些条款都是对自然人、法人和其他组织的人身、财产权利与利益的保护性规定。2015 年《最高人民法院关于审理环境侵权责任纠纷案件适用法律若干问题的解释》第 1 条也直接规定了因污染环境造成损害应承担侵权民事责任。《最高人民法

---

① 2016 年 11 月 7 日修正的《固体废物污染环境防治法》第 84 条："受到固体废物污染损害的单位和个人，有权要求依法赔偿损失。

赔偿责任和赔偿金额的纠纷，可以根据当事人的请求，由环境保护行政主管部门或者其他固体废物污染环境防治工作的监督管理部门调解处理；调解不成的，当事人可以向人民法院提起诉讼。当事人也可以直接向人民法院提起诉讼。

国家鼓励法律服务机构对固体废物污染环境诉讼中的受害人提供法律援助。"

第 85 条："造成固体废物污染环境的，应当排除危害，依法赔偿损失，并采取措施恢复环境原状。"

① 2018 年 8 月 31 日制定通过的《土壤污染防治法》第 96 条："污染土壤造成他人人身或者财产损害的，应当依法承担侵权责任。"

② 2017 年 11 月 4 日修订的《海洋环境保护法》第 89 条："造成海洋环境污染损害的责任者，应当排除危害，并赔偿损失；完全由于第三者的故意或者过失造成海洋环境污染损害的，由第三者排除危害，并承担赔偿责任。

对破坏海洋生态、海洋水产资源、海洋保护区，给国家造成重大损失的，由依照本法规定行使海洋环境监督管理权的部门代表国家对责任者提出损害赔偿要求。"

③ 2018 年 12 月 29 日修正的《环境噪声污染防治法》第 61 条："受到环境噪声污染危害的单位和个人，有权要求加害人排除危害；造成损失的，依法赔偿损失。

赔偿责任和赔偿金额的纠纷，可以根据当事人的请求，由生态环境主管部门或者其他环境噪声污染防治工作的监督管理部门、机构调解处理；调解不成的，当事人可以向人民法院起诉。当事人也可以直接向人民法院起诉。"

④ 2017 年 9 月 1 日制定通过的《核安全法》第 90 条："因核事故造成他人人身伤亡、财产损失或者环境损害的，核设施营运单位应当按照国家核损害责任制度承担赔偿责任，但能够证明损害是因战争、武装冲突、暴乱等情形造成的除外。

为核设施营运单位提供设备、工程以及服务等的单位不承担核损害赔偿责任。核设施营运单位与其有约定的，在承担赔偿责任后，可以按照约定追偿。

核设施营运单位应当通过投保责任保险、参加互助机制等方式，作出适当的财务保证安排，确保能够及时、有效履行核损害赔偿责任。"

院关于审理环境侵权责任纠纷案件适用法律若干问题的解释》第13条①以及《最高人民法院关于审理环境民事公益诉讼案件适用法律若干问题的解释》第18条②都规定了赔礼道歉作为环境污染、生态破坏的责任方式。据此可以认为，我国在实定法层面和司法层面都将污染行为对民事主体的人身、财产权利与利益造成的损害范围界定为既包括其物质性人身、财产权利与利益，也包括精神性人身、财产权利与利益。根据《最高人民法院关于审理环境侵权责任纠纷案件适用法律若干问题的解释》的规定，环境侵权责任的方式包括：停止侵害、排除妨碍、消除危险、恢复原状、赔礼道歉、赔偿损失、环境修复等。

（二）污染物排放标准与管制许可抗辩

强制性环境标准缘于法律的规定及其法律规范属性而具有强制性，强制性环境标准也是国家对环境进行管制的标准与尺度。无疑，违反强制性环境标准的行为具有公法上的违法性，反之亦然，即符合强制性标准具有公法上的合法性。笔者要讨论的问题是，强制性环境标准是否属于管制许可抗辩事由？质言之，符合强制性环境标准的排污行为仍然可能对自然人、法人或其他组织的人身、财产权利造成损害，若符合强制性环境标准的排污行为对自然人、法人或其他组织的人身、财产权利造成损害，排污行为符合强制性环境标准的环境管制许可事实能否作为因对自然人、法人或其他组织的人身、财产权利造成损害而承担民事侵权责任的抗辩理由。对这个问题，理论界与实务界存在着不同的观点。

所谓管制许可抗辩，是指符合管制标准的被管制行为造成他人损害的，符合管制标准的事实可以作为该行为不构成侵权的抗辩事由。我国在食品药品纠纷民事责任制度中设立了管制许可抗辩制度，消费者因食用食品或药品而受到损害，若该损害不是因产品不符合质量标准造成的，则生

---

① 《最高人民法院关于审理环境侵权责任纠纷案件适用法律若干问题的解释》第13条："人民法院应当根据被侵权人的诉讼请求以及具体案情，合理判定污染者承担停止侵害、排除妨碍、消除危险、恢复原状、赔礼道歉、赔偿损失等民事责任。"

② 《最高人民法院关于审理环境民事公益诉讼案件适用法律若干问题的解释》第18条："对污染环境、破坏生态，已经损害社会公共利益或者具有损害社会公共利益重大风险的行为，原告可以请求被告承担停止侵害、排除妨碍、消除危险、恢复原状、赔偿损失、赔礼道歉等民事责任。"

产者与销售者不承担侵权责任。①

1. 污染物排放标准与管制许可抗辩

在环境污染案件领域，我国的规范性法律文件以及相关司法解释已经明确强制性环境标准中的污染物标准不得作为管制许可抗辩事由，即污染者不得以排污行为符合污染物排放标准的理由免于承担环境污染民事侵权责任。我国的相关法律文件对此也作了明文确认。②

对于噪声污染和放射性污染民事侵权案件，我国法律的规定却和上述规定不一致。噪声排放标准和放射性污染排放标准不得作为管制许可抗辩事由的观点也无法对噪声污染民事侵权案件和放射性污染民事侵权案件完全作出合理的解释。我国原《环境噪声污染防治法》第2条第2款③从形式和实质两个方面界定了噪声污染的概念：在形式上，环境噪声需要达到超过国家规定的环境噪声排放标准，在实质上环境噪声需要满足"干扰他人正常生活、工作和学习"。根据该规定，没有超过国家规定的环境噪声排放标准排放的噪声不属于污染，自然也在逻辑上不能由排放人承担噪声污染侵权责任。2021年12月24日，我国通过了《噪声污染防治法》，该法第2条第2款规定："本法所称噪声污染，是指超过噪声排放标准或者未依法采取防控措施产生噪声，并干扰他人正常生活、工作和学习的现象"。根据该规定，噪声污染不再要求必须超过噪声排放标准，"未依法采取防控措施产生噪声，并干扰他人正常生活、工作和学习的现象"也

---

① 参见《最高人民法院关于审理食品药品纠纷案件适用法律若干问题的规定》第5条第2款："消费者举证证明因食用食品或者使用药品受到损害，初步证明损害与食用食品或者使用药品存在因果关系，并请求食品、药品的生产者、销售者承担侵权责任的，人民法院应予支持，但食品、药品的生产者、销售者能证明损害不是因产品不符合质量标准造成的除外。"

② 1991年10月10日原国家环保总局发布的〔1991〕环法函字第104号规定，排污单位有无过错以及污染物的排放是否超过标准不是确定排污单位是否承担赔偿责任的条件，"承担污染赔偿责任的法定条件，就是排污单位造成环境污染危害，并使其他单位或者个人遭受损失。""国家或者地方规定的污染物排放标准，只是环保部门决定排污单位是否需要缴纳超标排污费和进行环境管理的依据，而不是确定排污单位是否承担赔偿责任的界限。"
《最高人民法院关于审理环境侵权责任纠纷案件适用法律若干问题的解释》第1条第1款规定："因污染环境造成损害，不论污染者有无过错，污染者应当承担侵权责任。污染者以排污符合国家或者地方污染物排放标准为由主张不承担责任的，人民法院不予支持。"

③ 《环境噪声污染防治法》第2条第2款："本法所称环境噪声污染，是指所产生的环境噪声超过国家规定的环境噪声排放标准，并干扰他人正常生活、工作和学习的现象。" 2022年6月5日起，《噪声污染防治法》施行，《环境噪声污染防治法》同时废止。

被立法界定为噪声污染。无论是否超过噪声排放标准，《噪声污染防治法》对噪声污染的界定仍然要求其违反管制性法律规定。

我国《放射性污染防治法》第62条第1项[①]对"放射性污染"的立法定义把放射性物质或者射线超过国家标准作为其形式上的标准，即按照该规定，没有超过国家标准的放射性物质或者射线在法律上不属于放射性污染。按照此逻辑，没有超过国家标准的放射性物质或者射线的，自然也不能由排放人承担放射性污染侵权责任。

原国家环保总局发布的〔1991〕环法函字第104号规定在法律渊源上属于部门规章，《关于审理环境侵权责任纠纷案件适用法律若干问题的解释》属于法律解释，两者在法律效力上均低于作为法律的《噪声污染防治法》或《放射性污染防治法》。从实证法角度，为维护法的确定性，在噪声污染或放射性污染民事侵权案件中，《噪声污染防治法》和《放射性污染防治法》应当优先于上述规章和司法解释的规定适用，即在噪声排放造成民事权利损害的情况下，噪声排放符合国家噪声污染排放标准和依法采取防控措施产生噪声的事实可以作为管制许可抗辩事由；放射性物质或者射线排放造成民事权利损害的情况下，放射性物质或者射线排放符合国家排放标准的事实可以作为管制许可抗辩事由。但法的确定性与法的正义发生冲突和矛盾时，是维护法的确定性而牺牲法的正义还是为维护法的正义而牺牲法的确定性，这是一个令人迷惑的问题。上述规章和司法解释文件未将达标排放污染物作为环境污染侵权民事的抗辩事由，是因为污染物排放标准是公法领域的环境管制标准，不是判断是否损坏自然人、法人和其他组织人身、财产权利的标准，故未赋予污染物排放标准在民事侵权案件领域作为侵权和承担责任的标准的效力。民事法律规范规定了民事主体的民事权利受法律保护，侵害民事权利又无免责事由的，侵害民事权利的行为即构成民事违法而具有违法性。民事违法性不同于公法违法性，公法合法性不能阻却民事违法性，故作为公法上的环境管制标准的污染物排放标准（包括噪声排放标准）的遵守，只能产生公法合法性的法律效果，而不能作为民事侵权的抗辩事由。笔者认为，我国的污染物排放标准（包括噪声排放标准）是基于公法的环境管制的目的制定的，尽管其在制

---

① 《放射性污染防治法》第62条第1项："放射性污染，是指由于人类活动造成物料、人体、场所、环境介质表面或者内部出现超过国家标准的放射性物质或者射线。"

定中考虑了保障自然人健康和生命的因素,但污染物排放标准(包括噪声排放标准)并非保障自然人健康的健康技术标准,若将其作为污染行为承担侵权责任的必要标准,将混淆公法管制的目标与标准同私法保护民事权利的目标与标准,在实践中造成民事主体民事权利保护标准的降低,也会导致人权保护标准的下降。

2. 环境质量标准与管制许可抗辩

除了污染物排放标准以外,环境质量标准也是强制性环境标准。环境质量标准应否作为管制许可抗辩事由?质言之,符合环境标准的事实能否作为不承担民事侵权责任的理由?对此问题,理论上存在对立的观点。否定说认为符合环境质量标准的事实不应作为管制许可抗辩事由①,环境质量标准至多是环境行政管制努力实现的目标,而非确定公民民事权利和义务的法规。② 肯定说认为环境质量标准是判断和界定污染的标准,违反环境质量标准即有污染,反之则没有污染。③ 在此基础之上,肯定说分为充分条件肯定说和必要条件肯定说。充分条件肯定说认为,排污行为违反了环境质量标准必然造成民事权利损害而应当承担民事侵权责任。④ 必要条件肯定说认为,污染行为违反环境质量标准是构成民事侵权承担民事侵权责任的前提条件,没有违反环境质量标准就不存在污染事实,无须进一步考察排污行为与损害之间的因果关系即可直接作为抗辩事由排除承担民事责任的承担。⑤ 有学者甚至认为,排放污染物即使超过污染物排放标准,只要没有超过环境质量标准规定的限值,就不应承担环境污染侵权民事责任。⑥ 在司法领域,符合环境质量标准的事实是否作为环境污染侵权责任构成的抗辩事由,也出现相互矛盾的判例。⑦

美国 1963 年《清洁空气法》确立了控制空气污染以保护公众健康为

---

① 参见施志源《环境标准的法律属性与制度构成》,《重庆大学学报》(社会科学版)2016年第1期;谭启平《符合强制性标准与侵权责任承担的关系》,《中国法学》2017年第4期。

② 参见[日]原田尚彦《环境法》,于敏译,法律出版社1999年版,第70页。

③ 参见陈伟《环境质量标准的侵权法适用研究》,《中国法学》2017年第1期。

④ 参见王灿发《环境法学教程》,中国政法大学出版社1997年版,第81页;金瑞林主编《环境与资源保护法学》,北京大学出版社2000年版,第158页。

⑤ 参见陈伟《环境质量标准的侵权法适用研究》,《中国法学》2017年第1期。

⑥ 参见陈伟《环境质量标准的侵权法适用研究》,《中国法学》2017年第1期。

⑦ 参见浙江省杭州市中级人民法院〔2010〕浙杭民终字第3015号民事判决书与湖南省湘潭市中级人民法院〔2012〕潭中民一终字第222号民事判决书。

目的，1967年制定的《空气质量法案》中，空气质量标准被作为首要标准来制定排放标准，而空气质量标准的制定并非取决于空气污染治理技术及其在经济上的可行性，而是主要取决于污染物对公共健康的影响。美国对环境污染的界定主要考虑污染物对公共健康的影响，公共健康影响着环境标准的制定。美国的环境标准的功能经历了从污染物控制到损害后果控制再到健康风险控制的过程，当前美国环境标准制度在功能上是以保障公共健康为核心，同时具有环境与健康风险控制功能。在我国，环境质量标准并非纯粹的科学技术标准，我国环境质量标准的制定不是仅仅考虑社会成员个体健康、生命保障的因素而制定的纯技术的标准。环境质量标准在制定时，首先综合各项环境基准，然后对国家环境质量状况、环境对污染物的容纳情况、国家社会经济发展情况、国家环境技术力量和环境改善治理能力、不同区域功能定位等因素进行综合考虑后选择的指标。① 据此，我国环境质量标准并非基于保障人的个体的生命、健康的客观技术标准，而是一种人为主观选择的标准，具有意志性，是政策选择的结果和产物。

环境法在总体上采用了整体主义的价值观与方法论。② 尤明青认为，我国的环境法质量标准因其功能定位于公众与环境整体而体现出环境法的整体主义的价值观，我国环境质量标准的保护对象在于社会公众而非社会个体，在于生态环境整体而非社会个体成员接近和所处的环境中的部分。2014年《环境保护法》修订时，关于《环境保护法》的目的的条款——原1989年《环境保护法》第1条中的"保障人体健康"被修改为"保障公众健康"，这是我国环境法整体主义价值观和方法论在环境基本法立法层面的体现。

柯坚指出，环境法整体主义实践指向错误在于"用整体消解个体"，在价值观和方法论上"用抽象代替具体"。对此应当关注社会个体的利益诉求和价值主张，使环境法重视个体正当、合理的利益需求以及对其的法律权益保障。

环境质量标准是基于科学技术的认知，为保护环境整体和社会公众整体的环境而在政策层面选择确定的环境质量技术指标，该技术指标尽管基

---

① 参见叶文虎、张勇《环境管理学》，高等教育出版社2013年版，第116页。
② 参见柯坚《事实、规范与价值之间：环境法的问题立场、学科导向与实践指向》，《南京工业大学学报》（社会科学版）2014年第1期；刘卫先《生态法对生态系统整体性的回应》，《中国海洋大学学报》2008年第5期。

于对科学技术的认知，但它并非是完全客观的标准，它是政策决策者的选择，具有主观性。它的意义不在于对社会成员个体的保护标准，而在于提供公法上的环境管制标准。环境质量标准之核心功能在于对环境质量状况进行对比，在环境管制中发挥设定环境质量目标、进行考核激励以及督政问责的作用。[1]

肯定说将污染等同于违反环境质量标准，进而将违反环境质量标准作为污染行为造成损害构成民事侵权的条件，其关键在于对环境质量标准的性质和属性认识错误，误将环境质量标准作为确定是否存在污染的标准，误将环境质量标准认为是保障民事个体健康标准以及民事个体财产保护的安全标准。这样一来，就会产生错误的认识，即排污行为没有使环境状况低于环境质量标准就不存在污染，排污行为没有使环境状况低于环境质量标准就不会对民事权利个体的人身和财产造成损害，就不会构成对民事主体个体的民事权利侵害。

综上所述，笔者认为，我国的环境标准在制定上并非依据个体自然人健康标准和民事主体财产保护的安全，其功能在于提供一定政策选择下的环境管制标准，其意义是公法性的，而非私法性的，环境质量标准不应也不能在环境侵权案件中作为确定污染是否存在的绝对性标准，符合环境质量标准的污染物排放事实也不应作为行为者的民事侵权抗辩事由。否则，民事主体的人身权利、财产权利可能面临符合环境质量标准的污染行为的"合法"侵害而无从寻求法律救济与保护，这将导致民事权益保护水平的降低。

二　损害担责原则中的环境行政法律责任

环境行政法律责任是指违反环境法律法规规定的行政方面的法律义务污染环境和（或）破坏生态而应承担的行政方面的法律责任。因损害担责原则的问题指向是环境污染者和生态破坏者的污染环境、破坏生态行为的法律义务和法律责任的程度问题，所以损害担责原则的法律责任进路中的制度化内容只包括行政处罚，而不包括行政处分和纪律处分。环境行政处罚是环境保护监督管理部门对违反环境保护法律法规，污染环境、破坏

---

[1] 参见尤明青《论环境质量标准与环境污染侵权责任的认定》，《中国法学》2017年第6期。

生态，但其违法性和社会危害性又尚不构成刑事犯罪的环境行政相对人所实施的一种行政惩罚。环境行政处罚的实施主体是在环境保护领域中依法享有行政处罚权的行政主体。

环境行政处罚的对象是环境行政法律关系违反环境行政法律法规的环境行政相对人，具体来讲就是环境的污染者和生态的破坏者。环境行政处罚在性质上属于行政制裁，具有惩罚性和预防功能，这种预防功能表现为一般预防和特殊预防两个方面。环境行政处罚具有单方强制性，不需要经过环境行政相对人的同意和许可。环境行政处罚应当遵守行政处罚的一般原则，包括行政处罚法定原则、比例原则、公正公开原则以及惩罚与教育相结合的原则。环境行政处罚法定原则是指环境行政处罚的主体必须依法享有处罚权，要给予环境行政处罚必须有法律明确规定，环境行政处罚的种类、形式、程序都必须要依据法律的规定。环境行政处罚的比例原则是指环境行政处罚的轻重应当与环境行政相对人违法行为的严重性过罚相当，根据污染环境、破坏生态行为的事实、性质、情节以及社会危害程度来确定环境行政处罚轻重的程度。环境行政处罚的公正公开原则是指确定环境行政处罚时必须客观公正平等。环境行政处罚的公正公开原则要求环境行政处罚的依据必须要公布公开；作出环境行政处罚之前应当告知环境行政相对人作出环境行政处罚决定的事实、理由和依据，并告知环境行政相对人依法所享有的程序性权利；进行调查检查时，应当出示有效工作证件，执法人员不得少于两人；环境行政执法人员有回避情形时应当回避；环境行政处罚听证应当指定非调查人员来主持；环境行政处罚前应听取行政相对人的意见、陈述和辩解并制作笔录。

根据《环境保护法》《海洋环境保护法》《行政处罚法》、各单行污染防治法以及《环境行政处罚办法》等规范性法律文件的规定，对污染环境行为的环境行政处罚的种类包括警告，罚款，责令停产整顿，责令停产、停业、关闭，暂扣、吊销许可证或者其他具有许可性质的证件，没收违法所得、没收非法财物、行政拘留以及法律、行政法规设定的其他行政处罚。对破坏生态的行为的行政处罚，除上述环境行政处罚种类之外，还包括责令停止破坏行为、责令恢复被破坏了的生态环境和资源等。

三 损害担责原则中的环境刑事法律责任

环境犯罪又被称危害环境犯罪、公害犯罪以及破坏环境资源保护罪。

环境犯罪是当前国际上通行的说法。不同国家和地区对环境犯罪概念内涵和外延的界定并不完全相同。在全球范围内，并不存在统一的关于环境犯罪的概念界定。英美法系国家基于实用主义观念，比较重视法律的实用性，在立法中并未对环境犯罪进行完整定义。英美法系国家延续了普通法上处罚公害的传统，对轻微环境违法行为也可按犯罪进行处罚。大陆法系国家对环境犯罪的立法系统全面，在刑罚上注重刑事犯和行政犯的区别，只有环境破坏行为达到一定严重程度的才可适用刑法。在环境犯罪的定义上，大体归为传统归责模式的环境犯罪概念和现代模式的环境犯罪概念两种类型，两者的区分在于该类犯罪所保护的刑法法益的区别。前者认为环境犯罪保护的刑法法益是传统的刑法法益中的健康、生命与财产法益，后者认为环境犯罪是侵犯人类环境的犯罪行为。[①] 无论是采取前种观点还是后种观点，环境犯罪都构成了损害担责原则中的所谓损害，环境犯罪所应承担的刑事责任也就属于担责的范畴。

对于环境问题，人类社会对其采取的制度措施在模式上大致都经历了民刑法沿用阶段、行政管制立法主导阶段以及多元治理三个阶段。[②] 在民刑法沿用阶段，通过法院针对具体化的案件援引传统的民法和刑法审理案件实现法的环境问题回应。在行政管制立法主导阶段，主要采用通过大量的行政立法以"命令—控制"的方式来回应与解决环境问题。在多元治理阶段，除环境行政管制外，在应对环境问题上出现了重视经济诱因、软性协商和民主参与取代对抗、重视对污染环境和破坏生态行为的刑罚处罚的趋势。例如，日本在1970年第64届国会（被称为"公害国会"）中导入了直罚主义，直罚主义是指对违反排放标准的责任者直接处以刑罚的做法。这种处罚的性质类似于我国的行政处罚，但又不同于行政处罚，因为拘役和罚金属于刑罚。例如，对故意实施超标准排放行为，可对直接责任者或者企事业单位处6个月以下拘役或10万日元以下罚金，对过失超标准排出的，对于责任者处3个月以下拘役或5万日元以下罚金。[③]

在环境刑法的立法模式上，成文法国家普遍的做法是在刑法典中规定

---

① 参见赵秉志等《环境犯罪比较研究》，法律出版社2004年版，第8页。
② 参见苏俊雄《环境问题的制度因应——刑罚与其他因应措施的比较与选择》，载《环境刑法国际学术研讨会论文辑》1992年，第120页。
③ 参见冷罗生《日本公害诉讼理论与案例评析》，商务印书馆2005年版，第357—358页。

环境犯罪。在刑法典中规定环境犯罪，又分为传统模式和现代模式两种方法。传统模式是指借用刑法典原有的并未独立但与环境犯罪有关的规定模式，现代模式是指在刑法典中设置专章或专节的形式单独规定环境犯罪。如1998年《德国刑法典》第29章规定了"污染环境犯罪"，1996年《俄罗斯刑法典》第26章规定了"生态犯罪"，我国1997年《刑法》在第六章"妨害社会管理秩序罪"第六节中规定了"破坏环境资源保护罪"。现代模式同传统模式相比，一是将环境作为独立法益来加以保护，二是加大了对环境犯罪的惩治力度。环境犯罪除了在刑法典中加以规定以外，附属环境刑法也是被普遍采用的立法方式之一，英美法系国家多采用这种方式，成本法传统国家也多数采用附属刑法。法国、德国、日本、美国、英国以及我国都存在的附属环境刑法。还有一些国家存在特别环境刑法的立法，其中又以日本的《公害罪法》最为著名。

我国1979年《刑法》没有设定专门的章或节来规定环境犯罪。涉及环境犯罪的规定散见于具体的罪名之中，如盗伐、滥伐林木罪，非法捕捞水产品罪以及非法狩猎罪等，此外关于环境犯罪的内容规定在单行刑法和附属刑法中。当时我国的刑法立法尚未确立罪刑法定原则，而是实行类推适用。1997年《刑法》在第六章"妨害社会管理秩序罪"中设置专节规定了"破坏环境资源保护罪"，运用刑罚手段对污染环境和破坏生态的行为进行惩罚与制裁。1997年《刑法》扩大了刑法所保护的环境要素的范围，在原有包括森林、野生动植物、水产资源、水体、大气等环境要素的基础之上增加了土地资源、珍贵树木等作为刑法保护的环境要素。1997年《刑法》还新增了单位犯罪的规定，使得被追究刑事责任的环境污染者和生态破坏的主体范围扩大到自然人以外的单位。我国《环境保护法》第69条规定："违反本法规定，构成犯罪的，依法追究刑事责任。"《刑法》第六章第六节规定了破坏环境资源保护罪，《刑法修正案（八）》将第338条进行了修改，规定了污染环境罪。《最高人民法院、最高人民检察院关于办理环境污染刑事案件适用法律若干问题的解释》第1条规定了"严重污染环境"的18种情况。目前我国刑法中规定了14种具体的环境犯罪，对这些犯罪科处的刑罚，既包括主刑，也包括附加刑。具体包括罚金、没收财产、管制、拘役以及有期徒刑，对单位构成环境犯罪的，实行双罚制。

四　损害担责原则中的生态损害赔偿责任

本节所称的生态环境损害赔偿责任，是指因污染环境破坏生态而承担的损害赔偿责任，不包括因污染环境破坏生态给他人的人身、财产造成损害而承担的赔偿责任。生态损害赔偿法律责任在责任的性质、目的、责任方式与内容、责任原因事实以及实现方式等方面同传统的民事责任不同，同传统的行政责任不同，同传统的刑事责任也不相同。《生态环境损害赔偿制度改革方案》界定了生态环境损害的内涵以及适用范围。[①] 该方案界定的生态环境损害是指因污染环境与破坏生态造成的环境要素不利改变、生物要素不利改变，以及环境要素、生物要素构成的生态系统的功能退化。这里规定的损害，是纯环境和生态的损害，不包括因损害环境与生态而给社会成员造成的环境和生态损害以外的其他损害。2018年，包括北京、江苏、浙江、四川、河南、河北、辽宁、重庆、安徽、广西、贵州、江西、青海、云南等省、自治区、直辖市以及泰州、绍兴、毕节、洛阳、烟台、南通、济南、舟山、张掖、日照等城市都通过了生态环境损害赔偿制度改革方案。

我国《海洋环境保护法》第94条第1款规定了海洋环境污染损害的立法定义。[②] 在该立法概念中，污染损害既包括污染环境而导致的对经济性资源的损害、对人身健康的危害、对行为与活动的妨碍，也包括单纯的

---

① "本方案所称生态环境损害，是指因污染环境、破坏生态造成大气、地表水、地下水、土壤、森林等环境要素和植物、动物、微生物等生物要素的不利改变，以及上述要素构成的生态系统功能退化。

（一）有下列情形之一的，按本方案要求依法追究生态环境损害赔偿责任：

1. 发生较大及以上突发环境事件的；

2. 在国家和省级主体功能区规划中划定的重点生态功能区、禁止开发区发生环境污染、生态破坏事件的；

3. 发生其他严重影响生态环境后果的。各地区应根据实际情况，综合考虑造成的环境污染、生态破坏程度以及社会影响等因素，明确具体情形。

（二）以下情形不适用本方案：

1. 涉及人身伤害、个人和集体财产损失要求赔偿的，适用侵权责任法等法律规定；

2. 涉及海洋生态环境损害赔偿的，适用海洋环境保护法等法律及相关规定。"

② 《海洋环境保护法》第94条第1款："海洋环境污染损害，是指直接或者间接地把物质或者能量引入海洋环境，产生损害海洋生物资源、危害人体健康、妨害渔业和海上其他合法活动、损害海水使用素质和减损环境质量等有害影响。"

对环境要素、环境本身的损害，即因把物质或者能量引入海洋环境而产生的损害海水使用素质和减损环境质量的有害影响。《最高人民法院关于审理海洋自然资源与生态环境损害赔偿纠纷案件若干问题的规定》第 7 条规定的海洋生态环境损失赔偿范围包括预防措施费用、恢复费用、恢复期间损失以及调查评估费用等。① 从该规定可以看出，环境损害包括了对环境本身造成的损害。

原环保部〔2011〕60 号文件《关于开展环境污染损害赔偿鉴定评估工作的若干意见》的附件《环境污染损害数额计算推荐方法》（第 Ⅰ 版）也对环境污染损害作了定义性规定。② 该文件还对"生态环境服务功能""期间损害"作了定义性规定。原环保部 2014 年发布的《环境损害鉴定评估推荐方法》（第 Ⅱ 版）对环境损害、生态环境损害明确加以定义。③ 根据该定义，"环境损害"包括人体健康的不利变化、财产价值的不利变化以及生态环境、生态系统服务之不利变化。"生态环境损害"包括生态环境之化学、物理或生物特性的不利改变与提供生态系统的服务能力之损伤或破坏。吕忠梅据此认为，生态环境损害仅仅指称对生态环境造成的损害，环境损害则除了包括生态环境损害以外，还包括因污染环境或

---

① 《最高人民法院关于审理海洋自然资源与生态环境损害赔偿纠纷案件若干问题的规定》第 7 条："海洋自然资源与生态环境损失赔偿范围包括：

（一）预防措施费用，即为减轻或者防止海洋环境污染、生态恶化、自然资源减少所采取合理应急处置措施而发生的费用；

（二）恢复费用，即采取或者将要采取措施恢复或者部分恢复受损害海洋自然资源与生态环境功能所需费用；

（三）恢复期间损失，即受损害的海洋自然资源与生态环境功能部分或者完全恢复前的海洋自然资源损失、生态环境服务功能损失；

（四）调查评估费用，即调查、勘查、监测污染区域和评估污染等损害风险与实际损害所发生的费用。"

② 该定义为："环境污染事故和事件造成的各类损害，包括环境污染行为直接造成的区域生态环境功能和自然资源破坏、人身伤亡和财产损毁及其减少的实际价值，也包括为防止污染扩大、污染修复和/或恢复受损生态环境而采取的必要的、合理的措施而发生的费用，在正常情况下可以获得利益的丧失，污染环境部分或完全恢复前生态环境服务功能的期间损害。"

③ 该办法第 4.1 条规定，"环境损害"是"因污染环境或破坏生态行为导致人体健康、财产价值或生态环境及其生态系统服务的可观察的或可测量的不利改变"。第 4.5 条规定，"生态环境损害""指由于污染环境或破坏生态行为直接或间接地导致生态环境的物理、化学或生物特性的可观察的或可测量的不利改变，以及提供生态系统服务能力的破坏或损伤"。

破坏生态造成的财产损害与人身损害,"环境损害"是生态环境损害的上位概念。[①] 我国的环境公益诉讼制度中也规定了对污染环境、破坏生态的行为人承担停止侵害、排除妨碍、消除危险、恢复原状、赔偿损失、赔礼道歉等民事责任的内容。

我国的《民法典》第 1232 条规定了损害生态环境的惩罚性赔偿的内容。关于损害生态环境的惩罚性赔偿制度将在第三节中加以详细论述。《生态环境损害赔偿制度改革方案》与我国环境公益诉讼制度中规定的民事责任的重点在于对污染环境破坏生态行为对环境造成的损害的填补,本身并无制裁与惩罚的性质,《民法典》规定,损害生态环境的惩罚性赔偿则在填补对环境与生态造成的损害的基础之上,还对环境污染和生态破坏的行为人进行惩罚与制裁。

第二节　当前环境政策考量背景下制度化责任进路中的法律责任扩展

环境政策往往是环境立法的先导,预设着立法的方向与未来。通过环境立法,使环境政策具体化与制度化。党的十八大报告要求"加强生态文明制度建设",要"加强环境监管,健全生态环境保护责任追究制度和环境损害赔偿制度"。党的十八届三中全会提出,建设生态文明必须实行最严格的损害赔偿制度,对造成生态环境损害的责任者严格实行赔偿制度。党的十八届四中全会通过的《中共中央关于全面推进依法治国若干重大问题的决定》指出,要"用严格的法律制度保护生态环境","强化生产者环境保护的法律责任,大幅度提高违法成本"。党的十九大报告提出,要"提高污染排放标准,强化排污者责任,健全环保信用评价、信息强制性披露、严惩重罚等制度"。党的二十大报告指出,在二十大召开的十年前,我国面对着"资源环境约束趋紧、环境污染等问题突出"的形势,十年来,我国"坚持绿水青山就是金山银山的理念,坚持山水林田湖草沙一体化保护和系统治理,全方位、全地域、全过程加强生态环境保护,生态文明制度体系更加健全,污染防治攻坚向纵深推进,绿色、循

[①] 参见吕忠梅《"生态环境损害赔偿"的法律辨析》,《法学论坛》2017 年第 3 期。

环、低碳发展迈出坚实步伐,生态环境保护发生历史性、转折性、全局性变化";党的十九大以来,党和国家"大力推进生态文明建设"。二十大报告还指出,"生态环境保护任务依然艰巨",要"推动绿色发展,促进人与自然和谐共生"。在上述环境政策背景下,我国的环境立法呈现出损害环境担责的法律责任的扩展,这种扩展主要体现在按日连续计罚制度和环境生态损害惩罚性赔偿制度的制定上。

一 按日连续处罚制度

按日连续处罚制度最早来源于地方性法规,其在 2014 年被规定在《环境保护法》第 59 条,从此有了法律层面的依据。随后环保领域的其他特别法陆续引入这一制度,如《大气污染防治法》(2015 年 8 月 29 日修订)、《海洋环境保护法》(2016 年 11 月 7 日修订)、《水污染防治法》(2017 年 6 月 27 日修订)等。此外,原环境保护部也在 2014 年 12 月发布了《环境保护主管部门实施按日连续处罚办法》这一部门规章作为程序保障。至此,我国环境保护领域的按日连续处罚制度已经形成了环保基本法、特别法、地方性法规、部门规章等层级分明、相互支持的体系。

(一) 按日连续处罚制度的创制

对于持续性的环境污染行为,过去我国的环境法律都只能按照一个行为给予一次性处罚。企业是以营利为目的的社会经济组织,是典型的"经济人",对持续性的污染企业给予一次性处罚,使得企业持续性污染行为即使被顶格处罚,在经济上仍然是合算的,守法成本远远高于违法成本,导致了对违法行为的逆向鼓励。为了改变这种"守法成本高,违法成本低"的状况,我国首先在地方立法中规定了按日连续处罚制度。2007 年 5 月 18 日重庆市人大常委会通过的《重庆市环境保护条例》第 111 条第 2 款[①]在国内立法中率先规定了按日连续处罚制度。2009 年 7 月 21 日深圳市人大常委会修订的《深圳经济特区环境保护条例》第 69 条第 2 款[②]以

[①] 《重庆市环境保护条例》(2007 年)第 111 条第 2 款:"违法排污拒不改正的,环境保护行政主管部门可按本条例规定的罚款额度按日累加处罚。"

[②] 《深圳经济特区环境保护条例》(2009 年)第 69 条第 2 款:"有前款规定的行为之一,经环保部门处罚后,不停止违法行为或者逾期未改正的,环保部门应当对该违法行为实施按日计罚。按日计罚的每日罚款额度为原处罚数额,具体程序按照国家有关规定执行。"

及 2013 年 11 月 29 日陕西省人大会常委会通过并于 2014 年 1 月 1 日起执行的《陕西省大气污染防治条例》第 76 条①也规定了按日连续处罚制度。

我国在 2014 年修订《环境保护法》时，设立了全国性的按日连续处罚制度。② 按日连续处罚制度适用的对象包括企事业单位生产经营者；适用的情形是违法排放污染物的行为；处罚的内容限于罚款，即财产罚，不包括行为罚、自由罚以及声誉罚等处罚。按日连续处罚的前提条件是生产经营者因违法排放污染物受到罚款处罚并被责令改正的情况下，拒不改正仍然继续违法排放污染物；处罚的数额是按照原处罚数额按日连续累计计算，处罚数额按照防治污染设施的运行成本、违法行为造成的直接损失或者违法所得等因素来加以确定。另外，《环境保护法》第 59 条第 3 款还授权地方性法规确定适用按日连续处罚的环境违法行为③，这一规定导致了按日连续处罚适用违法行为种类的泛滥。

除了《环境保护法》外，2014 年后修改的污染防治法律也陆续规定了按日连续处罚制度。2015 年 8 月 29 日修订的《大气污染防治法》第 123 条④、

---

① 《陕西省大气污染防治条例》（2013 年）第 76 条："违反本条例规定，企业事业单位违法排放大气污染物，受到罚款处罚，被责令限期改正，逾期不改正的，依法作出行政处罚决定的行政机关可以按照原处罚数额按日连续处罚，直至依法责令停产停业或者关闭。"

② 《环境保护法》第 59 条："企业事业单位和其他生产经营者违法排放污染物，受到罚款处罚，被责令改正，拒不改正的，依法作出处罚决定的行政机关可以自责令改正之日的次日起，按照原处罚数额按日连续处罚。

前款规定的罚款处罚，依照有关法律法规按照防治污染设施的运行成本、违法行为造成的直接损失或者违法所得等因素确定的规定执行。

地方性法规可以根据环境保护的实际需要，增加第一款规定的按日连续处罚的违法行为的种类。"

③ 《环境保护法》第 59 条第 3 款："地方性法规可以根据环境保护的实际需要，增加第一款规定的按日连续处罚的违法行为的种类。"

④ 2015 年 8 月 29 日修订的《大气污染防治法》第 123 条："违反本法规定，企业事业单位和其他生产经营者有下列行为之一，受到罚款处罚，被责令改正，拒不改正的，依法作出处罚决定的行政机关可以自责令改正之日的次日起，按照原处罚数额按日连续处罚：

（一）未依法取得排污许可证排放大气污染物的；

（二）超过大气污染物排放标准或者超过重点大气污染物排放总量控制指标排放大气污染物的；

（三）通过逃避监管的方式排放大气污染物的；

（四）建筑施工或者贮存易产生扬尘的物料未采取有效措施防治扬尘污染的。"

2016 年 11 月 7 日修正的《海洋环境保护法》第 73 条[①]、2017 年 6 月 27 日修正的《水污染防治法》第 95 条[②]也都规定了按日连续处罚制度。

我国台湾地区在多部环境方面的相关规定中有按日连续处罚制度，包括台湾地区的"空气污染防治法""水污染防治法""土壤及地下水污染整治法""噪音管制法""海洋污染防治法""资源回收再利用法""环境影响评估法"以及"废弃物清理法"等。[③]我国香港地区的《空气污染管制条例》《水污染管制条例》以及《废弃物处置条例》等法律文件中也规定了按日计罚制度。

（二）按日连续处罚适用的范围

美国的按日连续处罚适用于所有类型的环境违法行为，包括违反许可排污的违法行为，还包括拒绝环保行政机关进行现场检查以及排污虚假申报等环境违法行为。我国台湾地区的按日连续处罚除了适用于违法排污行为以外，其适用范围还包括违反环境监测义务、违反环境信息申报义务、违法存放特定危险物质、违反环评义务以及在禁养区、限养区内饲养家禽、家畜等环境违法行为。《深圳经济特区环境保护条例》规定的按日连续处罚适用的范围包括：排污者未取得排污许可证或被依法吊销排污许可证后排放污染物的；排污者未遵守排污许可证载明的环境管理要求或未按照排污许可证规定排放污染物的；不需要领取排污许可

---

① 2016 年 11 月 7 日修正的《海洋环境保护法》第 73 条："违反本法有关规定，有下列行为之一的，由依照本法规定行使海洋环境监督管理权的部门责令停止违法行为、限期改正或者责令采取限制生产、停产整治等措施，并处以罚款；拒不改正的，依法作出处罚决定的部门可以自责令改正之日的次日起，按照原罚款数额按日连续处罚；情节严重的，报经有批准权的人民政府批准，责令停业、关闭：（一）向海域排放本法禁止排放的污染物或者其他物质的；（二）不按照本法规定向海洋排放污染物，或者超过标准、总量控制指标排放污染物的；（三）未取得海洋倾倒许可证，向海洋倾倒废弃物的；（四）因发生事故或者其他突发性事件，造成海洋环境污染事故，不立即采取处理措施的。

有前款第（一）、（三）项行为之一的，处三万元以上二十万元以下的罚款；有前款第（二）、（四）项行为之一的，处二万元以上十万元以下的罚款。"

② 2017 年 6 月 27 日修正的《水污染防治法》第 95 条："企业事业单位和其他生产经营者违法排放水污染物，受到罚款处罚，被责令改正的，依法作出处罚决定的行政机关应当组织复查，发现其继续违法排放水污染物或者拒绝、阻挠复查的，依照《环境保护法》的规定按日连续处罚。"

③ 参见吴宇《论按日计罚的法律性质及在我国环境法上的适用》，《理论月刊》2012 年第 4 期。

证的排污者排放污染物超过国家或者地方规定的污染物排放标准的。可以看出，《深圳经济特区环境保护条例》规定的按日连续处罚适用的范围限于违法排放污染物。《重庆市环境保护条例》与《陕西省大气污染防治条例》规定的按日连续处罚适用的范围也都是限于违法排放大气污染物。

2015年8月29日修订的《大气污染防治法》规定了按日连续处罚适用的范围，具体包括：未依法取得排污许可证排放大气污染物的；超过大气污染物排放标准或者超过重点大气污染物排放总量控制指标排放大气污染物的；通过逃避监管的方式排放大气污染物的；建筑施工或者贮存易产生扬尘的物料未采取有效措施防治扬尘污染的。2016年11月7日修正的《海洋环境保护法》也规定了按日连续处罚适用的范围，具体包括：向海域排放本法禁止排放的污染物或者其他物质的；不按照《海洋环境保护法》规定向海洋排放污染物，或者超过标准、总量控制指标排放污染物的；未取得海洋倾倒许可证，向海洋倾倒废弃物的；因发生事故或者其他突发性事件，造成海洋环境污染事故，不立即采取处理措施的。2017年6月27日修正的《水污染防治法》规定的按日连续处罚适用的对象是违法排放水污染物。

我国目前环境信息虚假申报、违反环境评价和"三同时"制度的环境违法现象比较突出，这些环境违法行为的违法成本较低，我国目前的刑法尚未将环境信息虚假申报的行为规定为犯罪科以刑罚。有鉴于此，有学者提出，应当将按日连续处罚的适用范围扩展至包括环境信息虚假申报行为、环评违法行为以及"三同时"违法行为，以充分发挥按日连续处罚制度的总体威慑力。[①]

（三）按日连续处罚的性质

按日连续处罚制度在环境执法实务和理论研究领域充满争论。按日连续处罚的法律性质究竟为何？这个问题直接影响到按日连续处罚其执行程序、方式以及救济方法与途径。按日连续处罚的法律性质是争论的第一个

---

① 参见严厚福《〈环境保护法〉"按日计罚"条款评析》，《清华法治论衡》2014年第2期；吴胜男《新环保法"按日计罚"制度的法律适用》，《长江大学学报》（社科版）2015年第6期。

焦点。关于按日连续处罚的性质，理论界有三种观点①，一是认为按日连续处罚属于行政处罚或秩序罚②，该说又可细分为两种观点，第一种观点认为按日连续处罚属于一般性的行政处罚，第二种观点认为按日连续处罚是具有行政强制执行性质的行政处罚。③ 二是认为按日连续处罚是执行罚即行政强制措施。④ 三是认为按日连续处罚具有混合性质，兼具行政处罚与执行罚性质。⑤ 还有学者认为，按日连续处罚在外在形式上具有执行罚之"外观"，在内在实质上具有行政处罚之"内涵"。⑥ 汪劲对国外按日连续处罚制度的立法进行了梳理，概括了按日连续处罚在立法上的两种模式：一是作为行政处罚手段的英美法模式，二是作为行政强制手段的大陆法模式。⑦

笔者认为，按日连续处罚在性质上属于行政处罚，不属于行政强制，按日连续处罚制度和"一事不再罚"原则不冲突。按照《行政强制法》第 2 条关于行政强制的立法定义，行政强制包括两类，分别为行政强制措施与行政强制执行。行政强制措施是对自然人相对人的人身自由实施的暂时性限制或者对相对人财物实施暂时性的控制。行政强制执行是人民法院依行政机关申请或行政机关自行强制拒不履行行政决定的相对人履行义务。按日连续处罚中的罚款是终局性的实体性处理，不是暂时性措施，不

---

① 参见吴宇《论按日计罚的法律性质及在我国环境法上的适用》，《理论月刊》2012 年第 4 期；郜德奎、陈德敏《〈环境保护法〉按日计罚制度适用问题研究——基于立法与执法视角》，《北京理工大学学报》（社会科学版）2016 年第 6 期；杜殿虎《按日计罚性质再审视——以法解释学为解释视角》，《南京工业大学学报》（社会科学版）2018 年第 5 期。

② 参见姜明安《〈水污染防治法〉中实施"按日计罚"的可行性》，《环境保护》2007 年第 24 期；程雨燕《环境罚款数额设定的立法研究》，《法商研究》2008 年第 1 期。

③ 参见杜群《环境保护法按日计罚制度再审视——以地方性法规为视角》，《现代法学》2018 年第 6 期。

④ 参见严厚福《〈环境保护法〉"按日计罚"条款评析》，《清华法治论衡》2014 年第 2 期；熊樟林《连续处罚行为的性质认定——以新〈环法〉第 59 条为中心》，《华东政法大学学报》2015 年第 5 期；张婉苏《论滞纳金的法律性质》，《学海》2013 年第 4 期。

⑤ 参见陈文贵《公法上"按日连续处罚"问题初探》，《法令月刊》2004 年第 2 期；陈德敏、郜德奎《按日计罚的法律性质与规范建构》，《中州学刊》2015 年第 6 期。

⑥ 参见刘佳奇《对按日连续处罚适用问题的法治思考——兼评〈环境保护主管部门实施按日连续处罚办法〉》，《政治与法律》2015 年第 7 期。

⑦ 参见汪劲、严厚福《构建我国环境立法中的按日连续处罚制：以〈水污染防治法〉的修改为例》，《法学》2007 年第 12 期。

属于行政强制措施；按日连续处罚中的罚款虽然具有强制性，但其并非"强制"本身。另外，按日连续处罚的目的在于结束违法人处于持续状态的违法排污行为，"责令改正"违法排污行为；结束违法人处于持续状态的违法排污行为对相对人来讲并非一项法律义务，按日连续处罚的对象是处于持续状态的违法排污行为，而非"拒不改正"的行为。再者，行政强制执行机关是法院，而处以按日连续处罚的机关是行政机关，因此，按日连续处罚也非行政强制执行。另外，《环境保护法》59条第3款授权地方立法在制定地方性法规时可根据地方环境保护的实际需要来增加第1款规定的按日连续处罚的违法行为的种类，这暗示着《环境保护法》是将按日连续处罚作为行政处罚而非执行罚来对待的，因为《行政强制法》第13条第1款明确规定"行政强制执行由法律设定"，即行政强制不得由地方法规来设定。若按日连续处罚属于执行罚，则《环境保护法》第59条第3款的合法性以及地方法规中规定按日连续处罚适用的违法行为的种类将存在合法性问题。我国的《立法法》并不要求罚款的行政处罚必须由法律来加以规定。

违法者被处罚是基于违法排污行为，被按日连续处罚是因为其遭受罚款处罚的行为处于持续状态。处于持续状态的违法排污行为是一个行为而非多个行为，属于"一事"。按日连续处罚针对的行为是违法者处于持续状态的排污行为，而非其被责令改正后"拒不改正"的行为。有学者认为，制定按日连续处罚制度的主要目的在于让违法排污者尽快停止违法的污染行为，制度设立的目的不在于严惩违法人，即让其承担巨额的罚款处罚，而是在于通过该项制度督促违法人尽快停止处于持续状态的违法排污行为。[①] 笔者也同意这种观点。按日连续处罚并非按日连续给予多个罚款处罚，而是根据违法者违法排污的行为在被"责令改正"仍然处于持续非法排污状态的天数来计算罚款的数额，后续的按照连日给予的处罚只是处罚的组成部分而非完整的处罚本身。

学界关于按日连续处罚争论的另外一个焦点是，其与"一事不再罚"的行政法基本原则是否存在矛盾。对此问题，存在两种截然对立的观点。姜明安认为两者之间不冲突，按日连续处罚实质上只是计算行政罚款数额

---

① 参见吴宇《论按日计罚的法律性质及在我国环境法上的适用》，《理论月刊》2012年第4期。

的方式，对连续性的排污违法行为按日连续处罚在行政处罚的数量上仍是一个。① 汪劲也认为，"一事不再罚"与"按日连续处罚"分处不同层面，两者并行不悖，法律是将持续性的违法行为按照"天"进行分割为不同的"事"，按日连续处罚就不属于一事多罚。②

2009年12月30日环境保护部修订通过并于2010年1月19日公布的《环境行政处罚办法》规定了按次计罚。③ 该办法第11条第2款规定，被责令改正但未改正的处于继续或者连续状态的违法行为视为新的违法行为。④ 这种规定一是按次处罚而非按日连续处罚，在次数上也限于增加一次；二是这种立法观点在理论上缺乏说服力，不能逻辑自洽。从该规定看，被视为新的违法行为的行为是"处于继续或者连续状态的违法行为"，即被视为新的违法行为的行为仍然是原违法行为，只是该行为曾经被"责令改正"且未改正，即使如此，被视为新的违法行为仍然是原行为，仍为"一事"而非"两事"。被视为新的违法行为也不是被责令改正后拒不改正的消极行为，还是违法排污的积极行为。这种立法观点无法排除同"一事不再罚"原则之间的理论冲突而被摒弃。《环境保护法》2014年修订时，该立法观点被摒弃也在情理之中。

二 生态环境损害惩罚性赔偿金制度

我国在《食品安全法》《消费者权益保护法》《旅游法》以及《商标法》中曾经规定过惩罚性赔偿制度。在加强生态文明建设，建立和强化对损害环境行为的惩罚的环境政策考量的背景下，我国的《民法典》第1232条规定了损害生态环境的惩罚性赔偿制度。关于惩罚性赔偿制度，在其正当性、性质和功能等问题上，理论界和实务界的争论较大。

---

① 参见姜明安《〈水污染防治法〉中实施"按日计罚"的可行性：行政法学家视角的评述》，《环境保护》2007年第24期。

② 参见汪劲、严厚福《构建我国环境立法中的按日连续处罚制：以〈水污染防治法〉的修改为例》，《法学》2007年第12期。

③ 参见汪再祥《我国现行连续罚制度之检讨——基于行政法体系与规范本质的思考》，《法学评论》2012年第3期。

④ 2010年1月19日公布的《环境行政处罚办法》第11条第2款："责令改正期限届满，当事人未按要求改正，违法行为仍处于继续或者连续状态的，可以认定为新的环境违法行为。"

(一) 惩罚性赔偿制度的争论

格哈德·瓦格纳认为，惩罚性赔偿肇始于美国。① 我国有学者认为惩罚性赔偿制度肇始于古罗马等国，但严格意义上的惩罚性制度却产生在中世纪时期的英国。② 英国的国会于 1275 年制定了《复数损害赔偿条款》，规定侵害神职人员造成损害的，按造成的损害的两倍进行赔偿。英国的亨利·布鲁克认为，惩罚性赔偿金在 18 世纪 60 年代首次出现在英格兰的法律中。③ 通常认为，有记载的最早的惩罚性判例是英国的 Wilk v. Wood 案件。

1. 侵权法补偿功能的局限

（1）损失填补的道义判断缺失

对于环境侵权责任是否具有惩罚和教育的功能存在着不同的认识。王利明认为，侵权责任作为一种法律责任，具有制裁违法行为人的职能，因为制裁性是法律责任的固有属性。④ 杨立新认为，赔偿损失对行为人而言是一种财产惩罚，体现谴责与非难，对侵权行为人而言是一种制裁。所以，惩罚的目的就是要保证民法规范的遵守、保障民事权利的实现和民事义务的履行。⑤ 惩罚的理念是付出代价，在刑法中，这些代价指刑罚，在民法中主要指金钱赔偿。⑥

否定论认为，因排污行为为社会生产生活和社会进步与发展所必需而具有价值性和社会正当性，故因环境侵权行为承担侵权责任不具有非难性。适用无过错归责原则，旨在填补受害人所受损害，不在于对不法行为的制裁。⑦

笔者认为，因我国环境法律与民事法律着眼点侧重于对环境侵权受害

---

① 参见［德］格哈德·瓦格纳《损害赔偿法的未来——商业化、惩罚性赔偿、集体性损害》，王程芳译，中国法制出版社 2012 年版，第 112 页。

② 参见关淑芳《惩罚性赔偿制度研究》，中国人民公安大学出版社 2008 年版，第 7 页。

③ 参见［奥］赫尔穆特·考茨欧、瓦内萨·威尔科克斯《惩罚性赔偿金：普通法与大陆法的视角》，窦海阳译，中国法制出版社 2012 年版，第 1 页。

④ 参见王利明《侵权行为法归责原则研究》，中国政法大学出版社 1992 年版，第 54 页。

⑤ 参见杨立新《侵权行为法专论》，高等教育出版社 2005 年版，第 9 页。

⑥ 参见［美］迈克尔·D. 贝勒斯《法律的原则——一个规范的分析》，张文显等译，中国大百科全书出版社 1996 年版，第 249 页。

⑦ 参见王泽鉴《侵权行为法》，中国政法大学出版社 2001 年版，第 16 页。

人损害的填补的实现，在环境侵权归责原则上采用了无过错归责原则，故我国的损害担责原则对污染行为的环境侵权责任没有作出否定性的社会伦理判断，导致环境侵权责任的惩罚和教育功能在一定程度上的弱化甚至丧失，阻碍了加害人和社会公众在思想上认识到环境侵权行为的非难性，最终导致民事环境法律责任制度无法规范与约束排污者的行为，环境正义与环境非正义分野不明，环境行为合法与非法界限不清。这也是我国环境侵权多发的主观原因之一。

另外，造成损害的情况下，只对损害本身进行填补，从经济角度考虑实质上是"等价"交换，不能体现对造成损害的制裁与惩罚，不能体现法律的否定性道义评价，特别是在损害行为获利大于损害本身的情况下，损失填补的传统型补偿性赔偿制度部分甚至全部丧失道义评价功能，从而使环境损害侵权的规范引导的作用大打折扣。

（2）禁止得利——对环境侵权的预防不足（只面向过去，不面向未来）

传统观点认为，损害补偿的核心是补偿原则。补偿性赔偿目的和功能在于对已然的损害予以填补，补偿性赔偿禁止受害人因遭受损害而获利。在补偿性赔偿制度下，赔偿的范围也并非受害人遭受的全部损害，比如受害人为寻求救济而发生的律师服务费用、交通食宿费用、为维权而发生的误工损失、垫付的立案费用、鉴定费用、保全费用的利息损失等。间接损失往往被排除在补偿性赔偿之外，一方面，受害人即使被补偿，但实际上在补偿之外仍有损失得不到补偿，自身的利益受到损害；另一方面，侵权人不用为受害人遭受的全部损失承担责任，行为人在知道无须对某种损害承担责任的情况下，也就不会具有避免该种损害的行为动力，尤其在侵权人因侵权获利的情况下，侵权人仍然有动力去积极地实施侵权行为，导致补偿性损害赔偿的预防作用不足的情况发生。过去，我国在环境保护领域，使用甚至污染破坏环境都是无偿的。之后的排污费制度，使得排污人负有了缴纳排污费的法律义务。但排污费的缴纳数额是根据排污量加以确定而非根据损害大小来确定的。过去，因环境本身的公共性，造成环境本身的损害并没有获得补偿。尽管我国已经出台了关于环境损害的赔偿制度，但该制度也没有将所有的对环境造成的损害都纳入赔偿的范围。即使补偿性赔偿将全部损害纳入补偿范围，该补偿仍然面对的是既成的损害而没有面向未来的损害，即补偿性赔偿面对过去而忽视未来，同样会造成对该类损害再次发生的预防严重不足。

纵观世界各国环境法发展历程，都经历了末端治理到全过程管制再到预防为主的过程，我国《环境保护法》规定了预防为主的环境法基本原则。补偿性赔偿的预防功能严重不足，在损害环境案件中适用惩罚性赔偿有利于增强制度的预防功能，最大限度地契合和体现了预防为主的环境法基本原则。

（3）损失填补——损害商品化对"环境侵权交易"的逆向鼓励

补偿性赔偿的范围限于损害，禁止受害人获得损害以外的赔偿。这种制度下的赔偿类似一种交易——造成损害——根据损害大小赔偿（支付对价）。赔偿金就如同侵权人支付的对损害的对价，而且对价不仅是等额，还是事后支付。在此制度下，损害就像商品一样，侵权人只要愿意支付对价就可以实施侵害造成损害。损害的商品化使得赔偿犹如侵权造成损害的许可证，尽管这种许可还是事后获得。补偿性赔偿制度下，损害被商品化，侵权人事实上取得了依据单方意志进行交易的权利，受害人尽管不愿意进行"损害—补偿性赔偿"的交易，但也无可奈何，只能在遭受损害的情况下被动地接受补偿性赔偿的"对价"，这种制度显示出对受害人权利利益的保护水平低下，不利于保护受害人权利利益。另外，很多情况下，侵权人因造成受害人损害而获利。如果侵权人造成受害人损害的获利大于受害人的损害，侵权人就会倾向于积极实施侵权行为，这种情况下补偿性赔偿会在实施社会生活中会起到逆向鼓励侵权的制度作用。在环境损害上，排污者主要是企业，企业是营利性的社会组织，追逐利润是企业的本性，企业排污的行为往往是经济行为，具有营利性，对于其造成的环境损害适用补偿性赔偿，企业经过经济计算往往会因为有利可图而损害环境。对损害环境的行为，要求损害人给予惩罚性赔偿，可以消减补偿性赔偿造成的侵权逆向鼓励。

2. 对惩罚性赔偿的批评意见

（1）惩罚性赔偿金的合宪性质疑

在美国，关于惩罚性赔偿金的合宪性问题，主要集中在惩罚性赔偿金是否违反美国联邦宪法的第5条、第8条和第14条的规定上。美国联邦宪法增修第5条是关于"禁止双重处罚"（或"禁止双重危险"）的规定，"禁止双重处罚"是指对同一犯罪不能处于两次以上的处罚，在对该规定的解释上还包括禁止刑事处罚中罚金的双重适用。该观点认为，惩罚性赔偿金和罚金的双重适用违反了"禁止双重处罚"的联邦宪法的规定。19世纪末,美国各州的法院在很多判决中认为联邦宪法增修的第5条"禁止双重处罚"与惩罚性赔偿金不矛盾。美国联邦最高法院在 Rex Trailer Co. v. United States 案件中,确认惩罚性赔偿金是民事制裁,在性质上属于民事责任,联邦宪法增修的第5条"禁止双重处罚"指向的是刑事处罚,惩罚性赔偿金的适用不违反联邦宪法增修的第5条"禁止双重处罚"的规定。美国联邦宪法增修的第8条规定的是"禁止科处过度罚金条款",其旨趣在于处罚目的和处罚手段应当相称。针对该问题,美国联邦最高法院在判例中认为,美国联邦宪法增修的第8条规定的"禁止科处过度罚金条款"不适用于惩罚性赔偿金,因为惩罚性赔偿金是判给民事案件的原告的。

(2) 民事审判不应具有惩罚性,惩罚性赔偿混淆私法公法界限

在公法、私法严格划分的二元国家法律赔偿理论中,民事审判的任务是对受侵害的私人权利给予救济和补偿,而不是对违法行为给予制裁和惩罚,对违法行为给予制裁和惩罚并非民事审判应有的职能和作用。对违法行为给予制裁和惩罚是公法的任务。因惩罚性赔偿金在赔偿数额上已经超出了受害人所受的损害,对侵权人来讲具有制裁和惩罚的性质与作用,因此,惩罚性赔偿制度已经超越了民事审判应有的作用和职能。

即使在属于英美法系的英国,惩罚性赔偿金曾被认为是"一种面目可憎的异端……甚至可以说将它归入民事救济之中是荒谬可笑的"[①]。对惩罚性赔偿最主要的批评在于其混淆了私法的补偿功能与刑法的制裁、惩罚功能,认为惩罚性赔偿金是对私法统一性的摧残。[②] 这种反对的观点,主要主张在民事审判当中不应当出现具有制裁和惩罚性质的赔偿金。

(3) 程序保护程度过低

对于被告人来讲,民事诉讼与刑事诉讼的审判结果对其影响的大小是不同的。民事责任的承担方式除了强制履行民事义务外,主要承担的

[①] [奥] 赫尔穆特·考茨欧、瓦内萨·威尔科克斯:《惩罚性赔偿金:普通法与大陆法的视角》,窦海阳译,中国法制出版社2012年版,第35页。

[②] 参见[奥] 赫尔穆特·考茨欧、瓦内萨·威尔科克斯《惩罚性赔偿金:普通法与大陆法的视角》,窦海阳译,中国法制出版社2012年版,第35页。

就是停止侵害、排除妨碍、赔礼道歉以及给予金钱补偿。而刑事审判的结果影响着被告的财产（没收财产与罚金）、权利资格（剥夺政治权利）、自由（驱逐出境、管制、拘役、徒刑）甚至生命（死刑），并且刑罚的适用也会使得被告人的一些行为和资格受到限制（比如取得律师执业资格，担任公立学校教师、公务员、公司执行董事等）。鉴于民事诉讼与刑事诉讼的审判结果对被告人影响的大小是不同的，在民事诉讼和刑事诉讼中设定的证明标准也存在差异。证明标准的高低与诉讼当事人争议事项的性质以及诉讼结果对当事人影响大小的程度相关，当事人争议事项的性质越重大，证明标准就应当越高，诉讼结果对当事人影响大小的程度相关越大，证明标准就应当越高，反之亦然。[1] 民事诉讼与刑事诉讼的性质不同，诉讼结果对当事人的影响程度也不同，刑事诉讼审判结果对当事人的影响程度要远远大于民事诉讼的审判结果，故此，刑事诉讼的证明标准要高于民事诉讼。民事诉讼中采用盖然性优势的证明标准，刑事诉讼中采用了排除合理怀疑的高度盖然性标准。[2] 盖然性优势的证明标准要低于排除合理怀疑的高度盖然性标准。惩罚性赔偿是通过民事诉讼来加以实现的，但惩罚性赔偿诉讼的性质和一般的民事诉讼（补偿性赔偿诉讼）的性质不同，惩罚性赔偿诉讼的性质的重要性要强于一般的民事诉讼（补偿性赔偿诉讼的）性质；惩罚性赔偿诉讼的结果对当事人影响的程度也大于一般的民事诉讼（补偿性赔偿诉讼）的结果对当事人影响的程度。另外，尽管惩罚性赔偿具有制裁和惩罚的性质，但其性质以及影响度仍然不及刑事诉讼的刑罚重大。质言之，惩罚性赔偿诉讼的性质以及诉讼结果影响度要强于一般的民事诉讼（补偿性赔偿诉讼）而弱于刑事诉讼，即惩罚性赔偿诉讼中的证明标准应当高于一般的民事诉讼（补偿性赔偿诉讼）证明标准而低于刑事诉讼的证明标准。惩罚性赔偿应通过民事诉讼来实现，在诉讼实践中是采用了一般民事诉讼（补偿性赔偿诉讼）的证明标准，此与惩罚性赔偿的性质以及惩罚性赔偿诉讼的结果影响度是不相适应的。

在归责原则的确定上，环境侵权采用了无过错归责原则，这样就减轻

---

[1] 参见牟军《民事证明标准论纲——以刑事证明标准为对应的一种解析》，《法商研究》2002年第4期。

[2] 参见牟军《民事证明标准论纲——以刑事证明标准为对应的一种解析》，《法商研究》2002年第4期。

了环境侵权案件中原告举证责任,即原告无须证明被告的过错。但在环境损害的惩罚性赔偿案件中,实体法上的构成要件是被告必须具有主观恶性,即有故意或重大过失,反映在程序法中,就必须由某一方当事人来承担证明被告故意或重大过失的证明责任,要么由原告承担证明被告有故意或重大过失的证明责任,要么由被告证明自己没有故意或重大过失的证明责任。笔者认为,鉴于惩罚性赔偿的制裁、惩罚的性质以及惩罚性赔偿诉讼结果对被告利益影响较大,在举证责任分配上,应当由原告来承担证明被告故意或重大过失的证明责任,不宜实行举证责任倒置,而由被告证明己方没有故意或重大过失的证明责任。

(4) 赔偿数额的确定标准或方法的模糊性导致法的不确定性增加

美国早期的惩罚性赔偿制度中数额往往是没有赔偿数额的限制,也缺乏赔偿数额的确定标准或方法,赔偿数额由陪审团决定。在美国的惩罚性赔偿判例中也曾经出现过"天价"惩罚性赔偿。惩罚性赔偿的确定标准或方法具有模糊性也是惩罚性赔偿金被诟病的一个重要的方面,它导致不确定性增加,会使得法律的指引、预测功能减退。惩罚性赔偿制度下,行为人对侵权的后果往往难以预测,使得行为人对行为结果难以预测。

(5) 受害人损害之外获利

惩罚性赔偿金另外一个被诟病的方面是惩罚性赔偿使得受害人获得超过损害数额的赔偿。传统侵权法以补偿作为其主要功能,目的在于对受害人遭受的损害给予补偿,补偿以实际损害为限不得超过损害范围以外,而惩罚性赔偿则是赔偿数额超过受害人损害的赔偿,它会使受害人获得损害以外的赔偿。惩罚性赔偿使得受害人获得超过损害的赔偿,违反了传统侵权法赔偿制度的"禁止获利"原则,同时惩罚性赔偿金制度也容易鼓励不劳而获。

(二) 生态环境损害惩罚性赔偿金的性质与功能

1. 损害环境惩罚性赔偿的性质

(1) 私法责任说

该学说认为惩罚性赔偿是民事赔偿,在性质上属于私法责任。这种观点主要存在于英美法系的惩罚性赔偿理论中,该观点尽管承认惩罚性赔偿的制裁和惩罚功能,但认为其实现途径和方式和民事责任无异,都是通过私法主体私权利救济途径与程序来实现,故认为惩罚性赔偿性质是民事责任，仍属私法责任的范畴。

(2) 公法责任说

大陆法系国家严格区分公法和私法。私法的任务在于对私人间造成的损害给予救济和补偿，民事责任目的在于补偿，不考虑侵权人的主观恶性的社会可谴责性，私法不接受制裁与惩罚。公法的任务在于给予制裁与惩罚。大陆法系国家的民事侵权法理论严格奉行补偿性原则和不得获利原则，在私法领域不得制裁与惩罚。因惩罚性赔偿具有制裁和惩罚的目的与功能，所以惩罚性赔偿不被认为是私法责任而被认为是公法责任。迪尔霍恩就认为惩罚性赔偿金在本质上类似于一种罚金。[①]

(3) 经济法责任

该观点认为惩罚性赔偿既具有刑法责任的属性又有民法责任的属性，融合了公法责任和私法责任，在性质上属于经济法责任。[②]

(4) 混合性质说

该说认为，一方面，惩罚性赔偿具有补偿性功能，在责任实现方式上同民事责任完全相同，故其具有私法责任之性质；此外，惩罚性赔偿具有制裁性质与惩罚性质，故其也同时具有公法责任之性质。惩罚性赔偿兼具私法责任和公法责任性质。

(5) 准罚金说

该说在承认公法私法二分的前提基础之下，认为惩罚性赔偿金使得侵权人在受害人损害之外进行赔偿给付，惩罚性赔偿金介于刑罚中的罚金和补偿性赔偿金之间，具有准罚金的性质。[③]

关于惩罚性赔偿的性质，陈年冰认为，惩罚性赔偿相对于私法来讲是"外来因素"，惩罚性赔偿以补偿性赔偿为基础，并在此之上增加保护公共福祉之内容。惩罚性赔偿同传统的私权救济相比，存在明显的差异，这种差异就在于惩罚性赔偿突破了公法与私法的划分界限，惩罚性赔偿可以弥补补偿性赔偿的缺陷，有利于遏制恶性违法行为和保护社会秩序之稳定。[④]

[①] 参见［奥］赫尔穆特·考茨欧、瓦内萨·威尔科克斯《惩罚性赔偿金：普通法与大陆法的视角》，窦海阳译，中国法制出版社 2012 年版，第 35 页。
[②] 参见金福海《惩罚性赔偿制度研究》，法律出版社 2008 年版，第 98 页。
[③] 参见关淑芳《惩罚性赔偿制度研究》，中国人民公安大学出版社 2008 年版，第 41 页。
[④] 参见陈年冰《我国惩罚性赔偿制度研究》，博士学位论文，山东大学，2013 年。

2. 损害环境惩罚性赔偿之功能

关于惩罚性赔偿的功能，理论界存在不同的认识。王利明认为，惩罚性赔偿具有赔偿、制裁和遏制功能。① 关淑芳认为，惩罚性赔偿金具有报应功能（惩罚功能）和吓阻功能（预防功能），惩罚性赔偿的功能是惩罚与预防的统一，在预防功能中，又以一般预防为主。陈年冰在其博士学位论文《我国惩罚性赔偿制度研究》中认为，惩罚性赔偿金的功能包括对加害人的功能以及对受害人的功能，对于侵权人来讲，惩罚性赔偿金具有惩罚与威慑的功能，对于受害人来讲，惩罚性赔偿金具有安抚和激励的功能。② 但陈年冰没有考虑到惩罚性赔偿金对国家、社会公众以及第三人个体的功能。高利红认为，惩罚性赔偿金具有补偿、制裁和预防的功能。日本的佐伯仁志认为，惩罚性赔偿制度试图通过惩罚性赔偿的方式对加害人实施制裁并抑制将来发生的同类行为，故惩罚性赔偿具有与罚金等刑罚几乎同样的意义。③

笔者认为，惩罚性赔偿的功能是多方面的，既要从受害人角度加以考量，也要从加害人角度加以考量，还要从国家层面以及法的执行角度加以考量。从受害人角度看，惩罚性赔偿金数额高于补偿性赔偿金数额，惩罚性赔偿金足以补偿受害人所受损失，且惩罚性赔偿金数额的计算往往以补偿性赔偿金为基础，故其毫无疑问地具有补偿之功能。从加害人角度考量，惩罚性赔偿金要求加害人向受害人支付高于受害人遭受损失数额的赔偿。从这个角度说，其具有制裁、惩罚加害人之功能。从国家层面的角度说，惩罚性赔偿金具有预防因故意或重大过失而具有主观恶性的违法性侵权行为的功能。从法的执行与适用的角度，惩罚性赔偿金具有激励私人根据惩罚性赔偿金制度主张惩罚性赔偿金请求权，从而在客观上起到私人执法之功效。

（1）惩罚性赔偿金的补偿功能

传统侵权法的主要功能在于补偿受害人损失。从受害人角度看，惩罚性赔偿金无疑具有补偿的功能。根据惩罚性赔偿金是否属于补偿损害的部分，可以将惩罚性赔偿金分为基础性补偿金和额外赔偿金两部分，其中基础性补偿金的数额等于受害人所受损害，额外赔偿金是惩罚性赔偿金中多

---

① 参见王利明《美国惩罚性赔偿制度研究》，《比较法研究》2003年第5期。
② 参见陈年冰《我国惩罚性赔偿制度研究》，博士学位论文，山东大学，2013年。
③ 参见［日］佐伯仁志《制裁论》，丁胜明译，北京大学出版社2018年版，第214页。

于受害人损害的部分的数额。惩罚性赔偿金中基础性补偿金即可完全承担补偿受害人的损害,因为基础性补偿金在数额上与受害人所受损害等额。另外,很多国家的惩罚性赔偿金数额的确定都是以基础性赔偿金作为计算的基数。可见,惩罚性赔偿金具有补偿受害人损失之功能。

(2) 惩罚与制裁功能

除了补偿受害人损失之外,惩罚性赔偿金还具有惩罚与制裁的功能。惩罚性赔偿金的惩罚与制裁功能是相对于加害人而言的。惩罚性赔偿金是加害人支付的赔偿金大于受害人损害的赔偿金,惩罚性赔偿金中超出受害人损害以外部分的赔偿金,即额外赔偿金体现了对加害人在金钱上的惩罚与制裁。惩罚与制裁本来是行政法和刑法等公法的功能,私法一般情况下不具有惩罚与制裁的功能。但行政法与刑法的惩罚与制裁具有其自身的局限性,这种局限性首先表现在行政法与刑法的适用范围的有限性上。行政法的制裁针对违反行政法达到比较严重需要给予行政处罚的程度,刑法的适用对象是严重危害社会达到需要科处刑法的犯罪,且刑罚的适用还需要谦抑性,所以,行政法与刑法的适用范围无法将所有需要给予惩罚和制裁的违法行为全部囊括在内。另外,行政法与刑法的惩罚和制裁需要适用严格的法律程序,其执行和适用成本过于高昂。在民法的补偿性赔偿制度与行政法、刑法的惩罚、制裁制度之间仍然存在需要惩罚和制裁的空白地带,这就需要打破公法私法严格划分的绝对化理论,在民法的补偿性赔偿制度与行政法、刑法的惩罚、制裁制度之间设立惩罚和制裁力度低于刑罚与行政处罚的另外一种惩罚与制裁制度,而且这种惩罚与制裁不需要像行政处罚和刑罚的适用程序那样过于严格和成本高昂。惩罚性赔偿金因赔偿数额高于受害人遭受的损害,对加害人来讲是对其在经济上的惩罚与制裁。

(3) 预防功能

耶林说,目的是一切法律的创造者。从国家创制惩罚性赔偿金制度的目的来看,惩罚性赔偿金除了制裁和惩罚加害人外,国家创制惩罚性赔偿金制度还有预防具有故意或重大过失主观恶性的民事违法行为的立法目的。惩罚性赔偿金适用的对象是具有故意或重大过失主观恶性的民事违法行为,惩罚性赔偿金制度创设的目的在于制止具有故意或重大过失主观恶性的民事违法行为。惩罚性赔偿金具有惩罚与制裁的性质,预防是惩罚与制裁的天然功能。预防分为一般预防与特殊预防。特殊预防是指惩罚与制裁使受惩罚和制裁的人不再实施同样的行为,一般预防是指通过对受惩罚和制裁的人给予惩罚与制裁使社会上的一般人不再实施同样的行为。惩罚性赔偿金的预防功能同样具有一般预防与特殊预防双重预防功能,惩罚性赔偿金的预防功能以一般预防为主,以特殊预防为辅。惩罚性赔偿金通过具体案件的适用,对特定的加害人科处惩罚性赔偿金,使该加害人不再实施同样具有故意或重大过失主观恶性的严重民事违法行为,从而起到特殊预防的作用;惩罚性赔偿金通过具体案件的适用,对特定的加害人科处惩罚性赔偿金,使该加害人以外的人不再实施同样具有故意或重大过失主观恶性的严重民事违法行为,从而起到一般预防的作用。

(4) 激励私人执法功能

根据我国的法理学理论,法的执行,简称执法,有广义和狭义之分。广义的法的执行指国家机关(行政机关和司法机关)执行法律的活动,狭义的法的执行仅指国家行政机关运用法律管理社会的活动,法的执行通常作狭义理解。法的适用是指国家司法机关应用法律处理具体案件的专门性活动。质言之,在我国的法理理论中,无论法的执行还是法的适用,其主体均为国家机关,即法的执行与适用的实现靠的是国家机关。在我国,惩罚性赔偿制度属于民事法律制度,民法属于私法的范畴,其强调意思自治。意思自治中本身就包括以下内容:民事主体的私权利受到侵害后,是否主张权利要求赔偿以及采取何种方式主张维护权利取决于当事人自己的意志,放弃权利也是权利的权能之一。在现实中,受害人受到加害行为的侵害之后,往往因是补偿性的民事责任而选择放弃维权或选择诉讼外的方式进行维权。同补偿性民事责任相比,惩罚性赔偿金因为会让受害人获得超过损害的赔偿,这会激励受害人维权,提高维权的积极性。惩罚性赔偿金对私人维权积极性的提高会在客观上提高法律的威信与效能,起到私人执法的作用。从此角度来看,惩罚性赔偿金具有鼓励私人执法的功能。

(三) 我国《民法典》侵权编立法中的镜鉴

英国和美国早就建立起惩罚性赔偿制度。在大陆法系的日本也有学者和法律实务工作者主张建立惩罚性赔偿制度。主张采用惩罚性损害赔偿制度的,主要是承认慰谢料的制裁性机能的制裁性慰谢料理论。日本的戒能通孝认为,慰谢料请求权发生的原因不在于造成了精神性痛苦,而在于存在给予制裁的违法性本身。① 三岛宗彦认为，刑罚本身预防违法性行为仍存在缺陷与不足，刑罚运用应当符合谦抑性，故应在慰谢料加入与加害行为非难程度相对应的惩罚性赔偿。② 田中英夫、竹内昭夫二人主张摒弃民刑区别的绝对化教条，在整体上实现以抑制违法行为为目的的制裁手段的多样化。后藤孝典认为，刑法和行政法都没有起到抑制企业加害行为的作用，那么抑制加害行为就应该作为侵权法的最高指导理念？当违法加害人实施故意或重大过失的违法性特别显著的加害行为，必须对加害人科处具有制裁性的慰谢料。③ 我国也在多部单行法中确立了惩罚性赔偿金制度。我国《民法典》侵权编规定了损害生态环境的惩罚性赔偿制度，针对《民法典》侵权编规定的损害生态环境的惩罚性赔偿制度，本书提出以下立法建议。

1. 应当规定生态环境损害惩罚性赔偿金数额的确定标准或确定方法

我国的《民法典》侵权编没有规定生态环境损害惩罚性赔偿金数额的确定标准或确定方法。反对惩罚性赔偿金制度的一个重要理由就是惩罚性赔偿金数额的不确定性导致法的确定性降低，使得社会成员难以对行为后果进行准确的预测预知。另外，不规定生态环境损害惩罚性赔偿金的确定标准或方法也给司法实践中的具体操作带来障碍，容易出现同种情况判罚不一致的情况，进而影响法律的公正性与权威性，同时也会让法官在审判中享有过大的自由裁量权。为解决这个问题，我国未来立法应当规定损害生态环境惩罚性赔偿金的确定标准或确定方法。

2. 规定对惩罚性赔偿金数额的限制

我国的《民法典》侵权编没有规定对损害生态环境惩罚性赔偿金数额的限制规定。在美国的司法判例中曾经出现天价惩罚性赔偿数额并因此引发争论。在美国的惩罚赔偿的构成要件上，被告主观上要求具有恶劣心态（或道德恶性），陪审员的判断因道德上的愤怒以及刑罚的欲望而极易受到个人情绪的影响。对此，美国联邦最高法院制定了三项审判指南，在确定惩罚性赔偿金时要考虑三项因素，以限制适用的惩罚性赔偿金的额度。一是侵权人的过错程度；二是侵权行为造成的损失的实际情况以及与之对应的补偿性赔偿金的数额；三是对同等侵权行为给予的刑事制裁的程

---

① 参见 [日] 佐伯仁志《制裁论》，丁胜明译，北京大学出版社2018年版，第212页。
② 参见 [日] 佐伯仁志《制裁论》，丁胜明译，北京大学出版社2018年版，第213页。
③ 参见 [日] 佐伯仁志《制裁论》，丁胜明译，北京大学出版社2018年版，第213页。

度。其中第二项已被确定为惩罚性赔偿金不得超过实际损害九倍的标准。① 为应对惩罚性赔偿金高额化态势，美国多数州在立法上设定了惩罚性赔偿金的上限，要么设定惩罚性赔偿金对补偿性赔偿金的倍数上限，要么规定惩罚性赔偿金的数额上限，要么规定采用倍数上限和数额上限之中的高者来限制惩罚性赔偿金的数额，要么规定以侵权人因侵权获利额的倍数作为设定的上限，还有一些州在设定惩罚性赔偿金数额上限时还考虑侵权人的经济情况。② 有学者认为应以实现惩罚性赔偿目的为基础来确定惩罚性赔偿数额的计算标准。③ 英国、美国、瑞士与德国等国采用比例原则或最高数额限制原则来计算惩罚性赔偿金数额，这对我国生态环境损害惩罚性赔偿金数额的确定具有借鉴意义。

我国此前规定惩罚性赔偿金制度的单行法律中规定了惩罚性赔偿金数额的限定。《食品安全法》④《消费者权益保护法》⑤《旅游法》⑥ 以及《商标法》⑦ 中都对惩罚性赔偿金数额的确定作出了相应的规定。其中，

---

① 参见［德］格哈德·瓦格纳《损害赔偿法的未来——商业化、惩罚性赔偿、集体性损害》，王程芳译，中国法制出版社 2012 年版，第 113 页。

② 参见［日］佐伯仁志《制裁论》，丁胜明译，北京大学出版社 2018 年版，第 217—219 页。

③ 参见唐红《环境侵权诉讼中惩罚性赔偿制度之引入及其规制》，《人民司法》2014 年第 21 期。

④《食品安全法》第 148 条："生产不符合食品安全标准的食品或者经营明知是不符合食品安全标准的食品，消费者除要求赔偿损失外，还可以向生产者或者经营者要求支付价款十倍或者损失三倍的赔偿金；增加赔偿的金额不足一千元的为一千元。"

⑤《消费者权益保护法》第 55 条："经营者提供商品或者服务有欺诈行为的，应当按照消费者的要求增加赔偿其受到的损失，增加赔偿的金额为消费者购买商品的价款或者接受服务的费用的三倍；增加赔偿的金额不足五百元的为五百元。法律另有规定的，依照其规定。经营者明知商品或者服务存在缺陷，仍然向消费者提供，造成消费者或者其他受害人死亡或者健康严重损害的，受害人有权要求经营者依照本法第四十九条、第五十一条等法律规定赔偿损失，并有权要求所受损失二倍以下的惩罚性赔偿。"

⑥《旅游法》第 70 条："旅行社具备履行条件，经旅游者要求仍拒绝履行合同，造成旅游者人身损害、滞留等严重后果的，旅游者还可以要求旅行社支付旅游费用一倍以上三倍以下的赔偿金。"

⑦《商标法》第 63 条："侵犯商标专用权的赔偿数额，按照权利人因被侵权所受到的实际损失确定；实际损失难以确定的，可以按照侵权人因侵权所获得的利益确定；权利人的损失或者侵权人获得的利益难以确定的，参照该商标许可使用费的倍数合理确定。对恶意侵犯商标专用权，情节严重的，可以在按照上述方法确定数额的 1 倍以上 3 倍以下确定赔偿数额。"

《旅游法》是按照单纯的交易价格的倍数来计算惩罚性赔偿金的数额——旅游费用1倍以上3倍以下。《消费者权益保护法》对欺诈行为的惩罚性赔偿金数额是按照交易价格（商品价款或服务费用）的倍数（增加3倍，即4倍）+最低数额（500元人民币）限制来确定的，即增加赔偿的金额为商品价款或者服务费用的3倍，增加赔偿金额不足人民币500元的，按照人民币500元计算；依《消费者权益保护法》规定，在计算惩罚性赔偿金数额时，除赔偿损失外，惩罚性赔偿金的数额按照受害人所受损失的倍数（2倍）来进行计算。《食品安全法》规定的惩罚性赔偿金，除赔偿消费者损失外，惩罚性赔偿金按照交易价格或者损失的倍数（价款的10倍或损失的3倍）+最低额限制（增加赔偿的金额不足人民币1000元的，按人民币1000元计算）的方法来确定。《商标法》规定的惩罚性赔偿金数额按照受害人因被侵权所受到的实际损失确定的倍数（1倍以上3倍以下）确定。概而言之，我国法律规定的惩罚性赔偿金基本上是按照一定数额的倍数或按照一定数额的倍数+最低限额的方法来确定的，没有关于惩罚性赔偿金最高数额的限定。

  对于生态环境损害惩罚性赔偿金，我国规范性文件中实际上已经作出过相关的规定。原环保部环发〔2011〕60号文件《关于开展环境污染损害赔偿鉴定评估工作的若干意见》的附件《环境污染损害数额计算推荐方法》（第1版）规定，对污染修复费用的评鉴上，就是按照环境修复费用或环境虚拟治理成本的一定的倍数来加以确定。根据该文件，地表水污染的修复费用的确定，污染修复费用易于计算的，v类水按照修复费用的1.0—1.2倍计算，iv类水按照修复费用的1.2—1.4倍计算，iii类水按照修复费用的1.4—1.6倍计算，ii类水按照修复费用的1.6—1.8倍计算，i类水按照修复费用的1.8倍计算；地表水污染的修复费用的确定，污染修复费用难以计算的，v类水按照虚拟治理成本的1.5—3倍计算，iv类水按照虚拟治理成本的3—4.5倍计算，iii类水按照虚拟治理成本的4.5—6倍计算，ii类水按照虚拟治理成本的6—8倍计算，i类水按照虚拟治理成本的8倍计算。虚拟治理成本为治理所有已排放的污染物应该花费的成本，即污染物排放量与单位污染物虚拟治理成本的乘积；环境污染修复费用=虚拟污染治理成本×相应倍数。地下水污染的修复费用的确定，污染修复费用易于计算的，v类水按照修复费用的1.0—1.3倍计算，iv类水按照修复费用的1.3—1.6倍计算，iii类水按照修复费用的1.6—2.0倍计算，ii 类水按照修复费用的 2.0—2.5 倍计算，i 类水按照修复费用的 2.5 倍计算；地下水污染的修复费用的确定，污染修复费用难以计算的，v 类水按照虚拟治理成本的 2—4 倍计算，iv 类水按照虚拟治理成本的 4—6 倍计算，iii 类水按照虚拟治理成本的 6—8 倍计算，ii 类水按照虚拟治理成本的 8—10 倍计算，i 类水按照虚拟治理成本的 10 倍计算。

空气环境污染修复费用的确定，难以计算的，iii 类空气按照虚拟治理成本的 2—4 倍计算，ii 类空气的按照虚拟治理成本的 4—6 倍计算，i 类空气按照虚拟治理成本的 6 倍计算。

土壤环境污染的修复费用的确定，污染修复费用易于计算的，iii 类土壤按照修复费用的 1.0—1.5 倍计算，ii 类土壤按照修复费用的 1.5—2.0 倍计算，i 类土壤按照修复费用的 2.0 倍计算；土壤环境污染的难以修复费用的确定，污染修复费用难以计算的，iii 类土壤按照修复虚拟治理成本的 3—6 倍计算，ii 类土壤按照虚拟治理成本的 6—10 倍计算，i 类土壤按照虚拟治理成本的 10 倍计算。

海洋环境污染的修复费用的确定，污染修复费用易于计算的，iv 类按照修复费用的 1.0—1.2 倍计算，iii 类按照修复费用的 1.2—1.4 倍计算，ii 类按照修复费用的 1.4—1.7 倍计算，i 类按照修复费用的 1.7 倍计算；海洋环境污染难以修复费用的确定，污染修复费用难以计算的，iv 类按照虚拟治理成本的 2—4 倍计算，iii 类按照虚拟治理成本的 4—7 倍计算，ii 类按照虚拟治理成本的 7—10 倍计算，i 类按照虚拟治理成本的 10 倍计算。根据上述规定可以看出，对于造成环境污染的，在确定修复责任的修复费用时，《环境污染损害数额计算推荐方法》（第 1 版）已经规定了惩罚性的赔偿规定。

笔者建议，我国的生态环境损害惩罚性赔偿金按照恢复、修复环境费用（难以修复的，按照环境虚拟治理成本）的倍数来确定，同时附以最高限额和最低限额的限制。这样，可以减轻生态环境损害惩罚性赔偿金制度对法的不确定性带来的负面影响，限制和减少司法过程法官过大的自由裁量权，增加生态环境损害惩罚性赔偿金制度适用的可操作性。

另外，笔者还认为，损害环境的惩罚性赔偿金的数额不宜过低，过低会导致损害环境惩罚性赔偿金制度设立的目的实现被打折扣甚至丧失。当前我国的环境污染状况比较严重，生产经营者排污的违法成本比较低，尽管已经规定了按日连续处罚制度，但环境行政执法不严和选择性执法的情况仍然存在，生产经营者的排污行为往往具有获利性，如果损害环境的惩罚性赔偿金过低，排污损害环境的情况仍然无法得到改善。损害环境惩罚性赔偿金也不宜过高，环境保护和经济发展对国家与社会的发展和进步都很重要，在处理两者关系时不能因噎废食，过高的损害环境惩罚性赔偿金将导致经济发展受限，另外，过高的损害环境惩罚性赔偿金也会导致环境正义受损。确定损害环境惩罚性赔偿金数额，应当根据损害环境惩罚性赔偿金设立的目的，以立法目的作为指导，科学合理地确定损害环境惩罚性赔偿金的数额。在确定损害环境惩罚性赔偿金的数额上，除了考虑损害环境惩罚性赔偿金的立法目的外，还要考虑以下因素：一是加害人的主观恶性与社会非难性大小。损害环境惩罚性赔偿金应当适用于那些故意或重大过失损害环境的违法行为，加害行为恣意、蛮横的，应当增加惩罚性赔偿金的数额。二是损害的环境的保护类别。损害的环境的保护类别越高的，惩罚性赔偿金数额应该越高。三是损害的环境的恢复修复难度。被损坏的环境的恢复修复难度越大的，惩罚性赔偿金应该越高。四是损害环境对社会公众的健康等环境利益损害大小。因损害环境给社会公众的健康等环境利益造成的损害越大的，惩罚性赔偿金就应当越高。五是加害人损害环境的获利情况。加害人因损害环境获利越多，惩罚性赔偿金数额应该越高。六是加害人的经济状况。加害人的经济状况越好，就应当考虑增加惩罚性赔偿金的数额。七是加害人对待损害的态度。加害人造成损害后，对避免加重损害和减少损害态度积极的，应当考虑减少惩罚性赔偿金的数额。八是环境损害惩罚性赔偿金实现的难度系数与成本的大小。实现难度系数越高，实现成本越大，就应该考虑增加惩罚性赔偿金数额。九是受害人因损害环境行为受惩罚的情况。除民事责任外，加害人损害环境的行为还可能遭受行政处罚或刑罚处罚。科处惩罚性赔偿金确定数额时，要考虑加害人因损害环境的行为受行政处罚或刑罚处罚的情况。一般情况下，加害人因损害环境的行为受行政处罚或刑罚处罚越重，就应考虑惩罚性赔偿金数额减少。

3. 应当规定严格的诉讼程序

惩罚性赔偿的实现依赖于受害人通过民事诉讼的维权程序来实现。民事诉讼制度主要适用的案件是普通民事案件。普通民事案件和惩罚性赔偿金案件责任性质和功能不同，另外，诉讼结果对当事人权益影响的程度也存在差异，所以在程序保护上应该有所区别。但目前我国尚无对惩罚性赔偿金案件的差异性程序性规定。笔者认为，生态环境损害惩罚性赔偿金案件和一般的普通民事案件相比，在以下程序方面应当给予更加严格的保护性程序规定。一是在适用的审判程序上，生态环境损害惩罚性赔偿金案件因为具有惩罚性和制裁性，另外生态环境损害的专业技术性较一般的普通民事案件更强，故生态环境损害惩罚性赔偿金案件在一审上应当适用普通程序，而不得适用简易程序。二是在审判组织的构成上，不得适用独任审判员制，而应该使用合议庭作为审判组织，合议庭的成员人数应当较一般的合议庭组成人员数量更多，并有专业人员的陪审员参加。三是在级别管辖法院的确定上，生态环境损害惩罚性赔偿金案件的一审法院应该限定为中级以上人民法院或专门法院，基层普通法院以及基层普通法院的派出法庭不得审理生态环境损害惩罚性赔偿金一审案件。四是在证明标准上，采用比一般普通民事案件中更高的证明标准。另外，规定较长的审判期限和举证期限等。

小　结

本章基于责任进路论述损害担责原则的制度化表达，包括赔偿性法律责任和惩罚性法律责任，其中环境侵权民事责任、损害环境赔偿责任属于补偿性的赔偿责任。污染环境和破坏生态行为的行政责任、刑事责任，以及生态环境损害惩罚性赔偿金责任属于惩罚性法律责任。本章另外还论述了上述责任制度中的理论与实践热点、重点问题，包括民事侵权责任中的环境质量标准与管制许可抗辩问题，按日连续处罚制度以及损害生态环境损害惩罚性赔偿金制度。

关于管制许可抗辩，我国的环境标准在制定上并非依据个体自然人健康标准和民事主体财产保护的安全标准，其功能在于提供一定政策选择下的环境管制标准，其意义是公法性的，而非私法性的，环境质量标准不应也不能在环境侵权案件中作为确定污染是否存在的绝对性标准，符合环境质量标准的污染物排放事实也不应作为行为者民事侵权的抗辩事由。按日连续处罚在性质上属于行政处罚，不属于行政强制，按日连续处罚制度和"一事不再罚"原则不冲突。由于传统的补偿性赔偿制度存在道义判断缺失、禁止得利（对环境侵权的预防不足）、损害商品化对"环境侵权交易"的逆向鼓励等缺陷与不足，以及惩罚性赔偿具有补偿、惩罚与制裁、预防和激励私人执法功能，应当构建损害生态环境损害惩罚性赔偿金制度。在构建损害生态环境损害惩罚性赔偿金制度上，应当规定生态环境损害惩罚性赔偿金数额的确定标准或确定方法，应当规定对惩罚性赔偿金数额的限制，应当规定严格的诉讼程序审判程序，在一审程序、审判组织构成、级别管辖法院确定、证明标准、审判期限以及举证期限方面要严于一般的民事诉讼程序规定。

结　　语

本书界定了损害担责的含义,考察了损害担责原则的历史演进、内在生成逻辑与规范属性,分析了损害担责原则的法律基础、价值与功能,提出和论证了环境法上损害担责呈现为法律义务与法律责任耦合的观点。在此基础上,本书尝试构建整全性的损害担责原则的规范化理论和实践进路与方法,将损害担责的经济性分析、政策性分析转变为法学分析。在对损害担责原则的研究方式问题上,本书尝试将经济上的"成本—效益"分析模式为主转变为法学中上的"权利(权力)—义务(责任)"研究范式。本书还对具有理论研究价值的损害担责原则的具体制度进行了分析与论述,分析论述了环境标准的性质、其与"担责"的关系、超标排污行为的公法违法性以及超标排污不具有可税性的观点。

我国生态文明建设如火如荼不断快速推进,环境"担责"立法不断创新与完善,在损害担责原则的理论研究层面,环境法理论对损害担责原则的研究一定会超越传统的"成本—效益"的经济性分析与政策性分析,使用法学的规范分析的研究方法来研究并进一步在立法上改造完善损害担责原则及其具体化的制度,使环境法的理论研究真正地回归到理论本身,推动环境法基础理论研究的发展与进步,以在更大程度上发挥理论研究对于环境立法、执法与司法的推动与促进作用。

在立法层面,随着对损害担责原则基础、价值、功能以及规范属性认识的深入,损害担责原则中的法律责任会受到更多的重视,污染环境、破坏生态的责任制度会进一步增加,环境生态损害惩罚性赔偿制度有望尽快通过立法程序加以确立,环境损害赔偿制度的改革也会加快并在直接改革实践经验的基础上步入立法的快车道,使得该项制度从环境政策转变为环境法律。

在司法层面,无论是环境公益民事诉讼、环境损害赔偿诉讼,还是环境犯罪刑事诉讼，案件都出现了数量上的增长，案件审判质量会逐步提升，典型性的环境损害案件数量会继续增加。在环境法理论界与实务界对常州毒地案的持续关注中，国家环境保护义务与损害担责原则的关系问题也会祛魅，以"庐山真面目"面对环境法理论界、实务界以及社会公众。

参考文献

一 中文文献

(一) 中文著作

薄振峰:《斯通:法的综合解读》,黑龙江大学出版社2009年版。
常纪文、陈明剑:《环境法总论》,中国时代经济出版社2003年版。
陈慈阳:《环境法总论》,中国政法大学出版社2003年版。
陈海嵩:《国家环境保护义务论》,北京大学出版社2015年版。
陈泉生:《环境法原理》,法律出版社1997年版。
陈新民:《宪法学导论》,三民书局1996年版。
程琥:《历史法学》,法律出版社2005年版。
邓可祝:《政府环境责任研究》,知识产权出版社2014年版。
范忠信:《中西法文化的暗合与差异》,中国政法大学出版社2001年版。
高中:《后现代法学思潮》,法律出版社2005年版。
关淑芳:《惩罚性赔偿制度研究》,中国人民公安大学出版社2008年版。
韩德培主编:《环境保护法教程》,法律出版社1986年版。
韩德培主编:《环境保护法教程》,法律出版社1991年版。
韩德培主编:《环境保护法教程》,法律出版社2015年版。
韩德培主编:《环境保护法教程》,法律出版社2018年版。
何勤华:《西方法学流派撮要》,中国政法大学出版社2003年版。
何勤华:《西方民法史》,北京大学出版社2006年版。
胡元聪:《外部性问题解决的经济法进路研究》,法律出版社2010年版。
黄源盛:《中国法史导论》,广西师范大学出版社2014年版。

金福海：《惩罚性赔偿制度研究》，法律出版社2008年版。

金瑞林主编：《环境法学》，北京大学出版社1999年版。

金瑞林主编：《环境与资源保护法学》，高等教育出版社1999年版。

金瑞林主编：《环境与资源保护法学》，北京大学出版社2000年版。

金瑞林、汪劲：《20世纪环境法学研究述评》，北京大学出版社2003年版。

柯坚：《环境法的生态实践理性原理》，中国社会科学出版社2012年版。

冷罗生：《日本公害诉讼理论与案例评析》，商务印书馆2005年版。

李传轩：《中国环境税法律制度之构建研究》，法律出版社2011年版。

李龙：《良法论》，武汉大学出版社2001年版。

李鑫：《法律原则适用的方法模式研究》，中国政法大学出版社2014年版。

李挚萍：《环境基本法比较研究》，中国政法大学出版社2013年版。

刘建伟：《新康德主义主义法学》，法律出版社2007年版。

吕忠梅：《环境法教程》，中国政法大学出版社1996年版。

吕忠梅主编：《环境法学概要》，法律出版社2016年版。

马骧聪：《苏联东欧国家环境保护法》，中国环境科学出版社1990年版。

沈宗灵：《法理学》，高等教育出版社1994年版。

孙文恺：《社会学法学》，法律出版社2005年版。

汪劲主编：《环保法治三十年：我们成功了吗——中国环保法治蓝皮书（1979—2010）》，北京大学出版社2011年版。

汪劲：《环境法律的解释：问题方法》，人民法院出版社2006年版。

汪劲：《环境法学》，北京大学出版社2014年版。

汪劲：《日本环境法概论》，武汉大学出版社1994年版。

汪劲：《中国环境法原理》，北京大学出版社2000年版。

王灿发：《环境法学教程》，中国政法大学出版社1997年版。

王利明：《侵权行为法归责原则研究》，中国政法大学出版社1992年版。

王社坤编著：《环境法学》，北京大学出版社2015年版。

王夏昊：《法律规则与法律原则的抵触之解决：以阿列克西的理论为线索》，中国政法大学出版社 2009 年版。

王泽鉴：《侵权行为法》，中国政法大学出版社 2001 年版。

肖隆安、胡保林：《环境保护法新论》，中国环境科学出版社 1990 年版。

信春鹰：《中华人民共和国环境保护法释义》，法律出版社 2014 年版。

徐亚文：《西方法理学新论——解释的视角》，武汉大学出版社 2010 年版。

许育典：《宪法》，元照出版公司 2008 年版。

严存生：《西方法律思想史》，中国法制出版社 2012 年版。

杨德群：《公序良俗原则比较研究》，中国社会科学出版社 2017 年版。

杨立新：《侵权行为法专论》，高等教育出版社 2005 年版。

杨思斌：《功利主义法学》，法律出版社 2006 年版。

叶文虎、张勇：《环境管理学》，高等教育出版社 2013 年版。

于海：《西方社会思想史》，复旦大学出版社 1993 年版。

张宏生、谷春德：《西方法律思想史》，北京大学出版社 1990 年版。

张建伟：《政府环境责任论》，中国环境科学出版社 2008 年版。

张雷：《政府环境责任问题研究》，知识产权出版社 2012 年版。

张守文：《经济法理论的重构》，人民出版社 2004 年版。

张文显：《法哲学范畴研究》，中国政法大学出版社 2001 年版。

赵秉志等：《环境犯罪比较研究》，法律出版社 2004 年版。

赵振江：《法律社会学》，北京大学出版社 1998 年版。

周珂：《生态环境法论》，法律出版社 2001 年版。

周枏：《罗马法原论》（上册），商务印书馆 1994 年版。

朱国华：《我国环境治理中的政府环境责任研究》，中国社会科学出版社 2017 年版。

卓泽渊：《法的价值论》，法律出版社 2018 年版。

（二）中文译著

［法］爱弥尔·涂尔干、马塞尔·莫斯：《原始分类》，汲喆译，商务印书馆 2012 年版。

［英］奥里略·奥古斯丁：《忏悔录》，周士良译，商务印书馆 1963 年版。

［苏联］巴格里·沙赫马托夫：《刑事责任与刑罚》，韦政强、关文学等译，法律出版社 1984 年版。

［美］本杰明·卡多佐：《司法过程的性质》，苏力译，商务印书馆 1997 年版。

［英］彼得·斯坦、约翰·香德：《西方社会的法律价值》，王献平译，中国法制出版社 2004 年版。

［英］边沁：《道德与立法原理导论》，时殷弘译，商务印书馆 2000 年版。

［英］边沁：《政府片论》，沈叔平译，商务印书馆 1995 年版。

［美］波斯纳：《法理学问题》，苏力译，中国政法大学出版社 1994 年版。

［罗马］查士丁尼：《法学总论——法学阶梯》，张企泰译，商务印书馆 1989 年版。

［美］德沃金：《认真对待权利》，信春鹰、吴玉章译，中国大百科全书出版社 1998 年版。

［意］登特列夫：《自然法：法律哲学导论》，李日章等译，新星出版社 2008 年版。

［美］E. 博登海默：《法理学：法律哲学与法律方法》，邓正来译，中国政法大学出版社 2004 年版。

［英］E. 库拉：《环境经济学思想史》，谢扬举译，上海世纪出版集团、上海人民出版社 2007 年版。

［德］菲利普·黑克：《利益法学》，傅广宇译，商务印书馆 2016 年版。

［德］格哈德·瓦格纳：《损害赔偿法的未来——商业化、惩罚性赔偿、集体性损害》，王程芳译，中国法制出版社 2012 年版。

［德］Hubert Rottleuthner、Matthias Mahlmann：《法律的基础》，张万洪、丁鹏主译，武汉大学出版社 2010 年版。

［英］哈特：《法律的概念》，许家馨、李冠宜译，法律出版社 2011 年版。

［奥］赫尔穆特·考茨欧、瓦内萨·威尔科克斯：《惩罚性赔偿金：

普通法与大陆法的视角》，窦海阳译，中国法制出版社 2012 年版。

［德］黑格尔：《法哲学原理》，范扬、张企泰译，商务印书馆 1961 年版。

［英］霍布斯：《利维坦》，黎思复等译，商务印书馆 1985 年版。

［意］加罗法洛：《犯罪学》，耿伟、王新译，中国大百科全书出版社 1996 年版。

［日］交告尚史等：《日本环境法概论》，田林、丁倩雯译，中国法制出版社 2014 年版。

［奥］凯尔森：《法律与国家》，雷嵩生译，中正书局 1970 年版。

［奥］凯尔森：《法与国家的一般理论》，沈宗灵译，中国大百科全书出版社 1996 年版。

［德］康德：《历史理性批判文集》，何兆武译，商务印书馆 1990 年版。

［德］拉德布鲁赫：《法哲学》，王朴译，法律出版社 2005 年版。

［法］莱昂·狄骥：《宪法学教程》，王文利等译，辽海出版社、春风文艺出版社 1999 年版。

［法］莱昂·狄骥：《公法的变迁》，郑戈译，商务印书馆 2013 年版。

［德］卢曼：《社会的法律》，郑伊倩译，人民出版社 2009 年版。

［法］卢梭：《社会契约论》，何兆武译，商务印书馆 2003 年版。

［德］罗伯特·阿列克西：《法 理性 商谈：法哲学研究》，朱光、雷磊译，中国法制出版社 2011 年版。

［德］罗伯特·阿列克西：《法：作为理性的制度化》，雷磊编译，中国法制出版社 2012 年版。

［美］罗斯科·庞德：《法律与道德》，陈林林译，商务印书馆 2015 年版。

［美］罗斯科·庞德：《庞德法学文述》，雷宾南、张文伯译，中国政法大学出版社 2005 年版。

［美］罗斯科·庞德：《通过法律的社会控制》，沈宗灵译，商务印书馆 2010 年版。

［美］迈克尔·D. 贝勒斯：《法律的原则——一个规范的分析》，张文显等译，中国大百科全书出版社 1996 年版。

［英］梅因：《古代法》，沈景一译，商务印书馆 1959 年版。

［日］美浓部达吉：《公法与私法》，黄冯明译，中国政法大学出版社2003年版。

［法］孟德斯鸠：《论法的精神》，张雁深译，商务印书馆1963年版。

［法］莫里斯·奥里乌：《法源：权力、秩序和自由》，鲁仁译，商务印书馆2015年版。

［英］尼克·麦考密克、［澳］奥塔·魏因贝格尔：《制度法论》，周叶谦译，中国政法大学出版社2004年版。

［美］斯密德：《财产、权力和公共选择：对法和经济学的进一步思考》，黄祖辉等译，上海三联书店、上海人民出版社2006年版。

［古希腊］亚里士多德：《亚里士多德伦理学》，向达、夏崇璞译，商务印书馆1930年版。

［瑞典］亚历山大·佩岑尼克：《法律科学：作为法律知识和法律渊源的法律学说》，桂晓伟译，武汉大学出版社2009年版。

［奥］尤根·埃利希：《法律社会学基本原理》，叶名怡、袁震译，九州出版社2007年版。

［日］原田尚彦：《环境法》，于敏译，法律出版社1999年版。

［美］约翰·列维斯·齐林：《犯罪学及刑罚学》，查良鉴译，中国政法大学出版社2003年版。

［美］约翰·罗尔斯：《正义论》，何怀宏等译，中国社会科学出版社1988年版。

［英］约翰·奥斯丁：《法理学的范围》，［英］罗伯特·坎贝尔修订编辑，刘星译，北京大学出版社2013年版。

［英］约翰·密尔：《论自由》，许宝骙译，商务印书馆1959年版。

［美］詹姆斯·萨尔兹曼、巴顿·汤普森：《美国环境法》（第四版），徐卓然、胡慕云译，北京大学出版社2016年版。

［日］佐伯仁志：《制裁论》，丁胜明译，北京大学出版社2018年版。

（三）中文论文（含译作）

蔡守秋：《环境公益是环境公益诉讼发展的核心》，《环境法评论》2018年第1期。

蔡守秋：《论环境标准与环境法的关系》，《环境保护》1995年第4期。

蔡守秋：《论排污收费的性质及其发展方向》，《环境污染与防治》

1981年第4期。

蔡守秋：《论政府环境责任的缺陷与健全》，《河北法学》2008年第3期。

曹金根：《环境标准法律制度的困境与出路》，《河南社会科学》2015年第11期。

曹明德：《对修改我国环境保护法的再思考》，《政法论坛》2012年第6期。

曹明德：《论生态法的基本原则》，《法学评论》2002年第6期。

常纪文：《环境标准的法律属性和作用机制》，《环境保护》2010年第9期。

常纪文、裴晓桃：《外部不经济性环境行为的法律责任调整》，《益阳师专学报》2001年第4期。

陈慈阳：《论环境政策与环境法中之污染者付费原则》，《中兴法学》1994年总第38期。

陈德敏、鄂德奎：《按日计罚的法律性质与规范建构》，《中州学刊》2015年第6期。

陈海嵩：《国家环境危险防御义务的二元制度结构》，《北方法学》2015年第3期。

陈伟：《环境质量标准的侵权法适用研究》，《中国法学》2017年第1期。

陈文贵：《公法上"按日连续处罚"问题初探》，《法令月刊》2004年第2期。

陈兴良：《刑法中的责任：以非难可能性为中心的考察》，《比较法研究》2018年第3期。

程杜群：《环境罚款数额设定的立法研究》，《法商研究》2008年第1期。

［日］大塚直：《日本环境法的理念、原则以及环境权》，张震、李成玲译，《求是学刊》2017年第2期。

杜波：《发电企业与"污染者负担"原则》，《华北电力大学学报》（社会科学版）2002年第2期。

杜殿虎：《按日计罚性质再审视——以法解释学为解释视角》，《南京工业大学学报》（社会科学版）2018年第5期。

杜群：《环境保护法按日计罚制度再审视——以地方性法规为视角》，《现代法学》2018年第6期。

冯丹阳：《环境标准制定过程中的政府责任与科学家角色——以四日市公害为例》，《科学与社会》2014年第4期。

冯忠秋：《排污收费法律制度的性质》，《政治与法律》1993年第3期。

高鸿钧：《法的形式正义与实质正义》，《浙江大学学报》（人文社会科学版）1999年第5期。

高鸿钧：《现代西方法治的冲突与整合》，《清华法治论衡》2000年第1期。

巩固：《政府环境责任理论基础探析》，《中国地质大学学报》（社会科学版）2008年第2期。

韩大元：《宪法文本中"人权条款"的规范分析》，《法学家》2004年第4期。

韩敬：《国家保护义务视域中环境权之宪法保障》，《河北法学》2018年第8期。

[日] 黑川哲志：《从环境法的角度看国家的作用及对后代人的责任》，王树良、张震译，《新华文摘》2016年第20期。

胡保林：《历史回顾"谁污染谁治理、谁开发谁保护"的基本原则》，《中国环境年鉴》1992年。

姜明安：《〈水污染防治法〉中实施"按日计罚"的可行性：行政法学家视角的评述》，《环境保护》2007年第24期。

蒋银华：《论国家义务的理论渊源：现代公共性理论》，《法学评论》2010年第2期。

蒋银华：《论国家义务的理论渊源：社会契约论》，《云南大学学报》（法学版）2011年第4期。

蒋银华：《论国家义务的理论渊源：福利国理论》，《河北法学》2012年第10期。

柯坚、何香柏：《环境法原则在气候变化适应领域的适用——以欧盟的政策与法律实践为分析视角》，《政治与法律》2011年第11期。

柯坚：《论污染者负担原则的嬗变》，《法学评论》2010年第6期。

柯坚：《环境法原则之思考——比较法视角下的共通性、差异性及其规范性建构》,《中山大学学报》(社会科学版) 2011 年第 3 期。

柯坚:《事实、规范与价值之间:环境法的问题立场、学科导向与实践指向》,《南京工业大学学报》(社会科学版) 2014 年第 1 期。

李慧玲:《我国排污收费制度及其立法评析》,《中南林业科技大学学报》(社会科学版) 2007 年第 2 期。

廖建凯、黄琼:《环境标准与环境法律责任之间的关系探析》,《环境技术》2005 年第 2 期。

林明锵:《论基本国策——以环境基本国策为中心》,《现代国家与宪法——李鸿禧教授六秩华诞祝贺论文集》,月旦出版股份有限公司 1997 年版。

刘佳奇:《对按日连续处罚适用问题的法治思考——兼评〈环境保护主管部门实施按日连续处罚办法〉》,《政治与法律》2015 年第 7 期。

刘卫先:《生态法对生态系统整体性的回应》,《中国海洋大学学报》2008 年第 5 期。

刘小庆等:《实质正义与形式正义冲突的根源探究》,《湖北警官学院学报》2012 年第 7 期。

刘志刚:《宪法"私法"适用的法理分析》,《法学研究》2004 年第 2 期。

刘作翔、龚向和:《法律责任的概念分析》,《法学》1997 年第 10 期。

龙敏:《秩序与自由的碰撞——论风险社会刑法的价值冲突与协调》,《甘肃政法学院学报》2010 年第 5 期。

吕忠梅:《环境司法理性不能止于"天价"赔偿:泰州环境公益诉讼案评析》,《中国法学》2016 年第 3 期。

麻昌华:《21 世纪侵权行为法的革命》,《法商研究》2002 年第 6 期。

孟庆垒:《环境责任论》,博士学位论文,中国海洋大学,2008 年。

牟军:《民事证明标准论纲——以刑事证明标准为对应的一种解析》,《法商研究》2002 年第 4 期。

潘慧庆:《浅析我国的"污染者负担"原则》,《科教文汇》(中旬刊) 2007 年第 6 期。

任丽璇:《排污费的法律性质之辩》,《中南林业科技大学学报》(社会科学版) 2015 年第 2 期。

施志源:《环境标准的法律属性与制度构成——对新〈环境保护法〉相关规定的解读与展开》,《重庆大学学报》(社会科学版) 2016 年第 1 期。

施志源:《环境标准的法律属性与制度构成》,《重庆大学学报》(社会科学版) 2016 年第 1 期。

史海涵:《论排污费的法律性质》,《企业家天地》2005 年第 12 期。

司久贵:《行政权正当性导论》,博士学位论文,武汉大学,2001 年。

宋华琳:《论技术标准的法律性质——从行政法规范体系角度的定位》,《行政法学研究》2008 年第 3 期。

苏俊雄:《环境问题的制度因应——刑罚与其他因应措施的比较与选择》,载《环境刑法国际学术研讨会论文辑》1992 年。

谭启平:《符合强制性标准与侵权责任承担的关系》,《中国法学》2017 年第 4 期。

唐红:《环境侵权诉讼中惩罚性赔偿制度之引入及其规制》,《人民司法》2014 年第 21 期。

汪劲、严厚福:《构建我国环境立法中的按日连续处罚制:以〈水污染防治法〉的修改为例》,《法学》2007 年第 12 期。

汪再祥:《我国现行连续罚制度之检讨——基于行政法体系与规范本质的思考》,《法学评论》2012 年第 3 期。

王春业:《公权私法化、私权公法化及行政法学内容的完善》,《内蒙古社会科学》(汉文版) 2008 年第 1 期。

王广彬:《社会法基础的多视角论证》,《当代法学》2014 年第 1 期。

王江:《环境法"损害担责原则"的解读与反思——以法律原则的结构性功能为主线》,《法学评论》2018 年第 3 期。

王锦:《环境法律责任与制裁手段选择》,博士学位论文,中共中央党校,2011 年。

王利:《论我国环境法治中的污染者付费原则——以紫金矿业水污染事件为视角》,《大连理工大学学报》(社会科学版) 2012 年第 4 期。

吴邦灿:《我国环境标准的历史与现状》,《环境监测管理与技术》1999 年第 3 期。

吴胜男:《新环保法"按日计罚"制度的法律适用》,《长江大学学报》(社会科学版) 2015 年第 6 期。

吴卫星:《环境权入宪的比较研究》,《法商研究》2017 年第 4 期。

吴宇:《论按日计罚的法律性质及在我国环境法上的适用》,《理论月刊》2012 年第 4 期。

熊樟林:《连续处罚行为的性质认定——以新〈环保法〉第 59 条为中心》,《华东政法大学学报》2015 年第 5 期。

鄢德奎、陈德敏:《〈环境保护法〉按日计罚制度适用问题研究——基于立法与执法视角》,《北京理工大学学报》(社会科学版)2016 年第 6 期。

严厚福:《〈环境保护法〉"按日计罚"条款评析》,《清华法治论衡》2014 年第 2 期。

阳相翼:《污染者负担原则面临的挑战及其破解》,《法学论坛》2012 年第 12 期。

杨朝霞:《论环境标准的法律地位——对主流观点的反思与补充》,《法学论坛》2008 年第 1 期。

姚建宗:《中国特色社会主义法的价值论》,《辽宁大学学报》(哲学社会科学版)2013 年第 2 期。

叶秋华、洪荞:《论公法与私法划分理论的历史发展》,《辽宁大学学报》(哲学社会科学版)2018 年第 1 期。

尤明青:《论环境质量标准与环境污染侵权责任的认定》,《中国法学》2017 年第 6 期。

张宏军:《西方外部性理论研究述评》,《经济问题》2007 年第 2 期。

张婉苏:《论滞纳金的法律性质》,《学海》2013 年第 4 期。

张文显:《法律责任论纲》,《吉林大学社会科学学报》1991 年第 1 期。

张晏、汪劲:《我国环境标准制度存在的问题及对策》,《中国环境科学》2012 年第 1 期。

张震:《宪法环境条款的规范构造与实施路径》,《当代法学》2017 年第 3 期。

赵光武:《后现代哲学的反基础主义与复杂性探索》,《北京大学学报》(哲学社会科学版)2004 年第 2 期。

赵旭东:《环境法的"污染者负担"原则研究》,《环境导报》1999 年第 5 期。

周旺生：《论法的秩序价值》，《法学家》2003年第5期。

周扬胜、安华：《美国的环境标准》，《环境科学研究》1997年第1期。

周永坤：《法律责任论》，《法学研究》1991年第3期。

二 外文文献

（一）外文著作

H. L. A. Hart, *Punishment and Responsibility: Essays in the Philosophy of Law*, Oxford University Press, 2008.

IAvich, L. S., *The General Theory of Law: Social and Philosophical Problems*, Moscow: Progress, 1981.

Joshua Lipton, Ece Ozdemiroglu, David Chapman and Jennifer Peers, *Equivalency Methods for Environmental Liability: Assessing Damage and Compensation Under the European Environmental Liability Directive*, The Netherlands: Springer, 2018.

Julius Stone, *Human Law and Human Justice*, Stanford University Press, 1968.

Maria Lee, *EU Environmental Law: Challenges, Change and Decision-Making*, Oxford University Press, 2005.

Rüdiger Engel, Reinhard Sparwasser and Andreas Vosskuhle, *Umweltrecht: Grundzüge des öffentlichen Umweltschutzrechts*, C.F.Müller, 2000.

Ruth NandaAnshen, *Language: An Enquiry into Its Meaning and Function*, New York: Associated Faculty Press, 1957.

Stuart Bell, Donald McGillivray and Ole Pedersen. *Environmental Law*, Oxford University Press, 8th Edition, 2013.

（二）外文期刊

A. E. Boyle, "Globalising Environmental Liability: the Interplay of National and International Law", *Journal of Environmental Law*, 2005, 17 (1): 3-26.

ArneBleeker, "Does the Polluter Pay? The Polluter-Pays Principle in the Case Law of the European Court of Justice", *European Environmental Law Review*, 2009, 18 (6): 289-306.

BarbaraLuppi, "Francesco Parisi and Shruti Rajagopalan, The Rise and Fall of the Polluter-pays Principle in Developing Countries", *International Review of Law and Economics*, 2012, 32 (1): 135-144.

Candice Stevens, "Interpreting the Polluter Pays Principle in the Trade and Environment Context", *Cornell International Law Journal*, 1994, 27 (3): 577-589.

Frank P. Grad, "A Legislative History of the Comprehensive Environmental Response, Compensation and Liability ('Superfund') Act of 1980", *Columbia Law Review*, 2020, 8 (1): 1-36.

James Boyd and Daniel E. Ingberman, "The 'Polluter Pays Principle': Should Liability be Extended When the Polluter Cannot Pay?" *The Law and Economics of Insurance*, 1996, 21 (79): 182-203.

Jonathan Nash, "Too Much Market? Conflict Between Tradable Pollution Allowances and the 'Polluter Pays' Principle", *The Harvard Environmental Law Review*, 2000, 24 (2): 1-59.

Kenneth S. Abraham, "Environmental Liability and the Limits of Insurance", *Columbia Law Review*, 1988, 942: 942-988.

Martin O'Connor, "The Internalisation of Environmental Costs: Implementing the Polluter Pays Principle in the European Union", *International Journal of Environment and Pollution*, 1997, 7 (4): 450-482.

Melosi V. M., "Hazardous Waste and Environmental Liability: An Historical Perspective", *Houston Law Review*, 1988, (25): 741.

Michael Mason, "Civil Liability for Oil Pollution Damage: Examining the Evolving Scope for Environmental Compensation in the International Regime", *Marine Policy*, 2003, 27 (1): 1-12.

Sanford E. Gaines, "The Polluter-Pays Principle: From Economic Equity to Environmental Ethos", *Texas International Law Journal*, 1991, 26 (3): 463-496.

Sharp P., "Prospects for Environmental Liability in the International Criminal Court", *Virginia Environmental Law Journal*, 1999, 18 (2): 217-243.

StefanAmbec and Lars Ehlers, "Regulation via the Polluter - pays Principle", *The Economic Journal*, 2016, 126 (593): 884-906.

Steven Garber and James K. Hammitt, "Risk Premiums for Environmental Liability: Does Superfund Increase the Cost of Capital", *Journal of Environmental Economics and Management*, 1998, 36 (3): 267-294.

Woerdman Edwin, Arcuri Alessandra and Clò Stefano, "Emissions Trading and the Polluter-Pays Principle: Do Polluters Pay under Grandfathering?" *Review of Law & Economics*, 2008, 4 (2): 565-590.

后 记

本书是作者晚诞的婴孩儿。它由作者同名论文《环境法损害担责原则研究》修改而来。2019年5月29日，作者同名论文在武大环境法研究所通过答辩，该文作为武大优秀博士毕业论文被武大环境法研究所推荐申报并获得2019年"中达环境法优秀学位论文奖"。论文通过答辩时，武大环境法研究所所长秦天宝教授嘱咐作者要对论文作进一步的研究和修改，争取早日付梓。

本书出版，作者首先要感谢导师柯坚教授。本书选题是在柯老师指导下完成，书稿写作过程中作者得到柯老师悉心学术指导与帮助，书中诸多观点及其证成来自柯老师的启发与指导。另外，没有柯老师对弟子的大度宽容，没有柯老师在学术训练指导上的不倦不厌，没有柯老师对弟子在读博期间生活上的照料与眷顾，本书不可能完成。

本书出版，得到了武汉大学环境法研究所与安阳工学院的大力支持与资助。没有武汉大学环境法研究所的支持与帮助，本书同样不能完成并付梓。安阳工学院科研处为本书出版提供了支持与帮助。感谢安阳工学院领导和同事们，他们支持和鼓励作者潜心著书并在研学与生活方面提供帮助。

本书出版，得到了中国社会科学出版社大力支持与帮助。出版社责任编辑梁剑琴博士为本书早日付梓付出了辛勤工作，并对作者的疏懒给予了极大的宽容，正是因为她与出版社同事的敬业、专业与优秀才使得本书能及时与读者见面。

本书作为论文，在开题、预答辩、外审与答辩环节，诸多师长与外审专家提出了大量宝贵写作与修改意见。毫无疑问，本书也凝结着他们的学术智慧。

《安阳工学院学报》编辑部陈丽娟副教授，安阳工学院知识产权专业本科生金秀娟、高佳悦等协助作者校对了书稿。

  最后，要感谢家人。慈母、贤妻、兄姐与岳母等都极力支持作者读书深造。妻子坚定了作者读博的决心与信心，读博期间，她承担起全部家务和对孩子的照料，为作者读博做出了巨大的牺牲。

  当本书即将与读者见面时，作者愈发惴惴惶恐，书中疏漏、不足甚至错误注定不可避免，敬请读者不吝赐教。

  本书的疏漏、不足及错误概由作者本人负责。